華志文化

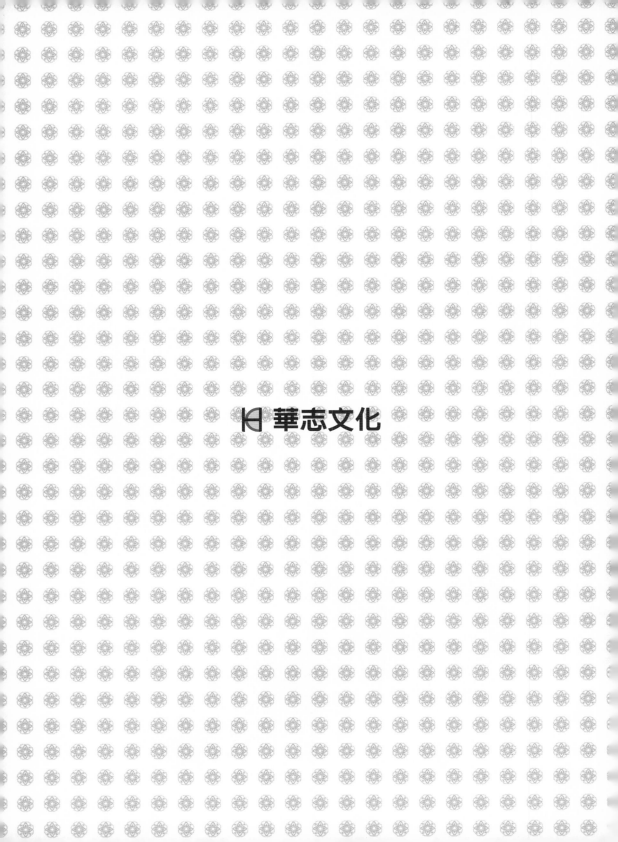

華志文化

學會包容

李峰◎編著

前　言

受益一生的智慧

對於現代人而言，物質是豐富的，知識是豐富的，許多人擁有廣博的知識，能做事、能賺錢，但是卻不快樂，仍然有很多煩惱，究竟是什麼原因呢？是因為我們人生的智慧太貧乏了，不懂得如何包容生活。

人生在世，會遇到各種紛繁蕪雜的問題，有了包容，才能夠更好地解決問題。包容是人生的大智慧，無論對做人處世，還是奮鬥創業，都有著至關重要的影響。學會包容，能夠修身養性，安身立命。它是成就大業的利器，是獲得快樂幸福的妙門。

包容展現了人們大度的胸懷和氣概。它講究的是策略，運用的是智慧。歷史長河裡，因為齊桓公能夠不計前嫌，才有了齊國的霸主地位；因為劉備三顧茅廬，才有了蜀國天下三分有其一；也因為有了李世民的包容大度，才有了「貞觀之治」的盛唐。

歷史上有個叫藺相如的大臣，由於護駕有功，所以官職一路上升，引起了大將廉頗的妒忌與不滿，便處處與藺相如作對。但是藺相如面對廉頗的無理取鬧，只是笑而避之，不與計較，廉頗面對藺相如的寬宏大量，深感慚愧，於是「負荊請罪」，從此，兩人互相支持、彼此信任，使趙國有了多年的安寧和穩定，也成就了一段「將相和」的千古佳話。所以說，學會包容，於人於己都有益處。

反觀歷史上那些善於妒忌的人，遇到一點不滿便怨天尤人，這些人縱然學問再好，也難成大器。周瑜是個卓越的軍事家，才能出眾，足智多謀，把龐大的東吳水師管理得井井有條。可是，當他得知了諸葛亮的神機妙算後，雖自知不如，但卻不甘落敗，於是整天心中盤算著如何打贏諸葛亮，發出了「既生瑜，何生亮」的淒歎後，最終落得個吐血身亡的結局。倘若周瑜能像藺相如那樣包容大度，那他的結局

肯定不會是這樣！

　　一個人最可憐的是無知，最可悲的是淺薄，最可貴的是有一顆包容的心，這也是我們最需要的。

　　雨果曾說過，世界上最寬闊的東西是海洋，比海洋更寬的是天空，比天空更寬闊的是人的胸懷。一個人若擁有了如水般的包容，他就能看透人生的真諦，擁有平和快樂的生活。

　　哲學家康德說：「生氣，是拿別人的錯誤懲罰自己。」在這個世界中，我們每個人都得生活、工作，都得接觸社會與家庭。在居家過日子及繁瑣的工作中，難免會發生矛盾，出現這樣或那樣的失誤與差錯。如何去面對，如何去適應，應該是我們所思考的，正所謂：退一步，海闊天空，忍一時，風平浪靜。對別人的過失，必要的指責或批評無可厚非，但能以博大的胸懷去寬容別人，凡事多往好的方面想想，以包容之心度他人之過，就會讓自己感覺到世界是多麼的精彩。

　　包容讓我們體會人間的真情。朋友之間有了包容，友誼會更加牢固長久；家人之間有了包容，家庭更加和睦，生活更加溫馨；人與人之間有了包容，社會才能更加溫暖和諧。

　　但千萬要記住，包容不是縱容，要講原則，講尺度，不能失去做人的尊嚴和價值。沒有原則的縱容就成了怯懦，留下的只有悔恨。包容是一種智慧，一種美德，而縱容就恰恰相反，成了一種惡行。

　　我們如今生活在這個忙碌的社會裡，整日拚搏，壓力日益增大，煩惱也越來越多，在處理各種事物時，如果能夠學會運用包容的智慧，慢慢的，生活就會發生質的變化，快樂和幸福就會重新回到身邊。

第三章　包容是對困境的正視和反抗

第四章　包容是對自己的善待

第五章　包容是對他人的關愛

學會包容

第六章　包容是為對方著想的能力

第七章　包容是通權達變的智慧

第八章　包容是一門管理的學問

第九章　包容是有原則的承受和忍耐

第一章

包容是一種
博大的胸懷

　　包容是一種修養，是一種境界，是一種美德。包容是原諒可容之言，饒恕可容之事，包涵可容之人。包容，首先要能容人之言。對於批評之語，無論多麼難聽，多麼尖銳，都要坦然處之，諍友諍言無異包容。包容，還要能容人之事。人在塵世間每天經歷的事情很多，不可能樣樣都盡如人意。世人都需要以博大的胸懷，冷靜處事，寵辱不驚、閒庭信步，行走在紅塵世上。包容，最重要的是容人。這是容言、容事之根本。

❦ 1‧用理解和原諒熬一帖包容的湯藥

> 包容別人的過錯，即使只是一句安慰的話，也能迎來天空無邊的蔚藍。
>
> 包容不是姑息別人的錯誤，也不是自己軟弱的表現。包容是一種理解，一種涵養，不是簡單的寬容加饒恕。當別人做錯事時，包容對方往往是最好的處理方法。

「第二次世界大戰」期間，一支部隊在森林中與敵軍相遇，激戰後兩名戰士與部隊失去了聯繫。這兩名戰士來自同一個小鎮。

兩人在森林中艱難跋涉，他們互相鼓勵、互相安慰。十多天過去了，仍未與部隊聯繫上。這一天，他們打死了一隻鹿，依靠鹿肉又艱難度過了幾天，也許是戰爭使動物四散奔逃或被殺光。這以後他們再也沒看到過任何動物。他們僅剩下的一點鹿肉，就背在年輕戰士的身上。這一天，他們在森林中又一次與敵人相遇，展開另一次激戰，他們巧妙地避開了敵人。就在自以為已經安全時，只聽一聲槍響，走在前面的年輕戰士中了一槍——幸虧傷在肩膀上！後面的士兵惶恐地跑了過來，他害怕得語無倫次，抱著戰友的身體淚流不止，並趕快把自己的襯衣撕下包紮戰友的傷口。

晚上，未受傷的士兵一直念叨著母親的名字，兩眼無神地直視前方。他們都以為自己熬不過這一關了，儘管饑餓難忍，但他們誰也沒動身邊的鹿肉。天知道他們那一夜是怎麼過的。第二天，部隊救出了他們。

事隔30年，那位受傷的戰士說：「我知道誰開的那一槍，他就是我的戰友。當時在他抱住我時，我碰到他發熱的槍管。我怎麼也不明白，他為什麼對我開槍？但當晚我就原諒了他。我知道他想獨吞我身上的鹿肉，我也知道他想為了他的母親而活下來。此後30年，我假裝

根本不知道此事，也從不提及。戰爭太殘酷了，他母親還是沒有等到他回來，我和他一起祭奠了老人家。那一天，他跪下來，請求我原諒他，我沒讓他說下去。我們又做了幾十年的朋友，我包容了他。」

一次可貴的包容，換來了一生的朋友之情，可見，包容給我們帶來的好處是無價的。

做到包容說難也難，說易也易，有時可能只是一句安慰的話語，就可能迎來天空無邊的蔚藍。

一架飛機在升空的一瞬間，機身有些異樣地抖動，但這隻鋼鐵巨鳥還是如往常般地鑽進了雲層。

駕駛這架新式戰機的是美國特級試飛員胡佛，這位曾經試飛過幾千架戰機的王牌試飛員，平時最相信自己的直覺。此時，一種不祥的預感漸漸地佔據了他的心。果然，儀錶盤上亮起了一盞盞醒目的紅燈，飛機開始急速下墜，剛開始還很平順，接著就是晃動個不停。面對這突來的死神威脅，胡佛一遍一遍地在心裡默念：冷靜、冷靜。在一個真正的試飛員心中，這項耗資上億美元和無數人智慧心血的成果比什麼都重要。果真冷靜與經驗拯救了一切，奇蹟終於在這漫長的幾秒鐘裡發生了，引擎又發出了沉悶的轟鳴，在塔臺的指揮下，胡佛憑藉豐富的經驗終於使飛機迫降成功。

胡佛走下舷梯的時候，地勤人員驚呼地向他奔來，走在最前面，第一個緊緊擁抱他的，是泣不成聲的機械師大衛。因為是他一時的疏忽，錯將轟炸機的油料加進了戰鬥機，才差點釀成了一場機毀人亡的事故。

胡佛知道了原委後，並沒有責怪這位合作了十餘年的老朋友。而是安慰他說，一切都過去了，死亡也消失了，不要因為無意的過錯而責備自己，我相信你，以後只要是我飛行，會繼續請你「加油」。

因為這一句話，大衛很快從陰影中走出，並且一直陪伴在胡佛的左右，直至兩個人共同退役。其間，再也沒有出過任何哪怕是細微的差錯。

人生在世，會與許許多多的人接觸，難免會有人有意或無意地

給我們造成一些傷害，如果一味地將這些傷害記掛在心，時刻與之計較，那我們的心靈就會被氣惱和怨怒所折磨，背負上沉重的包袱。倒不如用理解和原諒做藥方，熬一帖包容的湯藥，這既能解除別人的痛苦，更能讓自己變得快樂健康！

❤ 2·用包容的心對待誹謗更能贏得尊敬

> 「宰相肚裡能撐船」，擁有這樣的胸襟的人，才能得到世人的尊重和欽佩。
>
> 世界因為包容而存在，萬物因包容而繁榮，做為人類，更要學會包容。縱觀歷史曾經叱吒風雲的大人物無一不是有一個寬廣的胸懷，能容他人所不能容而名揚世界。

林肯曾用愛的力量在歷史上寫下了永垂不朽的一頁。當林肯參選總統時，他的強敵斯坦頓為著某些原因而憎恨他；斯坦頓想盡辦法在公眾面前侮辱他，又毫不保留地攻擊他的外表，故意用話使他窘困。儘管如此，當林肯獲選為美國總統時，須找幾個人當他的內閣與他一同策劃國家大事，其中必須選一位最重要的參謀總長，他不選別人，卻選了斯坦頓。

當消息傳出時，一片譁然，街頭巷尾議論紛紛。有人跟他講：「恐怕你選錯人了吧！你不知道他從前如何誹謗你嗎？他一定會扯你的後腿，你要三思而後行啊！」林肯不為所動地回答他們：「我認識斯坦頓，我也知道他從前對我的批評，但為了國家前途，我認為他最適合這份職務。」果然，斯坦頓為國家以及林肯做了不少的事。

過了幾年，當林肯被暗殺後，許多頌讚的話語都在形容這位偉人，然而，所有頌讚的話語中，要算斯坦頓的話最有份量了。他說：「林肯是世人中最值得敬佩的一位，他的名字將流傳萬世。」

包容是化解仇恨的最佳武器，能融化世上最冷酷的心，能遮掩一

切過錯；包容使人不再受到怨恨的捆綁，而能享受心靈真正的自由。

英國首相邱吉爾在執政期間盡力為民且為人高尚，深受民眾的擁護和愛戴。但是邱吉爾的某些做法也損害了一些人的利益，使得他們對邱吉爾頗有微詞。

有一次，邱吉爾去參加一個重要會議。在會議上有一位女士對邱吉爾不留情面地破口大罵，說：「如果我是你太太，我一定會在你的咖啡裡下毒！」會議上的氣氛立刻緊張了起來，與會人員都望著邱吉爾，想知道他會怎樣應付這個突發事件。只見邱吉爾微笑著答道：「如果妳是我太太，我一定將此咖啡一飲而盡。」大家不由得都在心中為他喝采！

人生在世，難免會受到別人的批評與指責。如果你被批評，那是因為批評你的人會獲得一種重要感，這也說明你有成就，而且是引人注意的，所以你根本沒有必要去生氣。與其面紅耳赤地去跟人爭辯、理論，倒不如用幽默之語、包容之心將對方的批評與指責化解。

美國一位來自伊利諾州的議員康儂在初上任時的一次會議上，受到了另一位代表的嘲笑：「這位從伊利諾州來的先生口袋裡恐怕還裝著燕麥呢！」

這句話是諷刺他還沒有擺脫農夫的氣息。雖然這種嘲笑使他非常難堪，但也確有其事。這時康儂並沒有讓自己的情緒失控，而是從容不迫地答道：「我不僅在口袋裡裝有燕麥，而且頭髮裡還藏著草屑。我是西部人，難免有些鄉村味，可是我們的燕麥和草屑，卻能生長出最好的苗來。」

康儂並沒有惱羞成怒，而是成功地控制了自己的情緒，並且就對方的話「順水推舟」，做了絕妙的回答，不僅自身沒有受到損失，反而使他從此聞名於全國，被人們恭敬地稱他為「伊利諾州最好的草屑議員」。

學會包容，本來就是處世的需要。這世間並無絕對的好壞，而且往往正邪善惡交錯，所以我們立身處世有時也要有清濁並容的雅量。待人包容，不僅使指責你的人達不到預期的目的，而且還向世人彰顯

了你的大度，何樂而不為呢？

我們證明自己比別人強的一個有力籌碼就是：我們有容人之量。

🐝 3・寬恕並拯救仇人是最高尚的事情

> 有機會報仇卻放棄，反而幫助自己的仇人脫離危險，這樣的包容之心是最高尚的。

從前有一個富翁，他有三個兒子。在他年事已高的時候，富翁決定把自己的財產全部留給三個兒子中的一個。可是，到底要把財產留給哪一個兒子呢？富翁請醒世大師幫忙拿個主意。於是，醒世大師想出了一個辦法：他要富翁的三個兒子都花一年時間去遊歷世界，回來之後看誰做到了最高尚的事情，誰就是財產的繼承者。

一年時間很快就過去了，三個兒子陸續回到家中。醒世大師要三個人都描述自己的經歷。

大兒子得意地說：「我在遊歷世界的時候，遇到了一個陌生人。他十分信任我，把一袋金幣交給我保管。可是那個人卻意外去世了，我就把那袋金幣原封不動地交還給了他的家人。」

二兒子自信地說：「當我旅行到一個貧窮落後的村落時，看到一個可憐的小乞丐不幸掉到湖裡了。我立即跳下馬，從河裡把他救了起來，並留給他一筆錢。」

三兒子猶豫地說：「我，我沒有遇到兩個哥哥碰到的那種事。在我旅行的時候遇到了一個人，他很想得到我的錢袋，一路上千方百計地害我，我差點兒死在他手上。可是有一天我經過懸崖邊，看到那個人正在懸崖邊的一棵樹下睡覺，當時我只要抬一抬腳就可以把他踢到懸崖下，我覺得不能這麼做，正打算離開，又擔心他一翻身掉下懸崖，就叫醒了他，然後繼續趕路了。這實在算不了什麼有意義的經歷。」

富翁請醒世大師點評。

醒世大師點了點頭，說道：「誠實、見義勇為都是一個人應有的品德，稱不上是高尚。有機會報仇卻放棄，反而幫助自己的仇人脫離危險的包容之心才是最高尚的。我建議您把全部財產交給老三。」

恩將仇報的人和事是屢見不鮮的；有機會報仇卻放棄，反而幫助自己的仇人脫離危險的人和事並不多見。但只有這麼豁達包容的人，才堪稱品德高尚，才能享受人生的最高境界。

在面對那些曾經給我們心靈和身體帶來巨大痛苦的人們時，能夠做到拋棄仇恨，善待自己的仇人是多麼不容易的事情。

🐝 4 · 包容是一種風度，寬恕是一種風範

> 不能讓仇恨一直在心裡發酵，唯有忘卻仇恨，寬恕傷害過你的人，心靈才能輕鬆，生活才會快樂。

1984年諾貝爾和平獎獲得者南非德斯蒙德·圖圖大主教強調：「沒有寬恕，就真的沒有未來！」原諒是一種風格，包容是一種風度，而寬恕，則是一種風範，是所有美德之中最難為之的行為，但它可以讓人的靈魂得以重生。

「死後我們都會進入另一個世界，希望我們的友誼能夠繼續。」大衛是那樣留戀和休斯的友誼，但他就要死了，而且就在說這句話的那天夜裡靜靜地死去了。

大衛是傷害休斯的人，不僅讓休斯一直昏死了6天，而且為此失去了一隻左眼，但休斯卻寬恕了他，並讓他在最後的日子裡得到了重生。

這是美國的一個故事，講述的是寬恕的力量。

22年前，10歲的休斯在回家的路上被一個彬彬有禮的男人叫住：「嗨，我是你爸爸的朋友，你能幫我們挑份禮物給他嗎？我們正為他

準備一個晚會。」休斯很樂意為爸爸做些什麼，就上了那人的車子。

「可能走錯了路，你能幫我找到高速公路在哪兒嗎？」車子開出了城很遠後，那人把一份地圖塞給了休斯，然後走到車的後面。天真的休斯仔細地查閱地圖，突然他感到背部一陣刺疼。他扭頭看時，剛才那個彬彬有禮的人一臉猙獰，正用冰刀向他刺來。冰刀閃亮亮的，一下又一下的向他刺來。然後，休斯被扔到了一片廢棄的工場。那人怕他不死，抬手又補了一槍，子彈從左太陽穴射入，從右太陽穴飛出。幸運的是，他並未死去，6天後又活了過來，不過左眼因此而陷入了永遠的黑暗之中。

警方很快就找到了嫌疑犯，他就是大衛，休斯的父親的一名雇工，因被解雇而傷害休斯以報復。但在指認的時候，腦部受傷嚴重的休斯未能準確指認出大衛，大衛最終逍遙法外。而那次經歷卻成為休斯心中永遠的夢魘。他每晚生活在恐懼中。

22年後，在教堂幾位朋友的幫助下，休斯終於走出了陰影，又開始了新的生活。他常常告誡自己，我應該有勇氣寬恕他，否則我將永遠生活在仇恨中。

夏末的一天，他意外地接到了一個電話。

「大衛已經承認了一切，」打電話的是當年辦案的員警，「你願意見他嗎？」休斯沉默了，不過他還是聽到了自己的回答：「那……好吧，我願意見他。」

第二天，休斯來到了大衛的房門外，屋內的床上躺著一個瞎眼的乾瘦老人。當老人知道面前的這個人就是休斯時，大衛臉上的表情逐漸變得緊張，然後開始發抖，最後，他哭了。「對不起，」他費力地伸出一隻乾枯的手，「我對不起你！」休斯把他的手握在了自己的手中——他真的寬恕了那個傷害他的人。

在後來的幾個星期裡，休斯不斷來看大衛。在休斯寬恕力量的感召下，大衛的靈魂在最後的日子得到了昇華，他向休斯講述了自己的經歷——從小無父，被人拋棄，十幾歲開始酗酒，曾經偷竊、詐騙、綁架……無惡不作。他為自己一直生活在仇恨和憤怒中感到愧疚和後

悔，他希望所有被他傷害的人都能像休斯一樣寬恕他。在最後的日子裡，他得到了重生。

寬恕的力量是偉大的，試著去寬恕你憎恨的人，試著放下心中仇恨的念頭，你得到的可能不僅是心靈的輕鬆，更可能是一份難得的感激之情。

5．感謝指出你錯誤的人

> 一個人的包容能減少麻煩，兩個人的包容則能換來真正的友誼和團結的大局，這就是包容的力量。

當他人指出我們的不足時，以寬大的胸懷誠懇地接納並表示感謝，往往能得到別人的尊重和理解，並贏得人們的信任，使人們樂意和你交往。

喬治·羅納曾在維也納當過多年律師，第二次世界大戰期間，他逃到瑞典，變得一文不名，急切地需要一份工作。他能說能寫幾國的語言，希望能在一些進出口公司找到一份秘書的工作。但是，絕大多數公司都回信告訴他，因為正在打仗，他們不需要這類人才。不過他們會把他的名字存在檔案裡……

在這些回覆中，有一封信這樣寫道：「你完全沒有瞭解我們的生意。你又蠢又笨，我根本不需要什麼替我寫信的秘書。即使需要，也不會請你這樣一個連瑞典文也寫不好，信裡全是錯字的人。」

喬治·羅納看到這封信時，氣得發瘋，他立刻決定寫一封想回信反擊那個人。但不久他冷靜下來對自己說：「等等！我怎麼知道這個人說得不對呢？瑞典文畢竟不是自己的母語。如果真是如此，想要得到一份工作，就必須不斷努力學習。他用難聽的話來表達他的意見，並不意味著我沒有錯誤。因此，我更應該寫封信感謝他才對。」

於是，他重新寫了一封感謝信：「你寫信給我，我實在是感激

不盡，尤其是在你並不需要秘書的情況下。我對自己將貴公司的業務弄錯一事表示抱歉。之所以給你回信，是因為聽他人介紹，說你是這個行業的領導人物。我的信上有很多文法上的錯誤，而自己卻無法自知，我備感慚愧，而且十分難過。現在，我計畫加倍努力去學瑞典文，改正自己的錯誤，謝謝你幫助我不斷地進步。」

不久，喬治‧羅納就收到那個人的回信，並且給了他一份工作。經過這件事，喬治‧羅納發現了包容的妙處。

當別人指出自己的缺點和錯誤時，無論是惡意還是善意，都要虛心接受並努力改正，只有這樣，才能增加自己的才幹，不斷提高自己的能力，也才能贏得更多的朋友。

一個人的包容能減少麻煩，兩個人的包容則能換來真正的友誼和團結的大局，這就是包容的力量。

🍎 6‧誠懇地接受他人的意見

> 一個人能夠虛心求教，誠懇地接受別人的意見，就是不自滿，只有自覺不滿才能使心靈容納更多的事物。

在現實生活中，每個人都會犯錯，這個道理大家都知道。當別人犯了錯誤時，我們總是希望他們能夠承認並且加以改正。可是一旦發生在自己身上，很多人就會犯嘀咕：難道要我承認自己錯了？於是很多時候，人們不願意承認自己犯了錯誤。這就造成了人與人之間的溝通障礙，因為每個人都堅持自己是對的，而觀點有時確實是對立的，於是留下了埋怨、不滿和爭執，甚至影響人際往來。他們不知道，有時候，真誠地接受別人的意見，大膽承認自己的不足，反而會取得更大的成功。

一個人能夠虛心求教，誠懇地接受別人的意見，就是不自滿，只有自覺不滿才能使心靈去容納更多的事物。虛心不自滿使自己的心靈

處於一個時時能容物、容人的狀態。一個人虛懷若谷，則能成大器。相反地，一個人驕傲自滿，那麼失敗就離他不遠了。

「最大的失敗，就是永不言敗。」人們總是把犯錯誤看作是某種失敗，不願面對失敗與不肯承認失敗同樣糟糕，其實，若能把失敗當成人生必修的功課，我們會發現，大部分的失敗都會給我們帶來一些意想不到的好處。

沒有人喜歡失敗，因為失敗大多是一些痛苦的經驗，甚至讓美麗的人生受到重創。不過，一生順利未曾犯過錯誤，未嚐過失敗滋味的人，恐怕是少之又少。每個人或多或少都經歷過失敗，只是程度輕重的差別而已。

我們對於自己的主張或行為，常常喜歡抱著絕不改變的態度。當然，如果你的主張或行為，確實是毫無錯誤的，你抱著這種態度，可說是有益無害。

但是世上千千萬萬的人中，有幾個人敢擔保他的主張或行為是毫無差錯的呢？有幾個人敢承諾他從來沒有說錯過一句話，或做錯過一件事呢？

所以當你預備堅持任何事情時，最好先仔細想想你的堅持，是否因為你確有毫無瑕疵的理由？還是因為你只是在「保全面子」而已？如果你經過仔細思量後，發現自己確有後者的動機夾雜在內，那麼請你趕快把你的堅持收起，因為「保全面子」，最易使人喪失理智，你的堅持既以它作為出發點，你所能獲得的唯一結果，只能是給人一種盡情攻擊的機會，而自己卻成了一個毫無反抗能力的木偶。

美國總統羅斯福，在1912年總統競選演說時，在新澤西州的一個小鎮的集會上，向當地的居民發表了一篇演講，當他在這篇演講中說到女子也應當踴躍參加選舉時，聽眾中忽然有人大聲喊道：「先生！這句話和你五年前的意見不是大相逕庭了嗎？」羅斯福立刻很聰明地回答道：「可不是嗎，五年前我確實另有一種主張的，現在我已深信我那時的主張是不對的了！」

他這簡短的幾句話，連「但是」、「假使」等字眼都沒有用，然

而話中卻充滿了坦白、忠實、誠懇、親切的意味，不但使那位問話的人獲得了滿意的答覆，就是其他的聽眾們，也絲毫察覺不出他有過什麼不安的情緒。

坦然承認自己的不足，毫無怨怒地接受別人的責問，這就是一種包容，一種掌控局面的睿智。

有許多主管對下屬人員所下的命令，常常顯得十分堅定，不可動搖。就管理下屬而言，這的確是一種極聰明的辦法，因為有許多下屬，往往只有一個簡單的頭腦，他們對於主管的意見根本沒有改善的能力，卻常愛藉改善的名目來取巧偷懶。你有了堅決的主張，他們便不敢再稍加變動了。

但是，這時的主管切勿因此忘了他自己。換句話說，只可用堅決使下屬服從，卻不可讓它把自己也騙了。如果事後發現主張有了錯誤，仍應盡快設法將它更正。

紐約《太陽時報》主筆丹諾先生在讀稿時常常喜歡把自己認為重要的幾段用紅筆勾出，以提醒排校人員「切勿將它遺漏」。但是有一天，一位年輕校對員偶然讀到一段文字，也是被人用紅筆勾出的，上面大致是說：「本報讀者雷維特先生送給我們一個很大的蘋果，在那通紅美麗的皮上露出一排白色的字，仔細一看，原來是我們主筆的名字。這真是一個人工栽培的奇蹟！試想，一個完整無缺的蘋果皮上，怎樣會露出這樣整齊光澤的字跡呢？我們在驚奇之餘，多方猜測，始終不明白這些奇蹟是怎樣出現在蘋果上的。」

那個年輕的校對員是一個常識豐富的人，他讀了這段文字不禁好笑起來。因為他知道這些蘋果皮上的字跡，只要趁蘋果還呈青色時，用紙剪成字形貼在上面，等蘋果發育成熟時，將紙揭去，這根本是個小朋友的惡作劇而已。

所以，這位年輕的校對員心想，這段文字如果登了出來，必將被人譏笑，說他們的主筆竟會愚笨至此，連這樣一點小「魔術」也會「多方猜測，始終不明……」因此，他便大膽地將這段文字刪掉了。

第二天一早，主筆丹諾先生看了報紙，立刻氣呼呼地走來，向

他問道：「昨天原稿中有一篇我用紅筆勾出的關於『奇異蘋果』的文章，為何不見登出？」

那位校對員誠惶誠恐地把他的理由說明後，丹諾先生立刻十分誠摯和藹地說：「原來如此。你做得十分正確，以後只要有確切可靠的理由，即使我已用紅筆勾出，你仍不妨自行取捨。」

在這件事上，丹諾先生充分顯示了他並不是一味胡亂堅持己見的人，而是一個能夠接受他人正確建議的大度之人。

虛心誠懇的人懂得人生無止境，知識無止境，事業無止境，因而才能做到知之為知之，不知為不知。海不辭水成其大，山不辭石成其高。虛心才能有容，有容方成大器。

❦ 7．學會不在意，人生就是另一種境界

> 過分在意瑣事會直接影響我們的生活品質，使生活失去光彩。

對於每個人來說，煩惱、痛苦都是難免的，而一些人往往太過於計較，認為這是自己的不幸，生活沒有快樂可言。其實只要我們學會包容，用心去領悟生活的內涵，珍惜所擁有的幸福，對一些小事揮揮手，不去在意，用大海般的胸懷去容納一切，人生的境界就會從此不同。

有一對夫婦，吃飯閒聊。妻子興致所至，一不小心冒出一句不大順耳的話來。不料丈夫細細地分析了一番之後，心中頓生不快，與妻子爭吵起來，直至掀翻了飯桌，拂袖而去。

在我們的生活中，這樣的例子並不少見，細細想來，當然是以小失大，得不償失的。我們不得不說，他們實在有點小心眼，太在意身邊那些瑣事了。其實，許多人的煩惱，並非是由多麼大的事情引起的，而恰恰是來自對身邊一些瑣事的過分在意、斤斤計較。

比如，在有些人那裡，別人說的話，他們喜歡句句琢磨，對別人的過錯更是加倍抱怨；對自己的得失好惡耿耿於懷，對於周圍的一切都易於敏感，而且總是曲解和誇張外來資訊。這種人其實是在用一種狹隘、幼稚的認知方式，為自己營造著可怕的心靈監獄，這是十足的自尋煩惱。他們不僅使自己活得很累，而且也使周圍的人活得很無奈，於是他們給自己編織了一個痛苦的人生。

　　要知道，人生中這種過於在意和計較的毛病一旦養成，天長日久，許多小煩惱就會鑄成大煩惱。在這一點上，古代的智者們早已有了清醒而深刻的認識，早在兩千多年前，雅典的政治家伯里克利斯就向人們發出振聾發聵的警告：「注意啊，先生們，我們太多地糾纏小事了！」以後，法國作家莫魯瓦更深刻地指出：「我們常常為一些應當迅速忘掉的微不足道的小事所干擾而失去理智，我們活在這個世界上只有幾十個年頭，然而我們卻為糾纏無聊瑣事而白白浪費了許多寶貴時光。」這話實在發人深思。過於在意瑣事的缺點嚴重影響了我們的生活品質，使生活失去光彩。顯然，這是一種最愚蠢的選擇。

　　有一句話說得極妙：「一件事，想通了是天堂，想不通就是地獄。既然活著，就要活好。」其實，有些事是否能引來麻煩和煩惱，完全取決於我們自己如何看待和處理它。所謂事在人為，結果就大相逕庭。因此，美國的心理學家大衛·伯恩斯提出了消除煩惱的「認知療法」——透過改變人們對於事物的認識方式和反應方式來避免煩惱和疾病。這首先就需要我們學會不在意，換一種思維方式來面對眼前的一切。

　　不在意，就是別總是拿什麼都當回事，別去鑽牛角尖，別太要面子，別事事「計較」、小心眼；別把那些微不足道的雞毛蒜皮的小事放在心上；別過於看重名與利的得失；別為一點小事而著急上火，動輒大喊大叫，以至因小失大，後悔莫及；別那麼多疑敏感，總是曲解別人的意思；別誇大事實，製造假想敵；別把與你妻子說話的異性都打入「第三者」之列而暗暗仇視之；也別像林黛玉那樣見花落淚、聽曲傷心、多愁善感，總是顧影自憐。

要知道，人生有時真的需要一點大氣。不在意，也是在給自己設一道心理保護防線。不僅不去主動製造煩惱的資訊來自我刺激，而且即使面對一些真正的負面資訊、不愉快的事情，也要處之泰然，置若罔聞，不屑一顧，做到「身穩如山嶽，心靜似止水」，「任憑風浪起，穩坐釣魚台」。

這既是一種自我保護的妙法，也是一種堅守目標、排除干擾的妙策。我們的精力畢竟有限，假如處處糾纏瑣事，被小事所累，我們一生必將一事無成。不在意，也是一種豁達、大量與包容。海納百川，有容乃大。有寬廣的胸懷和器度，是很容易告別瑣屑與平庸的。而當你實現豁達與包容，自然會產生輕鬆幽默，從而洋溢出一種性格的魅力。

當然，不在意並不等於逃避現實，不是麻木不仁，不是看破紅塵後的精神頹廢和消極遁世；不是對什麼都冷若冰霜、無動於衷的作家筆下的「局外人」。而是在奔向大目標途中所採取的一種灑脫、豁達、飄逸的生活策略。倘能如此，自然會擁有一個幸福美妙的人生。如此看來，心態是左右命運的。

🐝 8．放下仇恨，心靈才能自由平和

> 寬恕是心靈成長的重要動力。寬恕能治療一切憤恨，能重建人與人之間的和諧。不肯寬恕的人大多是自以為聰明的人，但從長遠來看，他們並不聰明。

人生的痛苦大多是因為抱著過去的過錯不放，自憐的習性使人一遍遍地回顧曾經的痛苦經歷，一次次重拾當時的感覺，仇恨在心底越積越多，排斥幸福和快樂，只有放下仇恨，心靈才能獲得自由、平和、快樂。

若心胸狹窄，對各種非原則性的事過於計較，甚至睚眥必報，則

往往得不償失，這是因為對仇人的報復心理，使你內心維持著一腔憤怒和狹隘。說些憤怒不止的話，醫學上認為，長期性的高血壓和心臟病就會如影隨來，伴你度過痛苦的一生。你的怒氣充滿於內心，報復充溢四肢，內心和四肢都缺乏了對理想的執著與追求，事業成功將會遙遙無期。

「第二次世界大戰」期間，德國納粹的集中營中不僅關押著許多猶太人，而且還有很多從前線押送過來的戰俘。納粹對這些戰俘的虐待絲毫不遜於對待猶太人。許多戰俘被折磨致死。戰爭結束後，那些倖存的戰俘每年都會相約到曾經被關押的地方去悼念死去的戰友，祈禱世界和平。詹姆士就是其中之一。

後來詹姆士曾在他的日記裡寫有這樣一段關於他和難友的對話：

我和他曾被關押在同一監室裡，我們受盡了魔鬼的折磨。他和我一樣，充滿了對邪惡的憎恨和對和平的渴望。今天是我們獲得自由的20周年紀念，我們再次來到這個邪惡的地方。我輕輕地問他：「你已原諒那群殘暴的傢伙了嗎？」

「是的！我早已原諒他們了。」

「我可是一點都沒有原諒他們，我恨透他們了，這些人害得我家破人亡，至今想起仍讓我咬牙切齒！恨不得將他們千刀萬剮！」

難友聽了之後，靜靜地應道：「若是這樣，那他們還在監禁你。」

我有些錯愕。

他補充道：「我們是需要記住這段罪惡的歷史，但是我們已經不需要仇恨了。」

關於「第二次世界大戰」的記憶，這是所有經歷過的人的夢魘，正如詹姆士和他的朋友一樣。但是戰爭已經結束，我們該做點什麼呢？仍然像詹姆士那樣活在仇恨的記憶中嗎？確實，戰爭帶給了我們太多的傷痛，我們永遠也無法撫平戰爭的創傷。我們不應該忘記過去的戰爭，因為忘記歷史等於背叛，但是我們卻應該拋棄仇恨，因為未來的和平需要我們達成和解。

記住仇恨又能給我們帶來什麼呢？正如詹姆士的朋友所說的，敵人監禁你的身體，你卻禁錮自己的心靈；與其憤恨不平，為難自己，不如包容他人，解放自己。忘記歷史等於背叛；放下仇恨就是和平。

阿拉伯著名作家阿里，有一次和吉伯、馬沙兩位朋友一起旅行。行經一處山谷時，馬沙失足滑落，幸而吉伯拚命拉他，才將他救起。馬沙於是在附近的大石頭上刻下了：「某年某月某日，吉伯救了馬沙一命。」他們繼續走了幾天，來到一處河邊，吉伯與馬沙為了一件小事吵起來，吉伯一氣之下打了馬沙一耳光。馬沙跑到沙灘上寫下：「某年某月某日，吉伯打了馬沙一耳光。」

當他們旅遊回來之後，阿里好奇地問馬沙：「為什麼要把吉伯救你的事刻在石上，將吉伯打你的事寫在沙上？」馬沙回答：「我永遠都感激吉伯救我，至於他打我的事，我會隨著沙灘上字跡的消失，而忘得一乾二淨。」

記住別人對我們的恩惠，洗去我們對別人的怨恨，在人生的旅程中才能自由翱翔。

在心理諮詢實驗中，所有被施暴的人，無論是性騷擾或暴力侵害，在治療的歷程中，寬恕是必然的過程。有一位遭受性騷擾的女孩兒，她的憎恨遲遲不能消去，當然她的憂鬱也不能消失。直到有一天，她領悟到寬恕的內涵時，她說：「傷害我的人是我的親人，我也不能報復，即使報復了又能怎樣呢？我背負著痛苦的記憶已經很久了，還是寬恕他好。」她的病情才有起色。

當一個人能寬恕別人的時候，壓力才能得以緩解，恢復心理平衡。你是要放在心中繼續計較而折磨自己呢，抑或放下過去，洗淨它的污染，重新創造新的生活呢？寬恕對於受害者而言，固然有一種平白損失的感覺，但是一直處在憤怒之中，卻使一個人難以重新振作。當然，你可以化悲憤為力量，去報復對方，但絕對不如化悲憤為力量，在寬恕中開拓美好的未來。

最高境界的包容，是包容那些曾經傷害過我們的人。這不是一件容易的事，但是如果我們這樣做了，就會從中體驗到我們的富有和強

大。而當一個人能夠包容別人時，也必定能夠包容他自己。因為當他對自己充滿自信之後，他無需去防禦別人。他敢於正視自己的缺點，對一生中所遭受的不可避免的衝突和挫折具有必要的忍耐力。他能夠積極地參加豐富多彩的活動，從中克服自己的弱點，使自己不斷趨於完善。他也不害怕犯錯誤，因為他瞭解錯誤的潛在價值。每當出現錯誤時，他不會出現一般人的感歎：真是的，又錯了。而是會說：看這個，它能使我想到什麼？然後他會利用這個錯誤當作墊腳石，來尋找解決問題的新途徑。

寬恕是心靈成長的重要動力。寬恕能治療一切憤恨，能重建人與人之間的和諧。不肯寬恕的人大多是自以為聰明的人，但從長遠來看，他們並不聰明。

🐝 9·一個人越虛心，就越能成大器

> 虛心才能有容，有容才能成大器。古今中外歷史上那些成就大業者，皆把謙虛作為自身修養的一種美德。

「虛心使人進步，驕傲使人落後。」這句話雖然質樸，但卻是一個顛仆不破的真理。謙虛是一種美德，它足以使一個人具有特殊的魅力。

一個謙虛的人，他的周圍總是聚集著許多朋友，他總是能贏得人們的尊重和愛戴。

古今中外的歷史上那些成就大業者，除去自身的能力外，無不是虛心向書本、向別人學習的典範。

三人同行，必有我師。它告誡人們要謙虛謹慎，不要自以為是，好為人師，要有甘當小學生的精神。正像俗話所說：愚者千慮，必有一得；智者千慮，必有一失。

梅蘭芳是一位謙虛有德的藝術家，他的藝術高雅脫俗，有獨特的

氣質韻味，人們用「大氣、大度、大方」來形容「梅派」藝術。他就是靠著虛心好學，一點一滴地累積文化內涵，才成為中國戲曲界的偉大代表。

梅蘭芳廣拜名師，向秦稚芬、胡二庚學花旦戲，向陳德霖學習昆曲旦角，向喬蕙蘭、李壽山、陳嘉梁、孟崇如、屠星之、謝昆泉等人學習昆曲，向茹萊卿學習武功，向路三寶學習刀馬旦，向錢金福學小生戲，也曾受教於王瑤卿。在與這些技藝非凡的名演員合作之中，廣泛汲取中國戲曲藝術的精華，在很多傳統劇碼的演出中，他都虛心聽取意見，以新穎的詮釋去填補藝術空白，使舊戲煥發出新的藝術韻味。

梅蘭芳除了能虛心向同行學習，聽取同行的意見，還認真採納廣大觀眾的意見。

有一次，梅蘭芳在一家大戲院演出京劇《殺惜》，演到精彩處，場內喝采聲不絕。這時，從戲院裡傳來一位老人平靜的喊聲：「不好！不好！」梅蘭芳尋聲望去，見是一位衣著樸素的老人。於是，戲一落幕，梅蘭芳就用專車把這位老先生接到自己的住處，待如上賓。

梅蘭芳恭恭敬敬地說：「說我孬者，吾師也。先生言我不好，必有高見，定請賜教，學生決心亡羊補牢。」老者見梅蘭芳如此謙恭有理，便認真指出：「惜姣上樓與下樓之步，按『梨園』規定，應是上七下八，博士為何八上八下？」梅蘭芳一聽，恍然大悟，深感自己疏漏，低頭便拜，稱謝不止。以後每每演出，必請老者觀看指正。

梅蘭芳的謙虛大度，不僅使自己的藝術造詣更進一步，也使自己的德行操守勝人一籌，受人敬重。

虛心的人能夠在人生路上一路向前，在事業上勇攀高峰，在知識的海洋裡獲取真經，因為虛心的人能夠做到知之為知之，不知為不知。因為虛心，才能有容，有容方成大器。

在當今資訊大爆炸時代，知識更新週期越來越短，學科分支越來越細，誰也不可能是個「萬事通」，誰也不能保證自己所學的知識一輩子夠用，這就更需要我們不恥下問，克服剛愎自用、自以為是的毛

病。

　　對於謙遜，我們還要指出一點的是：在這個現實的世界，好的道德與才能，如果沒有人知道，並不就是很好的回報。這不僅是在欺騙自己，也是在欺騙別人，更是對自己功績的詆毀。所以，過度的謙虛並不是一種可取的美德。謙遜與恰當時間的自我標示相結合，也是一個獲得成功的途徑之一。

🐝 10·用博大的胸懷來面對他人的誤解

> 　　做人要胸襟寬廣，這不僅是一種魅力，更是取得成功的一種要素。一個人的胸懷能容下多少人，就能贏得多少人的尊重和喜愛。

　　面對他人的誹謗誤解，智者不會去理論爭辯，他們明白「一忍可以制百辱，一靜可以制百動」的道理。也就是說用博大的心胸去容納這一切，讓時間來證明他們的清白。

　　日本的白隱禪師，道行高深，素有盛名，他所流傳的故事很多，其中最著名的是這樣一個：白隱居住的禪寺附近有一戶人家的女孩懷孕了，女孩的母親大為憤怒，一定要找出「肇事者」。女孩用手朝寺廟指了指，說：「是白隱的。」女孩的母親便跑到禪寺找到白隱，又哭又鬧，白隱明白了是怎麼回事後，沒有做任何辯解，只是淡然地說：「是這樣的嗎？」孩子生下來後，女孩的母親又當著寺廟所有僧人的面把他送給白隱，要他撫養。白隱把嬰兒接過來，小心地抱到自己的內室，安排人悉心餵養。多年以後，女孩受不住良心的折磨，向外界道出了事情的真相，並親自到白隱的跟前贖罪。白隱臉色平靜，仍是淡然地說了句：「就這樣嗎？」

　　輕輕說出的這幾個字，包含著多少的力量和內涵！面對詆毀和陷阱，有的人抗爭，有的人處之泰然，更有的人不聞不問，依然故我，

一副閒雲野鶴之態。世事冗雜繁複，不虞之事甚多，很多人學會了明哲保身，小心從事。這就是所謂的魚的哲學：水底的魚兒，危機四伏，一方面要巧妙地躲避大魚的侵襲，一方面又要偷閒、自由自在地遊弋。能做到這一點就是一條明智的魚，一條能長大的魚。

白隱不做那條魚，他寧做海底的礁石，固守住心中的熾熱和堅硬，讓時間來考驗，讓沙浪去淘洗，等到所有的水退去，露出的才是自己的本色。

在生活中，我們也難免會碰到一些蠻不講理的人，甚至是心存惡意的人，有時還會無緣無故地遭到這種人的欺侮和辱罵。每當遇到這樣的事，常讓人覺得忍無可忍。可是，不忍就會正好成了對方的出氣筒，也給自己帶來不必要的麻煩。

包容確實是生活中不可缺少的素質，做人要胸襟寬廣，這不僅是一種魅力，更是取得成功的一種要素。一個人的胸懷能容下多少人，就能贏得多少人的尊重和喜愛。智者總會用包容這把智慧之劍去斬斷冤冤相報這扯不完的長線，用宏大的胸懷去感受那一笑泯恩仇的快樂。

🐛 11・包容精神關乎你我，也關乎世界

> 包容精神不僅是一種道德的培養，還是在新時代能夠參與國際交流、具有民主精神的基本條件，是必不可少的一個做人的思想基礎。

包容精神是做人必備的美德，不僅在今天如此，在未來也是如此。人際交往離不開你我他之間的包容。同時，在一個促進多元化文化發展、鼓勵民主對話的新世紀，包容已從我們身邊擴展到世界。

人能具有包容精神是不容易的，首先需要從看得見、摸得著的瑣事做起。

當人們遇到矛盾的時候，往往先找別人的毛病，推卸自己的責

任。一個騎車者撞了一個行人，雙方就開始了對罵：「你眼睛長哪裡了，不看車亂跑！」「你會不會騎車，往人身上撞！」老師批評一個學生，這個學生首先想到如何為自己辯護。老師表揚一個學生，其他學生就會說出被表揚者的許多缺點。誰都不從自己這裡找責任，誰都不從別人那裡找長處。如此這般，何處尋包容？

包容是一種素質，一種修養，也是衡量一個人層次高低的一個標準。

中國古代有這樣一個故事：

顏回是孔子的一個得意門生。有一次顏回看到一個買布的人和賣布的在吵架，買布的大聲說：「三八二十三，你為什麼收我二十四個錢！」顏回上前勸架，說：「是三八二十四，你算錯了，別吵了。」那人指著顏回的鼻子：「你算老幾？我就聽孔夫子的，我們找他評理去。」顏回問：「如果你錯了怎麼辦？」答：「我把腦袋給你。你錯了怎麼辦？」顏回道：「我把帽子輸給你。」兩人找到了孔子。孔子問明情況，對顏回笑笑說：「三八就是二十三嘛，顏回，你輸了，把帽子給人家吧。」顏回心想，老師一定是老糊塗了，只好把帽子摘下，那人拿了帽子高興地走了。後來孔子告訴顏回：「說你輸了，只是輸一頂帽子，說他輸了，那可是一條人命啊！你說是帽子重要還是人命重要？」顏回恍然大悟，撲通跪在孔子面前：「老師重大義而輕小是非，學生慚愧萬分！」

這種寬厚與容忍絕對不是爭鬥小人能夠做到的，明知對方錯了，卻不爭不鬥反而認輸，雖然自己吃點小虧，但使別人不受大損。不重表面形式的輸贏，而重思想境界和做人水準的高低，這樣的人其實活得很瀟灑。這就是孔子所說：「躬自厚而薄責於人，則遠怨矣。」責備自己重些，責備他人輕些，這樣的人就沒有怨恨了。「君子求諸己，小人求諸人。」君子嚴格要求自己，小人專門苛求別人。中國傳統所崇尚的正是「寬則得眾，能下人自有志，能容人是大器」的包容精神。

苛刻會把非常簡單的事情變得複雜，而包容則可以把複雜的事情

變得簡單。我們沒有意識到，在生活中的許多時候，我們其實是在做得不償失的工作，使本來可以十分簡單的事變得非常複雜，然後再用複雜的辦法解決，結果越來越複雜。世界上的事情也如此，本來可以透過談判解決的矛盾，非用針尖對麥芒的方法以武力對待，結果問題就越發難以解決。

包容，從一點一滴的小事做起，一直可以做到影響整個國家和整個世界的大事。因為在我們這個充滿多元化文化的時代，任何排斥其他文化的偏見都與當今世界宣導的包容精神相違背。因此包容精神不僅是一種道德的培養，還是在新時代能夠參與國際交流、具有民主精神的基本條件，是必不可少的一個做人的思想基礎。

每個生命都在以不同的方式表達著自己。存在的獨特性、多樣性便構成了大千世界，萬般人生。生命相關相連，維繫你我他和萬物的，便是人類離不開的，對今天也對未來的——包容精神。

🍎 12．暫時的忍讓可能換來以後的幸福

> 人活在世間，總會發生一些矛盾衝突，有了包容，忍受一時之氣，就可能躲開一場災難。

古人說：「將憤之初則忍之，才過片時，則心必清涼。」開始覺得自己肺都氣炸了無法忍，可是忍過後就覺得沒什麼了不起的。努力讓自己冷靜下來，並且仔細權衡利弊，沉住氣，不但能夠化矛盾為祥和，有時還能避禍趨福。

明朝時，在蘇州城中一間當鋪的老闆龍翁，平日謹守著「和氣生財」的教條做生意，故而他家的生意滿不錯。

這天，已是近年關的臘月二十九了，龍翁正在盤帳，忽然聽見夥計在櫃枱上與人爭吵，便急忙走了出來。吵架的是一位同街的街坊李老頭，龍翁不似別的老闆那樣盛氣凌人，反而先是將自己的夥計責備

了一頓，然後又向李老頭賠不是。

夥計很委屈，向老闆訴苦：「東家，這個李老頭前些時候來當了衣服，今天他要取回衣服說是過年要穿，可是又不還典金，還破口大罵，不聽我解釋，怎麼是我的錯呢？」

龍翁聽完後讓夥計先去忙別的事，自己則親自去請李老頭坐下，說了一些非常懇切、體諒的話後，便讓夥計取來幾件冬天禦寒必不可少的衣服，讓李老頭帶回去。

奇怪的是，這位李老頭不僅不感激龍翁，連招呼也沒打就提著衣服急匆匆地走了出去。

龍翁也沒放在心上，送走李老頭後便轉身進屋繼續盤帳去了。

第二天清早起來，龍翁便聽說李老頭昨夜在另一間當鋪裡死了。那家當鋪老闆有口難辯，被死者親屬糾纏著打了好幾年的官司，老闆只好花了一大筆錢才將事情擺平，但已被耗得精疲力竭，生意也大受影響。

後來，才知道是李老頭因家中物品典當一空，還有累累負債，走投無路的他便想出了以死來訛詐他人，於是自己服毒後，先來到龍翁的當鋪中滋事，但龍翁一直禮讓有加，謙和忍讓，使他沒能訛詐成功。於是只好趁毒性未發作時趕緊離開另選一家下手。

眾人都稱讚龍翁有先見之明，從而避過了一場災禍。但龍翁回答說，自己並不知道李老頭會以死訛詐，只是覺得一個人若是在無理取鬧時，心中必定會有所依恃。

這種謙和忍讓的包容態度，是由生活中學來的。這是一種能力，一種素質，也是一種修養。人有了包容之心，在處理複雜的事情時就覺得簡單了。人活在世間，總會發生一些矛盾衝突，有了包容，忍受一時之氣，就可能躲開一場災難。

但是，世間小忍容易，大忍卻很難。如果要忍受屈辱，代人受過，用自己的名譽來換回他人一條性命，我們能否忍受？世上有沒有這樣大度量的人？

34

🦋 13・以包容的胸懷來對待他人的冒犯

> 只有擁有包容大度的胸懷，能夠虛懷若谷，海納百川，才能在社會的大舞臺上任意馳騁，在生活中愜意談笑。

做人要胸襟寬廣，有平和之心，面對他人的冒犯也能夠諒解，為他人著想，以包容為懷，用做大事的眼光去看待世事，這不僅是一種個人的魅力，更是取得成就建立豐功偉業的一種不可或缺的要素。

古代有一種冒犯別人的現象，就是犯了別人的諱。上級的名諱下邊的人不能亂叫。據說，觀音菩薩原為觀世音，在唐朝因為犯了太宗李世民的名諱，所以改稱為觀音，連菩薩都要改名，更何況是凡人呢？五代人石昂上朝，當時楊延郎任知留後事，通報的人因為楊延郎名石，就把石昂改成右昂。石昂說：「我姓石，不姓右。」楊延郎聽了之後大怒，認為冒犯了自己的尊嚴，是一件不能饒恕的事情。

只為一個字，兩個人結成怨，有了仇，這實在是因為不能忍受別人對自己的冒犯所造成的。

相反地，北魏度支尚書宗如周，有一次有人來上訴，他只知道如周曾做如州官，於是說：「我有冤事，來投訴如州官。」如周說：「你是何人，敢直呼我的名字？」那個人道歉說：「只聽說如州官簡稱如州，不知如州官名字也叫如周。早知如州官名叫如周，就不叫如州官做如周了。」如周大笑道：「我讓你自己檢討，卻反而受到你侮辱。」眾人都佩服他的大度。

一心想去做的事情，只是自己一廂情願罷了，其實未必是有利於社會，有利於他人的事，也未必就是一件有利於自己的好事。自己身在其中，難以認清此中的利與害，旁觀者卻能看得很清楚。當別人給你指出來的時候，你也許會認為這是違背了你的本意，破壞了你的計畫，擾亂了你的美事，於是就大怒，或是進行對抗。須知不能忍受冒

犯、不聽忠言，勢必會造成眾叛親離，自己最後成了一個令人厭惡的人。

歷史上的明君，大多都認識到了這一點，他們或是禮賢下士，聽取別人的建議，或是納諫如流，傾聽他人的批評，不以此為逆。遇到破壞自己情緒的事，雖然一時心頭不快，但考慮到大局，一個暫時的不快又算什麼呢？

賢明的君主會因臣子的忠於職守而感到欣慰，甚至因此去包容他們的冒犯，因而才能坐擁江山，以英明帝王之稱永垂青史。

由此可見，只有擁有包容大度的胸懷，能夠虛懷若谷，海納百川，才能在社會大舞臺上任意馳騁，在生活中愜意談笑。包容他人，尊重他人，也能得到別人的包容和尊重。

🍎 14 · 鄰里之間要相互忍讓包容

> 忍一時委曲，能夠保全了大家的和諧寧靜，而且並不損失什麼，反而會贏得一個好人緣。

古人云：「鄰里好，賽金寶。」這句話極有道理，因為有了好鄰居，等於多了一個左臂右膀，在自己困難時，不但能夠得到鄰居們的幫助，而且有助於自己獲得一個良好的生活環境。

宋朝的趙汴是個正直無私的大臣。他的老家居住環境狹窄，趙汴的侄子為了討他的喜歡，用重金買下了鄰居一位老人的房子，準備擴大自家住宅。趙汴知道此事，很不高興，氣憤地說：「我和老人做了三世鄰居，怎麼能忍心為自己寬敞，把老人家擠走？」於是命其侄兒當即把房子還給老人，還不許他向老人討還自己的房錢。趙汴身為朝廷重臣，不要說花錢買鄰居的房子，就是無條件讓鄰居搬走，誰敢說個「不」字？可趙汴卻掌權不做特權，寧可自家擁擠、寒酸，絕不忍心擠走別人，圖自己方便。

　　趙汴的房子狹窄，但他不會為了個人的利益而去損害他人，他有著寬闊的心胸，與人為善的赤子之心。

　　漢朝的曹參接替蕭何做了宰相，日理萬機，忙得不可開交。住在他家後園的官吏卻日夜飲酒，狂喊亂叫。官吏頭目怕曹參生氣，就請他到後園遊覽，並趁此機會召見那些酒徒。曹參並未訓斥他們，反而自己也在帳中飲起酒來，邊喝邊唱，與那些官吏們遙相呼應。他這樣做，一方面是尊重官吏們的娛樂方式，不忍心掃他們的興；另一方面也把自己置於同官吏平等的地位，無形中抹殺了官吏們的過錯，其結果是官吏們良心發現，不但改換了狂喝亂喊的娛樂方式，而且反過來替曹參著想，在他辦公或休息時還他一個清靜的空間。

　　曹參處理問題的態度和方式雖與趙汴不同，但是兩位朝廷重臣均有一顆容忍他人、節制自我的廣博胸懷。

　　在生活中還常有這樣的窩囊事發生，譬如當人家丟了牛，正在尋找的時候你恰好就在拴牛的樹下歇腳。這時候不用說牛的主人懷疑你的清白，就連自己也會感到不好意思。越想解釋越解釋不清，牛主人堅定自己的懷疑是對的。於是，怒從心頭起，惡向膽邊生，爭吵、罵娘，甚至是大打出手，仍舊理不清，只要牛沒找回來，官司就得打下去，冤冤相報，沒完沒了，在煩心的「持久戰」中誰也別想安寧，即使最後把牛找到了，但雙方的友誼和睦都不復存在了，這種由於誤會而起的紛爭特別讓人惱火，既傷腦筋又傷和氣，有時甚至帶來破財和殺傷之禍。但我們中國古代的先哲們卻有化解此事的高招，那就是忍讓。

　　上文中的兩位先人都是當時有名氣有地位的人，他們完全可以憑著自己手中的權力來為自己爭取利益，但是，他們都沒有這樣做，而是一味忍讓，並且時時為對方著想、為對方考慮，這份胸懷是值得我們學習的。不過，他們這樣做，也正是他們的聰明之處，因為忍一時委曲，能夠保全了大家的和諧寧靜，並不損失什麼，反而會贏得一個好人緣。

第二章

包容是一種良好的心態

　　一天中有白天黑夜之分，世間事也有好壞之分。無論是好事還是壞事，如果能以一個良好的心態去面對，那就沒有什麼能困擾我們了。一個人若有包容的氣概，那麼，一切的毀譽，都不足以動搖他的初衷，面對任何不如意的人和事，也就可以泰然處之了。對待別人對自己的傷害不計較不苛刻，對待他人寬厚包容，這樣的人能以一種積極樂觀的心態去面對人生的種種問題，這樣的人才最容易成就大事業。

❤ 1・心外世界的大小並不重要

> 　　一個胸襟寬闊的人，縱然住在一個小小的牢房裡，亦能轉境，把小牢房變成大千世界；一個心量狹小、不滿現實的人，即使住在摩天大樓裡，也會感到事事不能稱心如意。

　　心外的世界大小並不重要，重要的是我們自己的內心世界。內心世界寬了，什麼都能容得下；內心世界狹窄，小事也會變大。

　　心胸狹窄有害於愉快的生活和健康的身體，並且更有損於自尊心。凡是聰明的人，都應該革除這種毛病，並努力保持自己的人格和自信心。

　　美國紐約區的大主教華特里原來是一個神經過敏，好猜疑的人，當時他每天都覺得有人在注視他，別人的一句無心的話，他也會在放在心中，不能釋懷，因而苦惱異常。後來他忽然領悟過來，就打定主意不再管別人對他有什麼評語或看法，不久這個毛病便豁然痊癒了。

　　有個故事說，一個含冤入獄的人，被關在牢房裡，他的牢房空間非常狹小，住在裡面很是拘束，不自在又不能活動。他的內心充滿著憤恨與不平，備感委屈和難過，認為住在這麼一間小牢房裡面，簡直是人間煉獄，每天就這麼怨天尤人，不停地抱怨著。

　　有一天，這間小牢房裡飛進一隻蒼蠅，嗡嗡叫個不停，到處亂飛亂撞。他想：我已經夠煩了，又加上這討厭的傢伙，實在氣死人了，我一定非捉到你不可！他小心翼翼地捕捉，無奈蒼蠅比他更靈敏，每當快要捉到時，牠就輕盈地飛走了。蒼蠅飛到東邊，他就向東邊一撲；蒼蠅飛到西邊，他又往西一撲。捉了很久，還是無法捉到牠。

　　他對此慨歎地說，原來我的牢房不小啊！居然連一隻蒼蠅都捉不到，可見滿大的嘛！此時他悟出一個道理，原來心中有事世間小，心中無事無限寬。

是啊！心寬出境界。心外世界的大小並不重要，重要的是我們自己的內心世界。

內心的世界是非常重要的。正如一首詩所寫道的：「春有百花秋有月，夏有涼風冬有雪；若無閒事掛心頭，便是人間好時節。」

一個胸襟寬闊的人，縱然住在一個小小的牢房裡，亦能轉境，把小牢房變成大千世界；一個心量狹小、不滿現實的人，即使住在摩天大樓裡，也會感到事事不能稱心如意。所以我們每一個人，不要常常計較環境的好與壞，而要注意內心的力量與包容。

❦ 2・世上本無事，庸人自擾之

> 想獲得快樂和幸福很簡單，只要把目光停留在快樂和幸福的事情上就行了。如果你把目光都集中在痛苦、煩惱上，生命就會黯然失色。

那些無謂的煩惱和憂慮，絕對是有害而無益的。你聽說過有誰從煩惱和憂慮中得到過什麼好處嗎？恰恰相反，難道不是煩惱和憂慮在隨時隨地地損害著我們的健康、消耗著我們的活力、降低著我們的生活效率嗎？

一句話，疾病可以置人於死地，而無謂的庸人自擾也同樣會讓人活得很沉重。

有這樣一個小故事：

從前，有一位老人，長著一把又長又密的大鬍子，經常以「美髯公」自居。

一天，正當老人在自家門前閒坐的時候，鄰居家的一個小孩子跑過來問他：「大老爺，你留著這麼長的鬍子，晚上睡覺的時候，你是把它放在被子裡面呢，還是把它放在被子的外面呢？」

老人想了半天，竟沒有回答上來。

　　於是，到了晚上睡覺的時候，這位老人想起了白天小孩子問過他的話。

　　他先是把鬍子放在被子的外面，但感覺很不舒服，就又把鬍子拿到被子的裡面，卻仍然覺得很難受。

　　就這樣，老人一會兒把鬍子拿出來，一會兒又把鬍子放進去，整整折騰了一個晚上，也始終想不起來，自己以前睡覺的時候，鬍子到底是如何處置的了。

　　第二天一大早，這位老人就去敲鄰居家的門，然後生氣地對跑出來的小孩子說：「都怪你，害得我一晚上都沒睡好覺。」

　　這就是庸人自擾的威力，它可以在不知不覺中影響你的工作和生活，使你陷入不能自拔的痛苦境地。就像故事中那個老人一樣，竟然被「鬍子究竟該放在哪裡」這樣的小問題所困擾，那麼身心上所遭受的痛苦與折磨又能怪誰呢？

　　而要趕走這無謂的煩惱和憂慮，你必須依靠自己。嘗試著用快樂代替煩惱，用樂觀代替憂慮，如果能再加上一份對於工作的努力與執著，那麼這些有害而無益的惱人情緒，自然就會離你而去了。

　　有一禪師雲遊，在一個老婆婆家裡借宿，一連幾天，那個老婆婆都在不停地哭泣。禪師納悶，問她道：「妳為什麼整天都在哭呢？究竟有什麼傷心事，可否容我替你講解。」

　　老婆婆說：「我有兩個女兒，大女兒嫁給賣布鞋的，小女兒嫁給賣雨傘的。天晴的時候，我就會想到小女兒的雨傘一定賣不出去，所以忍不住要傷心；下雨的時候呢，我就會想到大女兒，下雨天當然就沒有顧客上門買布鞋啦，所以想想就要流淚。」

　　禪師說：「原來是這麼回事！妳這樣想就不對呀！」

　　婆婆說：「母親為女兒擔心，怎麼不對？我知道擔心也是沒有用的，但我就是控制不了自己！」

　　禪師開導她說：「為女兒擔心是沒有錯，但是妳為什麼不為女兒開心呢？妳想想，天晴的時候，妳大女兒的布鞋店一定生意興隆；下雨的時候，妳小女兒的雨傘一定十分暢銷，妳應該天天為她們開心才

是呀，怎麼會難過呢？」

老婆婆聽完禪師的話，豁然開朗，此後每當她想到自己兩個女兒的時候，無論晴天雨天她總是笑嘻嘻的。

改變一個視角，事情完全就變了樣，人生不也如此嗎？痛苦的對面是快樂，哭的對面是笑。人長了兩隻眼睛，就是要我們從兩個不同的角度去全面地看清事物的真面目啊！

世上本無事，庸人自擾之。有許多事確實是人自己找出來的，只要自己胸懷坦蕩，百川能容，周圍的世界也就會天高雲淡，風和日麗。

🍎 3・用理智代替憤怒，做情緒的主人

> 當我們勃然大怒時就是進入了地獄；當恢復理智，謙卑有禮時，那就是打開了天堂的門。

在日本流傳著這樣一個故事：

一天，一個叫信重的武士向白隱禪師請教說：「真有地獄和天堂嗎？你能帶我去參觀參觀嗎？」

「你是做什麼的？」白隱禪師問。

答曰：「我是一名武士。」

「你是一名武士？」禪師大聲說，「哪個蠢主人會要你做他的保鑣？看到你那張臉簡直像一個討飯的乞丐！」

「你說什麼？」武士熱血上湧，伸手要抽腰間的寶劍，他哪受得了這樣的譏嘲！

禪師照樣火上澆油：「哦，你也有一把寶劍嗎？你的寶劍太鈍了，砍不下我的腦袋。」

武士勃然大怒，「哐」的一聲抽出了寒光閃閃的利劍，對準了白隱禪師的胸膛。此刻，禪師安然自若地注視著武士說道：「地獄之門

由此打開！」

一瞬間武士恢復了理智，覺察到了自己的冒失無禮，連忙收起寶劍，向白隱鞠了一躬，謙卑地道歉。

白隱禪師面帶微笑，溫和地告訴武士：「天堂之門由此敞開！」

一生當中，人們常常因為憤怒而做出讓自己後悔終生的事情。生氣是魔鬼，憤怒也是麻痹我們大腦的毒藥，使我們失去理智，不能思考。只有學會包容，多替他人著想，凡事都能夠三思而後行，生活才能夠順心如意。

有一個商人出外經商貿易，三年來都不曾返家探望嬌妻，幾年的辛勤經營，賺了一筆小小的積蓄。眼看年關逼近，思鄉的情緒油然而生，於是決定趕回家中與妻子團聚。

商人心想：「三年來我都沒有回家，妻子一定非常思念我，我應該備辦一份奇特的禮物送她，以慰勞她本分持家的辛苦。」

商人信步走到街上瀏覽，只見街道兩旁是各種的貨攤，南北期貨各色各樣，應有盡有。攤販們敞開喉嚨大聲吆喝，以廣招徠。商人的眼睛突然被一間店面深深吸引住了：偌大的一間店，裡面空盪盪，沒有一點貨色，主人坐在店中，喃喃低吟，不知在唱誦什麼？只見牆上貼了醒目的布條，上面寫了「賣四句偈」四個字，字體遒勁有力。

商人好奇極了，心想自己跑遍天下，看過不少貨品，從來就沒聽說過「四句偈」這種東西。決定一探究竟，說不定能給妻子一個驚喜，於是對店主說：

「請問什麼是四句偈，多少價錢？」

「你如果有意購買，我才告訴你這舉世罕見的奇妙珍寶，只是打探的話，請恕不敬。」店主懶洋洋地抬起眼皮。

「對不起！我是誠心誠意要購買這四句偈，請你告訴我吧！」商人趕忙堆起一臉的憨厚笑容。

「四句偈就是四句話──向前三步想一想，退後三步想一想，嗔心起時細思量，放下怒火最吉祥。看你忠厚老實的樣子，特別減價賣你三十兩銀子。」

　　商人啼笑皆非，原來這就是珍奇寶貝的四句偈，既然承諾，只好無奈以高價買下四句話，心中懊惱極了。

　　一路跋山涉水、日夜兼程趕到家裡的時候，已經是歲暮除夕了。商人只見家裡的窗櫺，透出昏黃的燈光，想必是妻子正在翹望自己的歸來。商人載欣載奔，踏入門檻，只見廳中擺了一桌的佳餚，兩副碗筷整齊地各占一邊，可能是賢慧的妻子知道自己趕路辛苦，饑腸轆轆。只是怎麼不見妻子的人影？原來妻子已經在睡覺了。進入臥房正待叫醒妻子，敘敘別後離情時，赫然發現簾帳前面端端正正地擺了兩雙鞋子，一雙男鞋，一雙女鞋。商人怒火中燒：「哼！不要臉的賤女人，竟然做出如此傷風敗俗的勾當，壞了我們名聲。」

　　商人轉身衝到廚房，拿起鋒銳的刀子，四句偈突然浮上了心頭：「向前三步想一想，退後三步想一想，嗔心起時細思量，放下怒火最吉祥。」轉念一想：縱然要殺她，也要問個清清楚楚，讓她死得明明白白，心服口服。於是粗魯地叫醒妻子，大聲罵道：「不知廉恥的女人，竟然背著我偷人，這一桌酒席，這一雙鞋子，妳做何解釋？」

　　好夢正酣的妻子，看到久別歸來的丈夫，對自己不但沒有體恤慰問的情話，反而凶神惡煞般要殺自己，終於按捺不住，尖起嗓門大罵：「沒良心的東西！你一出門三年未歸，也不捎個信回家，我想年關已近，別人家裡一家團圓，因此我也為你準備一雙碗筷、一對鞋子，圖個吉利圓滿。你不問青紅皂白，見面就要殺。你殺好了！你殺好了！」

　　「對不起！我誤會賢妻了。哈哈！三十兩買四句偈，實在便宜！便宜！」

　　商人手舞足蹈，拊掌大笑，一旁的妻子看得一臉的迷惑驚愕。

　　「放下怒火最吉祥」，正因為這個商人能及時地放下怒火，用理智戰勝憤怒，才避免了一場災難。

　　人生在世，每個人都難免與別人產生摩擦、誤會甚至仇恨，但千萬不要被憤怒奪去理智，別忘了用包容和忍耐來消釋自己的怒火，那樣就會少一分阻礙，多一分成功的機遇。否則，將會永遠被擋在通往

成功的道路上，直至被打倒。

1936年9月7日，世界撞球冠軍爭奪賽在紐約舉行。路易士‧福克斯的得分一路遙遙領先，只要再得幾分便可穩拿冠軍了，就在這個時候，他發現一隻蒼蠅落在主球上了，他揮手將蒼蠅趕走了。可是，當他俯身擊球的時候，那隻蒼蠅又飛回到主球上，他在觀眾的笑聲中再一次起身驅趕蒼蠅。這隻討厭的蒼蠅破壞了他的情緒，而且更為糟糕的是，蒼蠅好像是有意跟他作對，他一回到球枱，牠就又飛回到主球上來，引得周圍的觀眾哈哈大笑。

路易士‧福克斯的情緒惡劣到了極點，終於失去了理智，憤怒地用球桿去擊打蒼蠅，球桿碰到了主球，裁判判他擊球，他因此失去了一輪機會。路易士‧福克斯方寸大亂，連連失利，而他的對手約翰‧迪瑞則愈戰愈勇，終於趕上並超過了他，最後拿走了桂冠。第二天早上人們在河裡發現了路易士‧福克斯的屍體，他投河自殺了！

一隻小小的蒼蠅，竟然擊倒了所向無敵的世界冠軍！這是一場完全可以避免的悲劇。當蒼蠅落在他的主球上的時候，只要不理牠，心無旁騖地擊他的球就是了！當主球飛速奔向既定目標的時候，那隻蒼蠅還站得住嗎？牠必然會不撐自走，飛得無影無蹤了。

處於情緒低潮當中的人們，容易遷怒周遭所有的人、事、物，這是自然而然的。情緒的控制，有待智慧的提升，所以很多時候，我們對待不如意，只需要很簡單的三個字：「不遷怒！」

有句老話說：不能生氣的人是懦夫，而不去生氣的人才是聰明人。試著用溫和的態度來代替憤怒，不要直接把我們的不滿寫在臉上，我們要善於自我克制，做自己情緒的主人，不要讓我們的衝動把我們帶到人生危機的邊緣。真正的聰明人非常善於把我們生活中的不利因素化解為對自己有利的因素，一個智者永遠是生活的強者。

美國拳王喬‧路易在拳壇所向無敵，連鐵面銅拳的對手也懼他三分。有一次，他和朋友一起開車出遊，途中，因前方出現意外情況，他不得不緊急煞車，不料後面的車因尾隨太近，儘管也同樣緊急煞車，但兩輛車還是有了一點輕微碰撞。

喬‧路易本不以為意，他想雙方協商將事情處理好就是了，但沒有料到，後面的司機卻怒氣沖沖地跳下車來，嫌喬‧路易煞車太急，繼而又大罵他駕駛技術有問題，並在他面前揮動著雙拳，大有想把對方一拳打個稀巴爛之勢。喬‧路易自始至終除了道歉的話外再無一語，那司機直到罵得沒興趣了才揚長而去。

喬‧路易的朋友事後不解地問他：「那人如此無理取鬧，並且還在你面前亂揮拳頭，你為什麼不狠狠揍他一頓，教訓教訓他？」喬‧路易聽後認真地說：「如果有人侮辱了帕華洛帝，帕華洛帝是否應向對方高歌一曲呢？」

現實生活中，我們也要學會理智地處理各種不愉快的事情，不能任意放縱自己的情緒，因為我們不是為了生氣而生活，我們生活是為了尋找幸福和快樂。努力做一個有頭腦、有理智的人，去包容人生的不平事，那麼生活中自然會滿注幸福和快樂。

4‧用寬恕超渡苦，苦就會化成甘

> 不要因為別人的錯誤而懲罰自己，寬恕別人，心靈才能不再痛苦。

生活，有時並不像想像中那樣美好，尤其是面對別人對自己的傷害時，心中會充滿仇恨、痛苦，無法釋懷，這時只要我們能夠平心靜氣，用包容的態度去原諒對方，這樣就能讓自己心安。

有一位好萊塢的女演員，失戀後，怨恨和報復心使她的面孔變得僵硬而多皺紋，她去找一位很有名氣的化妝師為她美容。這位化妝師深知她的心理狀態，中肯地告訴她：「妳如果不消除心中的怨和恨，我敢說全世界任何美容師也無法美化妳的容貌。」

許多心理學專家研究證實，報復心理非常有礙健康，高血壓、心臟病、胃潰瘍等疾病就是長期積怨和過度緊張造成的。

寬恕別人，就是善待自己，是一種福分。別人的傷害如果是滿滿一杯的苦水，你心如是那杯，雖能容之，卻會讓你滿心痛苦，你心如是那盆，痛苦便不再滿心；你心如是那海，苦便不再是苦，而是一種超渡。

　　有一位小姐和男友分手了，五年的感情，他最後還是背叛了她。她的心在流血。五年來，他們共同走過許多風風雨雨，她一直在背後默默地支持他、鼓勵他。如果沒有她的激勵，她不知道還會不會有今天事業上春風得意的他。她不敢再去想，她只知道，她恨死了他！

　　這種恨埋藏在內心深處，長久不能釋懷。因為恨得深，她心中一直無法擺脫他的影子。每每有來自其他男士的追求，都被她婉言拒絕了。

　　每天晚上，她孤零零地回到自己的小窩，帶著怨恨從睡夢中醒來。生活中也失去了自信和再愛的勇氣。

　　半年後，她終於釋懷了，她對好朋友說：「我現在已經選擇寬恕他了。他根本不值得我鬱鬱寡歡。」

　　從此，她果真重新開始了自己的生活。因為寬恕，她的人生才得以新生！

　　寬恕曾經傷害自己的人，並不是接受他的過錯，而是為了從此卸下心中的重擔，重新開始。

　　寬恕了那個人，他才會從腦子裡逐漸抹去，自己的生活才會恢復往日的寧靜祥和。寬恕了那個人，受傷的人才會重新開始。

　　世界上最寬闊的是海洋，比海洋更寬闊的是天空，比天空更寬闊的是人的胸懷。用包容的胸懷超渡苦，苦就會化成甘。

🍎 5．嫉妒是使人毀滅的毒瘤

　　用包容的心去看待生活，吸取別人的長處，化「嫉妒」為前進的動力，不要讓「嫉妒」成為難以踰越的障礙。

　　嫉妒是人們普遍存在的一種正常的情緒反應，人人都會有。面對別人的優越，我們很容易產生不平衡的心態，但是如果不能理智地對待，嫉妒會成為一種不健康的心理。無論是何種形式和內容的嫉妒，都會妨礙正常的人際交往，影響我們健全的社會生活。

　　嫉妒就是心胸狹小，無法包容，總是擔心甚至害怕別人得到自己無法得到的東西；但是生活在這個社會裡，不是每件事都是自己處於拔尖位置的，比自己漂亮、有錢、優秀、能力強、運氣好的大有人在。擁有一顆平常心，就不會太在意。而善於嫉妒的人就會產生一種包含著猜疑與不甘、羨慕與失望、屈辱與虛榮、憎惡與傷心並存的複雜情感。他們希望自己辦不到的事，別人也不要辦成；自己得不到的東西，別人最好也得不到。他們無法控制這種情緒，變得暴躁、煩惱、偏激，讓人無法容忍。

　　南北朝時晉國有位大將賀若敦，他多次榮立戰功，便不甘心屈居別人之下，總是想做大將軍。每當看到別人晉升時，他就很不服氣，抱怨、憤恨之情溢於言表。後來，當他又一次打了勝仗，凱旋而歸時，自以為立了大功必定會得到封賞、晉升，孰料事與願違，他不但沒有升官，反而丟掉了原有的官職。

　　賀若敦大怒之下把所有的不滿和憤怒都丟向了傳令使。

　　傳令使把此事報告給晉公宇文護。晉公聽後大為光火，於是下令讓已被貶為中州刺史的賀若敦自盡。死到臨頭的賀若敦才開始後悔自己禍從口出，為了讓兒子賀若弼記住這個教訓，不再犯和自己一樣的過錯，他在死前用錐子刺破了兒子的舌頭。

　　後來賀若弼做到了隋朝的右領大將軍，他忘記了父親的遺訓，常為自己沒有當上宰相而怨言不斷。當原本職位在他之下的楊素被晉升為尚書右僕射，而賀若弼自己仍是將軍時，他也像當初的賀若敦那樣憤憤不平，大發怨言。

　　賀若弼為此被捕下獄，隋文帝責備他說：「你這人有三大過：一是嫉妒心太強；二是自以為是，以為別人都是錯的；三是目無長官，言語無忌信口胡說。」不久，隋文帝念他有功，不計前嫌，把他放了

出來。

可是出獄後的賀若弼並沒有吸取教訓，他不思悔改，又到處宣揚自己與太子楊勇之間的關係，以此來抬高身價。

不久之後，楊廣取代失勢的楊勇成為了太子，賀若弼失去了炫耀的本錢和倚仗的靠山。

隋文帝再次召來賀若弼，問他平時不滿宰相高穎、楊素，成天怨氣沖天，言下之意是不是連皇帝也沒放在眼裡？朝中的許多公卿大臣見賀若弼被問罪，紛紛落井下石，揭發他說過的那些不利於朝廷的話，聲稱其罪當死，要求處罰他。

後來隋文帝雖然沒有殺賀若弼，但卻把他貶為庶人，再也沒有得到任用。

中國古代有副對聯「欲無後悔須律己，各有前程莫妒人」，就是告誡大家一定要克制「嫉妒」這種不良情緒的蔓延。一件很小的事情也許就能引起自己的嫉妒，嫉妒容易讓人產生偏激心理；終日妒火中燒，透過某種手段來達到心理平衡，存有卑鄙心理者，最終必定引火自焚。龐涓嫉妒孫臏、潘仁美嫉妒楊令公的這些事件，都是以害人開始，以害己結束。

有一則這樣的寓言故事叫做山羊與驢，說的就是嫉妒的故事：有個人飼養著山羊和驢子。主人總是給驢子餵充足的飼料，嫉妒心很重的山羊便對驢子說：「你一會兒要推磨，一會兒又要馱沉重的貨物，十分辛苦，不如裝病，摔倒在地上，便可以得到休息。」

驢子聽從了山羊的勸告，摔得遍體鱗傷。主人請來醫生，為牠治療。醫生說要將山羊的心肺熬湯作藥給驢子喝，才可以治好。於是，主人為了給驢子治病殺掉了山羊。

這個故事就是告訴大家懷有嫉妒心對自己是沒有好處的，凡是因為嫉妒而選擇策劃作惡的人，將自食其果，沒有好下場。

嫉妒心理總是與不滿、怨恨、煩惱、恐懼等消極情緒聯繫在一起，構成嫉妒心理的獨特情緒。不同的嫉妒心理有不同的嫉妒內容，但尤為突出的就是名譽、地位、錢財、愛情等這些身外之物。

　　嫉妒別人既不能增加自己的利益，也不能減少別人的成就。嫉妒別人的優秀，受害的只能是自己。嫉妒心理不僅會對身體健康產生不利的影響，還會造成看待問題、做事不客觀，工作方法不正確，經常出錯，這樣直接導致自己的進步和發展障礙重重，但是別人絲毫不受影響。

　　嫉妒心是人們前進途中的絆腳石，會遮住我們向前的雙眼，嚴重時，甚至會形成心理障礙。總之，讓我們牢牢記住「鐵生銹則壞，人生妒則敗」的真理，正確認識自我，擁有一顆包容他人、理解他人的平常心，公平競爭，化嫉妒為動力，不斷地充實自己，堅決地將嫉妒從我們的性格中驅趕出去！

🍎 6‧信念是戰勝一切困難的支柱

　　高高舉起信念之旗的人，對一切艱難困苦都無所畏懼，因為他們的心裡容得下苦難。相反地，信念之旗倒下了，人的精神也就垮了下來，精神的堡壘坍塌了，還有什麼力量去承受苦難呢？

　　困難、危險、不幸是人生隨處可見的溝壑，而這溝壑正是對人提出的挑戰。那些能夠接受不幸，勇敢地面對困難和危險的人，我們不得不佩服其胸懷的寬廣，而有如此胸懷的人，其內心必定有一個支柱，這支柱就是信念。擁有了信念，就有了戰勝困難的決心和力量，沒有了它，一個人的精神大廈就極有可能坍塌。

　　有一位日本武士，叫信長。有一次面對實力比他的軍隊強十倍的敵人，他決心打勝這場硬仗，但他的部下卻表示懷疑。

　　信長在帶隊前進的途中讓大家在一座神社前停下。他對部下說：「讓我們在神面前投硬幣問卜。如果正面朝上，就表示我們會贏，否則就是輸，我們就撤退。」部下贊同了信長的提議。

　　信長進入神社，默默禱告了一會兒，然後當著眾人的面投下一枚

硬幣。大家都睜大了眼睛看——正面朝上！大家歡呼起來，人人充滿勇氣和信心，恨不能馬上就投入戰鬥。

最後，他們大獲全勝。一位部下說：「感謝神的幫助。」

信長說道：「是你們自己打贏了戰鬥！」他拿出那枚問卜的硬幣，硬幣的兩面都是正面！

名人羅賓指出：人們常把信念看成是一些信條，而它就真的只能在口中說說而已。但是，從最基本的觀點來看，信念是一種原則和信仰，讓人們明瞭人生的意義和方向；信念是人人可以支取的力量源泉，而且取之不盡；信念像一張早已置好的濾網，過濾大家所看的世界；信念也像腦子的指揮中樞，指揮大家的腦子，照著大家所相信的去看事情的變化。

的確如此，一個人的心中有了信念，他就可能承受一切痛苦的折磨，頑強而快樂地生活。

在諾曼・卡曾斯所寫的《一個病理的解剖》一書中，描述了一個關於世界著名的大提琴家卡薩爾斯的故事。這是一則關於信念和更新的故事，我們或許會從中得到啟示。

兩人會面的日子，恰在卡薩爾斯90歲大壽前不久。卡曾斯說，他實在不忍心看那老人所過的日子。他是那麼衰老，加上嚴重的關節炎，不得不讓人協助穿衣服。呼吸急促，看得出患有肺氣腫；走起路來巍巍顫顫，頭不時地往下顛；雙手有些腫脹，10根手指像鳥爪般地鉤曲著。從外表來看，他實在是老態龍鍾。

就在吃早餐前，他貼近鋼琴，那是他擅長的幾種樂器之一。很吃力地，他才扶坐上鋼琴凳，顫抖地把那鉤曲腫脹的手指抬到琴鍵上。

霎時，神奇的事發生了。卡薩爾斯像完全變了個人似的，透出飛揚的神采，而身體也跟著動作並彈奏起來，彷彿是一位健康的、強壯的、柔軟的鋼琴家。卡曾斯描述說：「他的手指緩緩地舒展，移向琴鍵，好像迎向陽光的樹枝嫩芽，他的背脊直挺挺的，呼吸也似乎順暢起來。」彈奏鋼琴的念頭，完完全全地改變了他的心理和生理狀態。

當他彈奏巴哈的一支名曲時，是那麼的純熟靈巧，絲絲入扣。他

他彈奏起布拉姆斯的協奏曲，手指在琴鍵上像游魚似的輕快地滑奏。「他整個身子像被音樂融解，」卡曾斯寫道：「不再僵直佝僂，取而代之的是柔軟和優雅，不再為關節炎所苦。」

在他演奏完畢，離座而起時，跟他剛開始就座彈奏台時全然不同。他站得更挺，看起來更高，走起路來也不再拖著地。他飛快地走向餐桌，大口地吃著，然後走出家門，漫步在海灘的清風中。

卡薩爾斯熱愛音樂，熱愛藝術，那不僅曾使他的人生美麗、高尚，並且每日帶給他神奇。就因為他相信音樂的神奇力量，使他的改變讓人匪夷所思；就是因為信念，讓他每日從一個疲憊的老人化為活潑的精靈。說得更玄些，是信念，讓他活下去。

信念是力量的源泉，是勝利的基石，是人們活下去的力量。有了信念，我們就是無攻不克的。

「這個世界上，沒有人能夠使你倒下。如果你自己的信念還站立的話。」這是著名的黑人領袖馬丁·路德·金的名言。

縱觀在事業上有成就的人，在他們奮鬥的歷程中都是信念堅定，堅信自己會成功。巴甫洛夫曾宣稱：「如果我堅持什麼，就是用炮也不能打倒我。」高爾基指出：「只有滿懷信念的人，才能在任何地方都把信念沉浸在生活中並實現自己的意志。」

高高舉起信念之旗的人，對一切艱難困苦都無所畏懼，因為他們的心裡容得下苦難。相反地，信念之旗倒下了，人的精神也就垮了下來，精神的堡壘坍塌了，還有什麼力量去承受苦難呢？而那些從來就不曾擁有過信念的人對一切都會畏首畏尾，在漫長的人生旅途中抬不起頭，挺不起胸，邁不開步，整天渾渾噩噩，迷迷糊糊，看不到光明，因而也感受不到人生的幸福和快樂。

信念來自精神上對成功的追求，又對成功發揮極大的推動作用。無論生活多麼艱辛，處境多麼困難，只要有信念，就能去包容生活，承受苦難。信念可以幫我們排除恐懼、不安等消極因素的干擾，讓我們在積極肯定的心理支配下，產生力量，這種力量能推動我們去思考、去創造、去行動，從而完成我們的使命，實現我們的心願。

🍎 7・淡泊名利，生活的意義也就更寬了

> 淡泊名利是人生幸福的重要前提。如果你渴望輕鬆，渴望真正地獲得生命的意義，那麼就請擺脫名利之心，用包容、淡泊、平和之心去對待生活。

一個人如具備看淡泊名利的人生態度，那麼面對生活，他就會多一份包容，也就更易於找到樂觀的一面。他所看到的是人生值得謳歌的部分，而對於有損他利益的事情就會看得不在意，對可望而不可即的空中樓閣就更是沒有興趣。現代人面對著花花綠綠的精彩世界，更應當有淡名寡欲的思想，如此方能在紛繁的世界裡，在眾多的不公平中，在自己的心中，構築一片寧靜的田園。

有一個掃地和尚的故事，說的是在一座縣城裡，有一位老和尚，每天天濛濛亮的時候，就開始掃地，從寺院掃到寺外，從大街掃到城外，一直掃出離城十幾里。天天如此，月月如此，年年如此。小城裡的年輕人，從小就看見這個老和尚在掃地。那些做了爺爺的，從小也看見這個老和尚在掃地。老和尚雖然很老很老了，就像一株古老的松樹，雖不見它再抽枝發芽，但也不再見衰老。

有一天老和尚坐在蒲團上，安然圓寂了，但小城裡的人誰也不知道他活了多少歲月。過了若干年，一位長者走過城外的一座小橋，見橋石上鐫著字，字跡大都磨損，老者仔細辨認，才知道石上鐫著的正是那位老和尚的傳記。根據老和尚遺留的身分記載推算，他享年137歲。

現代人也許會譏笑這位老和尚除了掃地，掃地，還是掃地，生活太平淡、太清苦、太寂寞、太無味。其實這位老和尚就是在這平淡中，給小城掃出了一片淨土，為自己掃出了心中的清淨，掃出了137歲高壽，誰能說這平淡不是人生智慧的提煉？

　　要能夠在紛繁的大千世界始終保持著平和的心態，就要有窮通達觀的人生態度。所謂窮通達觀的人生態度，就是指「窮亦樂，通亦樂」：身處貧窮之中能夠找到生活的樂趣，感到快樂；身處富裕之中也能夠心態平和，享受生活之樂。說到底，在生活中我們應該始終保持樂觀的生活態度，採取一種順應命運、隨遇而安的生活方式，那麼不管是處於順境還是逆境，我們都能寬厚地對待一切，過快樂的、自由自在的生活而不會庸人自擾，不會羨慕那些有錢的大官和老闆，不會抱怨自己的命不好。

　　大多數人都有著旺盛的物欲，難以做到上面說的那樣。法國哲學家盧梭曾經說：「十歲時被點心、二十歲被戀人、三十歲被快樂、四十歲被野心、五十歲被貪婪所俘虜。人到什麼時候才能只追求睿智呢？」人心不能清淨，是因為物欲太盛。人生在世，不能沒有欲望。除了生存的欲望以外，人還有各種各樣的欲望，欲望在一定程度上是促進社會發展和自我實現的動力。可是，欲望是無止境的，尤其是現代社會的物欲更具誘惑力，如果管不住自己的欲望，任它自由膨脹，就必然會給人帶來痛苦和不幸。

　　哲人說：「人的自由並不僅僅在於做他願意做的事，而在於永遠做他不願做的事。」這句話提醒人們，任何自由都是有限度的，有規則的。有了行為的不自由，才能獲得精神上的真正自由。精神自由的人，大多能淡泊處世，保持一種寧靜的超然心境。做起事來，不慌不忙，不躁不亂，井然有序。面對外界的各種變化不驚不懼，不惱不怒，不暴不躁。面對物質引誘，心不動，手不癢。沒有小肚雞腸帶來的煩惱，沒有功名利祿的拖累。活得輕鬆，過得自在。白天知足常樂，夜裡睡覺安寧，走路感覺踏實，驀然回首時沒有遺憾。人體的神經系統常處於一種穩定、平衡、有規律的正常狀態，這才是心靈的最大舒展。

　　我們再看看那些拒絕平淡者，他們管不住自己的物欲，有的丟了性命，有的當了囚犯，有的雖然僥倖沒有被檢舉揭發出來，但他們整天心驚膽顫，心裡失去了自由。

在追名逐利唯恐不及的時候，不要小看這不起眼的平淡的心態，它能抗拒誘惑，幫你事業有成。有了它，你能夠徹悟人生的真諦，進入寧靜致遠的人生境界，恬淡適然，不急不躁。這時你會發現，人生真正的意義並不在於追名逐利。平淡生活，保持心境平和未嘗不是一種更好的生活方式。

🍎 8・接受現狀才可能讓快樂自然湧動

> 你可以每天早上算算自己有多少得意的事。對自己所擁有的感到滿足，不為缺少的而憂慮，這樣就容易使自己快樂起來。

激情綻放的紫羅蘭遭遇了粗魯的踐踏，然而，它卻將芬芳留在了那雙腳上，這就是包容。紫羅蘭的包容留給人們深刻的記憶。包容生活，在失去的時候想一想自己至少還擁有生命，擁有好多美好的東西，這樣心胸才能豁達，生活才有意義。

露西莉・布萊克講述了自己的如下經歷：

「我的生活一直非常忙亂，在亞利桑那大學學風琴，在城裡開了一間語言學校，還在我所住的沙漠柳牧場上教音樂欣賞的課程。我參加了許多宴會、舞會和在星光下騎馬。有一天早上我整個垮了，我的心臟病發作。『你得躺在床上完全靜養一年，』醫生對我說。他居然沒有鼓勵我，讓我相信我還能夠健壯起來。

「在床上躺一年，做一個廢人，也許還會死掉，我簡直嚇壞了。為什麼我會碰到這樣的事情呢？我做錯了什麼？我又哭又叫，心裡充滿了怨恨和反抗。但是，我還是遵照醫生的話躺在床上。我的一個鄰居魯道夫先生，是個藝術家。他對我說：『你現在覺得要在床上躺一年是一大悲劇，可是事實上不會的。你可以有時間思想，能夠真正地認識你自己。在以後的幾個月裡，你在思想上的成長，會比你這大半輩子以來多得多。』我平靜了下來，開始思索充實新的價值觀念。我

看過很多能啟發人思想的書。有一天，我聽到一個新聞評論員說：『你只能談你知道的事情。』這一類的話我以前不知道聽過多少次，但是現在才真正深入到我的心裡。我決心只想那些我希望能賴以生活的思想——快樂而健康的思想。每天早上一起來，我就強迫自己想一些我應該感激的事情：我沒有痛苦，有一個很可愛的女兒，我的眼睛看得見，耳朵聽得到，收音機裡播放著優美的音樂，有時間看書，吃得很好，有很好的朋友，我非常高興，而且來看我的人很多。

「從那時候開始到現在已經有九年了，我現在過著很豐富又很生動的生活。我非常感激躺在床上度過的那一年，那是我在亞利桑那州所度過的最有價值、也最快樂的一年。我現在還保持著當年養成的那種習慣：每天早上算算自己有多少得意的事，這是我最珍貴的財產。」

你也可以每天早上算算自己有多少得意的事。對自己所擁有的感到滿足，不為缺少的而憂慮，這樣就容易使自己快樂起來。

在對待金錢和地位上，也是同樣的道理。一年賺100萬的人如果要採用一年賺20萬的人的標準，結果一定是失落感籠罩，而非滿足感縈繞。如果人人都和洛克斐勒比較，我們的社會一定比現在更動盪不安，許多人也會終生不滿，生活在痛苦深淵。

這些不知足者的原因在於心理不平衡。他們通常小時候沒有得到足夠的愛，又深受貧窮所苦。他們專心一意追求金錢和往上爬，以填補「情緒的缺口」，可是再多的汽車、衣服或現金，卻怎麼也填補不了心靈的無底洞。另一種造成這種心理不平衡的原因是：價值觀扭曲。有些人從小被諄諄教誨：有錢是老大，沒錢靠邊站；唯有錢是力量。在《什麼讓山米跑》一文中，山米是一個典型的美國窮人，他對錢永不知足，因為他一直被灌輸的人生目標就是賺大錢。在力爭上游的過程中，他感到生命空虛，覺得自己一生就像一齣在真實世界裡不斷上演的通俗劇。

雖然貧富不均，但生活在屬於自己的圈子裡，貧窮人還是愉快地接受了，因為他們不評比，才有可能讓快樂自然湧動。

面對生活，我們要有包容之心，對擁有的一切感到滿足，用積極的態度面對人生，這樣就能獲得寧靜與和平，從容而快樂的生活。

9．幸福是「選擇」來的

「不要計算已經失去的東西，多數數現在還剩下的東西。」這個十分簡單的數數法，就是選擇幸福的一種智慧。

笑對人生，選擇幸福的生活，不僅僅是一種人生境界，也是一種生存理念。要達到這種境界，就必須要有一顆包容的心，一種笑對人生的心態。

有位電視名人請了一位老人當他節目的來賓。這位來賓的確是位少見的老人。他講話的內容完全是毫無準備的，當然絕對沒有預演過。他的話把他彰顯得魅力四射，不管他什麼時候說什麼話，聽起來總是特別貼切，毫不做作，觀眾都笑翻了，非常喜歡他。主持人顯然對這位幸福快樂的老人印象極佳，像觀眾一樣享受著老人帶來的歡樂。

最後，主持人禁不住問這位老人為什麼這麼快樂。「您一定有什麼特別的快樂秘訣吧？」

「沒有，」老人回答道，「我沒有什麼了不起的秘訣。我快樂的秘訣非常簡單，每天當我起床的時候我有兩個選擇──快樂和不快樂，不管快樂與否，時間仍然不停地流逝，我當然會選擇快樂，這就是我的秘訣。」

是誰決定你快樂或不快樂？不是現實，是你自己！只有你自己選擇快樂，你才能快樂起來。

人們如果下定決心，要擁有幸福，他就會擁有幸福。你可能是幸福的、滿足的，也可能是不幸的，因為你有權利選擇其中的任何一種。最能發揮決定作用的因素是你受積極的還是消極的心態的影響，這個因素也只有你能控制。

選擇「幸福」？這件事乍聽起來，也許單純得令人不敢相信。但是，林肯曾說過的：「人們如果下定決心要擁有幸福，他就會擁有幸福。」換言之，如果你選擇不幸，你就會變成不幸的。

會享受人生的人，不會在意擁有多少財富，不會在意房子大小、薪水多少、職位高低，也不會在意成功或失敗，只要會數數就行。「不要計算已經失去的東西，多數數現在還剩下的東西。」這個十分簡單的數數法，就是選擇幸福的一種智慧。

其實，人們一直疲於奔命，尋求其所謂的幸福。而幸福，原本就在我們生活的不遠處，只要你能接納不幸，笑對痛苦，多看自己擁有的，別在意已經失去的，正確地面對生活，幸福也就不請自來了。

❤ 10．太計較對生活沒什麼好處

> 人生一世，有人活得瀟灑，有人卻活得太累，究其根源是處世過於計較的緣故。

做人固然不能玩世不恭，遊戲人生，但也不能太計較。「水至清則無魚，人至察則無友」，太認真了，就會對什麼都看不慣，連一個朋友都容不下，把自己同社會隔絕開。

鏡子很平，但在高倍放大鏡下，就成了凹凸不平的山巒；肉眼看很乾淨的東西，拿到顯微鏡下，滿目都是細菌。試想，如果我們「戴」著放大鏡、顯微鏡生活，恐怕連飯都不敢吃了；如果用放大鏡去看別人的缺點，恐怕那傢伙罪不可恕、無可救藥了。

但是，如果要一個人真正做到不計較、能容人，也不是簡單的事，首先需要有良好的修養、善解人意的思維方法，並且需要從對方的角度設身處地考慮和處理問題，多一些體諒和理解，就會多一些寬容、多一些和諧、多一些友誼。比如，有些人一旦做了官，便容不得下屬的缺點，動則橫眉豎目，使屬下畏之如虎，時間久了，必積怨成

仇。想一想天下的事並不是你一人所能包攬的，何必因一點點毛病便與人生氣呢？但如若互換一下立場，挨訓的人也許就能理解了上司的急躁情緒。

在公共場所遇到不順心的事，實在不值得生氣。素不相識的人冒犯你必定是有原因的，只要不是侮辱了人格，我們就應寬大為懷，不以為意，或以柔克剛，曉之以理。

另外，對方的觸犯從某種程度上是發洩和轉嫁痛苦，雖說我們沒有分攤他痛苦的義務，但客觀上確實幫助了他，無形之中做了件善事。這樣一想，也就能容忍他了。

清官難斷家務事，在家裡更不要計較，否則更是愚不可及。家庭孩子之間哪有什麼原則、立場的大是大非問題，都是一家人，怎能用「批判」的眼光看問題，就算分出個對和錯來，又有什麼用呢？

有位智者說，大街上有人罵他，他連頭都不回，他根本不想知道罵他的人是誰。因為人生如此短暫和寶貴，要做的事情太多，何必為這種令人不愉快的事情浪費時間呢？

這位先生的確修煉得頗有涵養了，知道該做什麼和不該做什麼，知道什麼事情應該認真，什麼事情可以不屑一顧。要真正做到這一點是很不容易的，需要經過長期的磨練。如果我們明確了哪些事情可以不認真，可以敷衍了事，我們就能騰出時間和精力，全力以赴認真地去做該做的事，我們成功的機會和希望就會大大增加；與此同時，由於我們變得寬宏大量，人們就會樂於同我們交往，我們的朋友就會越來越多。事業的成功伴隨著社交的成功，應該是人生的一大幸事。

🌰 11・當提起時提起，當放下時放下

要想做到當提起時提起，當放下時放下，關鍵就是盡量的包容自己，也盡量的理解別人。別計較太多，別負擔太多，學會放下，像雪松那樣彎下身來，釋下重負。

　　一個人如果常常背負太多的壓力，得不到有效的放鬆宣洩，那擔子會變得越來越重，最後負擔不起。所以要適時地給自己減壓，讓自己擁有一顆輕鬆自在的心，讓心胸更開闊，更清靜無憂。

　　有個叫理查・布萊德的人，在他的一篇文章中談起一次有趣的經歷。有一年，他和一群好友去東非探險。當時，正逢該地區發生嚴重的旱災。理查的行囊中，塞滿了食具、切割工具、衣物、指南針、觀星儀、護理藥品等。他認為這樣就為旅行做好了萬全之備。

　　一天，當地的一位土著嚮導檢視完理查的背包之後，突然問了一句：「這些東西讓你感到快樂嗎？」理查愣住了，這是他從未想過的問題。理查開始問自己，結果發現，有些東西的確讓他很快樂，但是，有些東西實在不值得他背著它們，走了那麼遠的路。

　　理查決定取出一些不必要的東西送給當地村民。接下來，因為背包變輕了，他感到自己不再有束縛，旅行變得更愉快。理查因此得到一個結論：生命裡填塞的東西越少，就越能發揮潛能。從此，理查學會在人生各個階段中定期解開包袱，隨時尋找減輕負擔的方法。

　　柯維指出：生命的進行就如同參加一次旅行。你可以列出清單，決定背包裡該裝些什麼才能幫你到達目的地。但是，記住，在每一次停泊時都要清理自己的口袋：什麼該丟，什麼該留，把更多的位置空出來，讓自己活得更輕鬆、更自在。

　　你一定有過年前大掃除的經驗吧。當你一箱又一箱地打包時，是不是驚訝自己在過去短短幾年內，竟然累積了那麼多的東西？是不是懊悔自己為何事前不花些時間整理，淘汰一些不再需要的東西，否則，今天就不會累得你連背脊都直不起來？

　　柯維指出：大掃除的懊惱經驗，讓很多人懂得一個道理：人一定要隨時清掃、淘汰不必要的東西，日後才不會變成沉重的負擔。

　　人生又何嘗不是如此！在人生路上，每個人不都是在不斷地累積東西？這些東西包括你的名譽、地位、財富、親情、人際、健康、知識等等；另外，當然也包括了煩惱、憂悶、挫折、沮喪、壓力等等。這些東西，有的早該丟棄而未丟棄，有的則是早該儲存而未儲存。

　　問自己一個問題：我是不是每天忙忙碌碌，把自己弄得疲憊不堪，以至於總是沒能好好靜下來，替自己做清掃？

　　對那些會拖累你的東西，必須立刻放棄——心靈掃除的意義，就好像是生意人的「盤點庫存」。你總要瞭解倉庫裡還有什麼，某些貨物如果不能限期銷售出去，最後很可能會因積壓過多拖垮你的生意。

　　很多人都喜歡房子清掃過後煥然一新的感覺。你在拭掉門窗上的塵埃與地面上的污垢，讓一切整理就緒之後，整個人好像突然得到一種釋放。

　　在人生諸多關口上，我們幾乎隨時隨地都得做清掃。念書、出國、就業、結婚、離婚、生子、換工作、退休……每一次的轉折，都迫使我們不得不「丟掉舊的你，接納新的你」，把自己重新「掃一遍」。

　　不過，有時候某些因素也會阻礙我們放手進行掃除。譬如，太忙、太累；或者擔心掃完之後，必須面對一個未知的開始，而你又不能確定哪些是你想要的。萬一現在丟掉的，將來需要時又撿不回怎麼辦？

　　的確，心靈清掃原本就是一種掙扎與奮鬥的過程。不過，你可以告訴自己：每一次的清掃，並不表示這就是最後一次。而且，沒有人規定你必須一次全部掃乾淨。你可以每次掃一點，但你至少必須立刻丟棄那些會拖累你的東西。

　　日本作家川端康成自獲諾貝爾獎之後，受盛名之累，常被官方、民間，包括電視廣告商人等等，拉著去做這做那。文人難免天真，不擅應酬，心慈面軟，不會推託；做事又過於認真，不懂敷衍；於是陷入忙亂的俗事重圍，不知如何解脫，終於自殺，了此一生。據報導，川端臨終前，曾為籌措協會經費而心力交瘁。心情十分低落，可能是促使他厭世自殺的原因之一，這當不是妄測之詞。

　　固然，對一位作家來說，能獲得諾貝爾獎，這口井已經算是鑿得夠深了。但如果他不被捲入使他煩倦不堪的瑣事，而能依然寧靜度日，以他東方式的豐富晶瑩的智慧，或可有更具哲理的創作流傳於

世。

《湖濱散記》的作者梭羅，為了要寫一本書，而去森林中度過兩年隱士生活。自己種豆和玉蜀黍為食，擺脫了一切剝奪他時間的瑣事俗務，專心致志，去體驗林間湖上的景色和他心靈所產生的共鳴。從中發現許多道理，而完成了這本名著。

常有人歎息生活忙亂，負擔沉重。當然，人生有許多推不開的負擔，但是，在這些負擔之中，有許多是不必要的。由於貪太多、太求全、或太急切，反而使自己顧此失彼。

許多人在除了自己份內該忙的事情外，更要忙些不該忙的。如忙著應酬；忙著為了增加物質享用或虛榮而去賺錢；忙著奔走鑽營去求地位。對自己已經著手的工作易於失去興趣，因而時常見異思遷。

生命裡填塞的東西越少，就越能發揮潛能。

要想做到當提起時提起，當放下時放下，關鍵就是盡量的包容自己，也盡量的理解別人。別計較太多，別負擔太多，學會放下，像雪松那樣彎下身來，釋下重負。選擇一種彈性的生活方式，為自己在壓力面前營造一種積極的心態，讓自己不再有煩惱，還心靈一份寧靜。

🍎 12・順其自然會有別樣的收穫

> 挑戰可以改變的，但不妄圖挑戰不可以改變的。這是一種生活的態度，一種豁達的態度。只有能順其自然的人才可以寬恕自己，才可在風雨兼程中感受到輕鬆與暢快。

世俗的生活中，很多事我們無法改變，很多事我們也無法選擇。然而很多時候，我們卻總要為此牽掛不已，徒然傷神。若能豁達一些，或許我們將不再感到生活是如此之累。

有一個禪的故事：

一個寺院裡有一片綠油油的草地。有一年夏天天氣異常炎熱，炙

熱的陽光晒著這片草地。沒多久,原來的綠草地就變成了一片枯黃。

　　小和尚見了,說道:「得趕快撒點草籽啦!好難看!」師父應道:「等天涼了吧。一切需隨時。」

　　等到中秋,師父買了一包草籽,讓小和尚播種。可是秋風徐起,種子邊撒邊飄。小和尚喊了起來:「不好了,我播的種子都讓風給吹走了。」師父說道:「沒關係的,吹走的多半是空的,撒下去也不發芽。一切需隨性。」

　　半夜的時候,一陣驟然而至的秋雨居然不像平時那般淅淅瀝瀝,而是下得猛烈飄潑。小和尚一清早衝進禪房,大喊:「師父,不好了。昨天撒的種子都讓暴雨給沖走了。」師父不慌不忙地說:「不必慌張,沖到哪兒,種子就會在哪兒發芽的。一切需隨緣。」

　　轉眼間,一個多星期過去了。院子裡長出了青翠的小苗,原來沒有播種的地方也泛出了綠意。

　　這是一個很好的禪的故事。生活亦是如此,一切需順其自然,按哲學的說法即是遵循規律。挑戰可以改變的,但不妄圖挑戰不可以改變的。這是一種生活的態度,一種豁達的態度。只有能順其自然的人才可以寬恕自己,才可在風雨的路程中感受到輕鬆與暢快。

　　人生總是因為奮力追求優秀而失去平靜的心態,忽視生活的樂趣,以至於造成很多無法彌補的缺憾,而在壓力、緊張、激動中忙忙碌碌。何不放低自己的要求,選擇平淡從容的生活,當吃則吃,該睡則睡;白天輕鬆工作,黃昏相約散步,順其自然,保持心靈的逍遙自在。

13・擁有財富並不等同於富有

> 　　在面對世俗和名利時,不受外界的影響,能夠珍惜自己所擁有的一切,這才是真正的富有。

　　很多人一輩子都在忙碌奔波，為了名譽、金錢，最終他們得到了，卻失去了更寶貴的東西，那就是健康、青春，甚至生命。這樣的人生毫無快樂可言。人活著，最重要的是心靈能夠得到自由和快樂，這就需要一顆包容的心，在面對世俗和名利時，不受外界的影響，能夠珍惜自己所擁有的一切，這才是真正的富有。

　　一對男女步入了婚姻的殿堂，在甜蜜的愛情高潮過去之後，他們開始面對日益艱難的生計。妻子整天為缺少金錢而憂鬱，悶悶不樂。有錢才能買更大一點的房子，買家具家電，才能吃好的穿好的。可是他們的錢太少了，少得只能維持最基本的日常開支。

　　她的丈夫卻是一個很樂觀的人，他不斷地尋找機會開導妻子。

　　有一天，他們去醫院看望一個朋友。朋友說，他的病是累出來的，常常為了賺錢不吃飯不睡覺。回到家裡，丈夫就問妻子：「下次如果給妳很多的錢，但同時讓妳跟他一樣躺在醫院裡，妳要不要？」妻子連想都沒有想說：「不要。」

　　過了幾天，他們去郊外散步，他們經過的路邊有一棟漂亮的別墅。從別墅裡走出一對白髮蒼蒼的老者。丈夫又問妻子：「假如現在就讓你住上這樣的別墅，不過同時妳得變得跟他們一樣老，妳願意嗎？」妻子不假思索地回答：「我才不願意呢！」

　　人的財富不僅僅是錢財，它的內涵豐富。錢財之外還有很多很多，還有比錢財更重要的東西。如果你在金錢與健康之間選擇一樣，你會選擇哪一樣呢？金錢是重要，但沒有了健康的身體，即使有再多的錢，也無福消受。打個比喻，如果你有胃病，但讓你去享用一桌價值20萬的宴席，面對著滿桌子山珍海味、美味佳餚，但因為你的胃病，你根本就吃不下或者是消化吸收不了，你會感到快樂嗎？絕對不會！

　　如果把健康的身體比作「1」，金錢、地位、名譽等就都是這個「1」後面的「0」。沒有了健康的身體，那麼後面這些不也都變成了零嗎？現在面對金錢與健康，你又將如何選擇呢？不停的工作可以換來很多很多的金錢，但是你的健康卻也在亮起了紅燈。這個時候，我

們要拿得起放得下，賺錢的目的是為了什麼？不正是為了能夠生活得更好點嗎？沒有了一個健康的身體，又何談幸福的生活，因此說，有時候對金錢的放棄是另外一種獲得。「千金散盡還復來」，世間有很多人看不到這一點，許多煩惱也由此而生。他們難以與幸福結緣，卻常常要和不幸結伴而行。

擁有一顆平常心，萬事都以平常心去對待，得意時，能夠淡然；失意時，能夠泰然。在各種磨難面前，各種誘惑面前，都能夠坦然處之。用平常心看待人生，自會獲得心靈的安穩和快樂。

❤ 14．無論身在何處都要保持內心的安詳

> 一個人能以寧靜的心境從容於天上雲卷雲舒，靜觀於地上花開花落，洞察於世間人聚人散，這便是安詳的修養。

安詳本是佛家用語。僧人學禪悟道走遍千山百嶺，所謂「芒鞋踏破嶺頭雲」──不辭艱辛跋涉，去追求佛法真諦。這真諦是什麼？就是一種安詳的心態。

一個人能夠包容生活，不管物質生活充實或貧乏，都能保持內心的安詳，也就是在過著幸福的生活了。相反地，如果一個人的心裡紊亂不安，那麼即使他身處高位，榮祿在身，生命也是處在煎熬之中。

佛門弟子苦參苦學，他們追求的是什麼呢？絕不是什麼神祕的東西。因為真理是普遍的，神祕絕不是真理。他追求的既不是神祕，也不是物欲，而是內心的安詳。

前清時的王有齡，進京捐官成功，由於有他人的保薦，回到杭州很快就得到了海運局坐辦的實缺，而在胡雪巖的全力幫助下，涉及王有齡自己以及整個杭州官場人物前途的漕米解運的麻煩，也一舉圓滿解決。這個時候又恰逢湖州知府出缺。湖州為有名的生絲產地，豐饒富庶，是一個令許多人垂涎的地方。王有齡由於漕米解運的事，已經

在杭州得了能員之稱，這使他一下子又得了湖州知府的肥差。不僅如此，他還同時得到了兼領浙江海運局坐辦的許可。一切如意，他實在是太順利了。

如此順利，使王有齡自己都不能相信自己的運氣會如此之好，他對胡雪巖說：「一年工夫不到，實在想不到有今日之下的局面。福者禍所倚，我心裡反倒有些嘀咕了。」倒是胡雪巖大氣得多，他對王有齡說：「千萬要沉住氣。今日之果，昨日之因，莫想過去，只看將來。今日之下如何，不要去管它，你只想著我今天做了些什麼，該做些什麼就是了。」

胡雪巖的這番話，不外乎是說人須不為寵辱得失所動，不要過多地去想自己面對的得失，而應該保持安詳平和的心態，注重做該做必做的事。這番話雖然是實際針對王有齡的沉不住氣說的，但卻也道出了人們該有的包容之心。人確實要有一點這種不為寵辱所動，不被得失所拘的大氣，做到寵辱不驚。一時的得失榮辱雖並不能都輕輕鬆鬆地全看作過眼雲煙，但最重要的是把握內心的平和安詳。

蘇軾的友人王定國有一名歌女，名叫柔奴。眉目娟麗，善於應對，其家世代居住京師。後王定國遷官嶺南，柔奴亦隨之，多年後，復隨王定國還京。蘇軾拜訪王定國時見到柔奴，問她：「嶺南的風土應該不好吧？」不料柔奴卻答道：「此心安處，便是吾鄉。」

蘇軾聞之，心有所感，遂填詞一首，這首詞的後半闋是：「萬里歸來年逾少，微笑，笑時猶帶嶺梅香。試問嶺南應不好？卻道：此心安處是吾鄉。」在蘇軾看來，偏遠荒涼的嶺南不是一個好地方，但柔奴卻能像生活在故鄉京城一樣處之安然。從嶺南歸來的柔奴，看上去似乎比以前更加年輕，笑容彷彿帶有嶺南梅花的馨香，這就是隨遇而安，並且是心靈之安的結果。

蘇東坡曾在《定風波·沙湖道中遇雨》中寫道：

「莫聽穿林打葉聲，何妨吟嘯且徐行。竹杖芒鞋輕勝馬，誰怕？一蓑煙雨任平生。料峭春風吹酒醒，微冷，山頭斜照卻相迎。回首向來蕭瑟處，歸去，也無風雨也無晴。」

這是他在去一個名叫沙湖的地方的路途中，突然遇到大雨時，「雨具先去，同行皆狼狽，余獨不覺。已而遂晴，故作此詞」。

　　在被貶邊城、人生遭遇不幸的時候，蘇東坡依然曠達、樂觀，不讓外界的環境變化來擾亂自己的心境，改變自己向來樂觀的人生信念。正如「莫聽穿林打葉聲，何妨吟嘯且徐行」所描寫的那樣，當亂雨打葉、風波驟起的時候，何不把它當作一個生活的小風景，在雨中慢慢走，慢慢吟詩，心情自然就不錯。當一切風平浪靜的時候，再回首看看那樣的過程，卻帶有一點享受般的愜意。

　　對於像蘇東坡這樣處亂不驚、心如止水、不受外界干擾的人來說，其實人生本來就是「也無風雨也無晴」的。即便時光已逝去千年，我們彷彿還能看到蘇東坡竹杖芒鞋在雨中吟嘯徐行的樣子，看到一個天真爛漫、充滿生命激情的人，在向我們展示著，生命原來可以這樣灑脫。

　　人生在世，很不容易。風風雨雨，坎坎坷坷，苦辣酸甜都可能遇到。因此，要保持內心的安詳，做到隨遇而安。這種心態並非消極的，而提示人們在不斷進取中，無論是成功，還是失敗；無論是車水馬龍，還是門庭冷落；無論是輝煌奪目，還是沒沒無聞，都要有個良好的心態，笑對人生！

　　生活中拂逆的事情是很多的。俗話說：「不如意事常有八九。」人生際遇不是個人力量可以左右的，而在詭譎多變、不如意常有八九的環境中，唯一能使我們快樂的辦法，就是用包容的心態去面對生活，使自己內心保持平和安詳。

　　砂糖是甜的，精鹽是鹹的。通常，如果想要使食物嚐起來是甜的，只要加點糖就可以了。然而事實上，若我們再加入些鹽，反而更能增強砂糖的甜度與味道，這正是造物主絕妙的安排。

　　當傑勒米‧泰勒喪失了一切——他的房屋遭人侵佔，家人被趕出家門，流離失所，莊園被沒收了的時候，他這樣寫道：「我落到了財產徵收員的手中，他們毫不客氣地剝奪了我所有的財產。現在只剩下了什麼呢？讓我仔細搜尋一下。他們留給了我可愛的太陽和月亮，我

的溫良賢淑的妻子仍在我的身邊，我還有許多給我排憂解難的患難朋友，除了這些東西之外，我還有愉快的心、歡快的笑臉。他們無法剝奪我對上帝的敬仰，無法剝奪我對美好天堂的嚮往以及我對他們罪惡之舉的仁慈和寬厚。我照常吃飯、喝酒，照樣睡覺和消化，我照常讀書和思考……」

在意外打擊和災難面前，泰勒仍感到有足夠的理由歡樂，他像是愛上了這些痛苦和災難似的，或者說，他在這種常人難以擺脫的痛苦和怨恨中仍然能夠自得其樂，真可謂不以常人之憂為憂，而以常人之樂為樂。他之所以能做到這一步，是因為他敢於藐視困難，視災禍為一點尋常荊棘，他就是坐在這些小小的荊棘之上，亦不足為憂，保持一份豁達的心境，那真是比有萬貫家財更有福氣。

安詳顯示的成熟使人有了萬事隨緣的感悟，不再張狂，不再浮躁。

安詳是一種精良的生命質地。一個人能以寧靜的心境從容於天上雲卷雲舒，靜觀於地上花開花落，洞察於世間人聚人散，這便是安詳的修養。

不管是什麼樣的天氣，什麼樣的境遇，只要心中灑脫，看得開，保持一份樂觀豁達的心，對你來說永遠都是風和日麗、天高雲淡的好天氣。

「身泰心寧是歸處，故鄉何獨在長安」。保持一份樂觀向上的好心情，得意時不張狂，失意時不懊喪；「不以物喜，不以己悲」，處驚不變，去留無意，快快樂樂地善待生活，善待自己，善待一切，面帶微笑地用心過好每一天。

❦ 15‧過去的都已經過去，關鍵是未來

> 無論是甜蜜還是憂傷，無論是屈辱還是榮耀，這一切都已經過去了，已經不再重要，要用一顆包容的心去看待過去，丟下負擔，仰頭遙望充滿希望的明天，不要因為過去的一切而止步不前。

我們漢代著名學者承宮出生在一個窮苦貧寒之家。父母一年辛勞忙碌，全家人只能勉強餬口，過著饑寒交迫的生活，終日掙扎於溫飽之中。

　　承宮七歲那年，該就學讀書了，但他只能眼巴巴地望著左鄰右舍的孩子歡天喜地進學堂——飯都吃不飽，父母哪來錢供他上學呢？不僅上不起學，小小年紀還要分擔家計重擔，去替人放豬。為這事，他不知偷偷哭過多少回。

　　不久，同村的學者徐子盛先生開辦了一所鄉村學堂。承宮放豬每天都要從那裡經過。起初，他每次路過學堂，只敢望幾眼學堂大門，豎起耳朵偷聽一會兒裡面的讀書聲，然後就趕緊離開。漸漸地，承宮在學堂附近停留的時間越來越長，最後竟不由自主地來到學堂門口，偷聽先生講課，聽學童讀書。常常聽得入了神，把豬都忘了。

　　終於有一天，承宮因為在學堂門口聽講，沒有照顧好豬，讓豬跑散了幾隻。東家尋來，不由分說，一頓毒打，打得小承宮鼻青臉腫，哭叫不止。哭聲委屈哀切。

　　正在授課的徐子盛先生聞聲跑了出來。當得知事情緣由後，先生便對東家說：「怎麼能這樣對待一個愛讀書的孩子，像對盜賊一樣殘酷無情呢！從今以後，他不再為你放豬了，你請另雇他人吧！」說完，將小承宮領進了學堂。

　　從此，承宮就被收留在徐先生門下。他一邊幫老師做雜事，一邊隨課聽講，並把握一切空餘時間讀書。

　　一開始，這個放豬兒很是自卑，他很感激老師的收留，但同時又為自己知之甚少而慚愧不已。徐先生發現這一點後，對他教誨道，過去的事情無法改變，關鍵是未來，若想成為有識之士，必須今朝開始努力。從此承宮更加用心刻苦，他的學習成績總是名列前茅。數年後，承宮讀遍了先生的所有藏書，並因寫得一手好文章，而遠近聞名。

　　承宮最後成了一名在學術上有很深造詣的學者，並名垂青史。

　　不要再為過去的任何事情而煩惱，關鍵是今後的歲月如何度過，

即使你曾經惡貫滿盈，只要現在能夠徹悟，那也能重新開始。

雨果的不朽名著《悲慘世界》裡那個主人翁尚萬強，本是一個勤勞、正直、善良的人，但窮困潦倒，度日艱難。為了不讓家人挨餓，迫於無奈，他偷了一個麵包，被當場抓獲，判定為「賊」，銀鐺入獄。

出獄後，到處找不到工作，飽受世俗的冷落與恥笑。從此，他真的成了一個賊，順手牽羊，偷雞摸狗。

員警一直都在追蹤他，想方設法要拿到他犯罪的證據，把他再次送進監獄。他卻一次又一次逃脫了。

在一個大風雪的夜晚，他饑寒交迫，昏倒在路上，被一個神父救起。神父把他帶回教堂給他吃住，但他在神父睡著後，卻把神父房裡的所有銀器席捲一空。因為他已認定自己是壞人，就應該幹壞事。

想不到，在逃跑途中，被員警逮個正著，這次可謂人贓俱獲。當員警押著尚萬強到教堂，讓神父認定失竊物品時，尚萬強絕望地想：「完了，這一輩子只能在監獄裡度過了！」

誰知神父卻溫和地對員警說：「這些銀器是我送給他的。他走得太急，還有一件更名貴的銀燭台也忘了拿，我這就去取來！」

尚萬強的心靈受到了巨大的震撼。

員警走後，神父對尚萬強說：「過去的就讓它過去，重新開始吧！」

從此，尚萬強決心洗心革面，重新做人。他搬到一個新的地方，努力工作，積極上進。後來，他成功了，畢生都在救濟窮人，做對社會有益的事情。

無論是甜蜜還是憂傷，無論是屈辱還是榮耀，這一切都已經過去了，已經不再重要，要用一顆包容的心去看待過去，丟下心中的負荷，仰頭遙望充滿希望的明天，不要因為過去的一切而止步不前。過去的已經過去，重要的是重新開始面對現在和未來。

第三章

包容是對困境的正視和反抗

　　逆境能夠激發一個人的潛力而使他達到成功。有本領、有骨氣的人，能將失敗變為成功，像蚌殼能將使它煩惱的沙礫化成珍珠一樣。鷲鳥一旦毛羽生成，母鳥會將牠們逐出巢外，讓牠們做空中飛翔的練習。那種經驗，使牠們能於日後成為禽鳥中的君主和覓食的能手。凡是環境不順利，到處被擯棄被排斥的青年，往往日後會有出息，而那些從小就環境順利的人，卻常常「苗而不秀，秀而不寶！」自然往往在給人一分困難時，也給人一分智力！所以不要仇視困難，用包容之心去面對困難，才是真正的智慧。

🍎 1‧你面前的欄杆越高，你跳得也越高

> 　　切莫因經受幾次試飛不成的挫折而甘心落回地面，只要你不斷保持想飛的念頭，不斷嘗試，一定能自由自在地翱翔於成功的殿堂。

　　擁有夢想，設定目標，一個人才有成功的可能。但通往成功的路上是不會少了逆境相伴的，成功的人首先會選擇冷靜地接受苦難的事實，然後再想方設法戰勝苦難；相反地，失敗者大都不能正視苦難，在苦難來臨時經受不住打擊而就此沉淪。

　　相信每個人都想成為成功者，那麼要追求人生成功的新領域，在揚起雙翼的同時，就不必懷疑自己不可能。只要你承受得了逆境的考驗，那麼終會有一飛沖天的機會。

　　有個小孩，無意間在懸崖邊的鷹巢裡發現一顆老鷹的蛋，一時興起，將這枚蛋帶回父親的農莊，放在母雞的窩裡，看看能不能孵出小鷹來。

　　果然如頑童的期待，那顆蛋孵出了一隻小鷹。小鷹隨同窩的小雞一起長大，每天在農莊裡追逐主人餵飼的穀粒，一直以為自己是隻小雞。

　　某一天，母雞焦急地咯咯大叫，召喚小雞們趕緊躲回雞舍內。慌亂之際，只見一隻雄偉的老鷹俯衝而下，小鷹也和小雞一樣，四處逃竄。

　　經過這次事件後，小鷹每次看見遠處天空盤旋的老鷹的身影，總是不禁喃喃自語：「我若是能像老鷹那樣自由地翱翔在天空，不知該有多好。」

　　一旁的小雞總會提醒他：「別傻了，你只不過是隻雞，是不可能高飛的，別做那種白日夢吧！」

　　小鷹想想也對，自己不過是隻小雞，就回過頭去和其他小雞一起追逐主人撒下的穀粒。

　　直到有一天，一位訓練師和朋友路過農莊，看見這隻小鷹，便興致勃勃要教小鷹飛翔，而他的朋友認為小鷹的翅膀已經退化無力，勸訓練師打消這個念頭。

　　訓練師卻不這麼想，他將小鷹帶到農舍的屋頂上，認為由高處將小鷹擲下，牠自然會展翅高飛。不料，小鷹只輕拍了幾下翅膀，便落到雞群當中，和小雞們四處找尋食物。訓練師仍不死心，再次帶著小鷹爬到農莊內最高的樹上，擲出小鷹。小鷹害怕之餘，本能地展開翅膀，飛了一段距離，看見地上的小雞們正忙著追尋穀粒，便立時飛了下來，加入雞群中爭食，再也不肯飛了。

　　在朋友的嘲笑聲中，訓練師這次將小鷹帶上高處的懸崖。小鷹放眼看去，大地、農莊、溪流都在腳下，而且變得十分渺小。待訓練師的手一放開，小鷹展開寬闊的雙翼，終於實現了牠的夢想，自由地翱翔天際。

　　特別要提醒的是，切莫因經受幾次試飛不成的挫折而甘心落回地面，只要你不斷保持想飛的念頭，不斷嘗試，一定能自由自在地翱翔於成功的殿堂。

　　在逆境中絕不放棄，再困難的時候都要咬緊牙，只要堅持住了，豎在你面前的欄杆多高，你最終都能夠超越過去。不要遇到困難就低頭，把眼前的困難看作目標去克服，去完成。風雨過後，你會發現困難越大，你取得的成就也越大。

🍎 2・承受逆境的艱難，造就超凡的能力

> 　　森林中的大樹，不和暴風驟雨搏過千百回，樹幹就不會長得十分結實。人不遭遇種種逆境，他的人格、本領，也不會長得結實的。

在現實生活中，逆境與憂苦，都能將我們的心靈引爆。在那個炸開的裂縫中，會有豐盛的經驗、新鮮的歡愉，不息地噴射出來！

　　一個著名的科學家說：當我遭遇到一個似乎不可超越的難題時，就知道自己快要有新的發現了。

　　大無畏的人，越為環境所迫，越加奮勇，不戰慄，不退縮，胸膛直挺，意志堅定，敢於對付任何困難，輕視任何厄運，嘲笑任何逆境。因為憂患、困苦不足以損他一分一毫，反足以加強他的意志、力量與品格，使他成為了不起的人物。有許多人一生的偉大，來自他們所經歷的困難。精良的斧頭、鋒利的斧刃是從爐火的鍛鍊與磨練中得來的。很多人，具備大有作為的才資，由於一生中沒有同逆境搏鬥的機會，沒有充分的困難磨練，足以刺激起其內在的潛伏能力的發動，而終生沒沒無聞。

　　逆境不是我們的仇敵，實是恩人。森林中的大樹，不和暴風驟雨搏過千百回，樹幹不會長得十分結實。人不遭遇種種逆境，他的人格、本領，也不會長得結實的。一切的磨難、憂苦與悲哀，都是足以助長我們、鍛鍊我們的。

　　一位極有名的鋼琴大師在授課第一天，就給自己的新學生一份樂譜。「試試看吧！」他說。樂譜難度頗高，學生彈得生澀僵滯、錯誤百出。「還不熟，回去繼續好好練習！」教授在下課時叮囑學生。

　　學生苦練了一個星期，第二週上課時正準備讓教授驗收，沒想到教授又給了他一份難度更高的樂譜，「試試看吧！」對於上星期的課，教授提都沒提。經過了一週的專心練習，剛要喘口氣的學生不得已再次挑起了重擔，掙扎於更高難度的挑戰。

　　第三週，更難的樂譜又出現了。同樣的情形持續著，學生每次在課堂上都被一份新的樂譜所困擾，然後把它帶回去練習，接著再回到課堂上，重新面臨兩倍難度的樂譜。這種課堂簡直就是「戰場上的疲於奔命」，還沒有來得及喘息，更強硬的敵人又來臨，真是令人急急惶惶、提心吊膽。經過一段時間的練習，學生不但沒有感到任何進步，反而感到越來越沮喪和氣餒。

　　三個月後，學生決定向鋼琴大師提出這三個月來何以不斷折磨自己的質疑。教授沒開口，他抽出了最早的那份樂譜，交給學生。「彈奏吧！」他以堅定的目光望著學生。

　　不可思議的事情發生了，連學生自己都驚訝萬分，他居然可以將那首曲子彈奏得如此美妙、如此精湛！教授讓學生試了第二堂課的樂譜，學生依然呈現超高水準的表現……演奏結束，學生興奮地看著老師，說不出話來。

　　「如果，我任由你表現最擅長的部分，可能你還在練習最早的那份樂譜，就不會有現在這樣的程度……」鋼琴大師緩緩地說。

　　這就是大師教學的技巧，把學生放在最艱難的境遇中，以圖「置之死地而後生」。當人們感到巨大的壓力來臨時，身體會產生一種強有力的抗壓能力。

　　逆境是足以喚起一個人的熱情、激發一個人的潛力而使他達到成功的。有本領、有骨氣的人，能將失敗變為成功，像蚌殼能將煩惱它的沙礫化成珠子一樣。鷺鳥一旦毛羽生成，母鳥會將牠們逐出巢外，讓牠們做空中飛翔的練習。那種經驗，使牠們能於日後成為禽鳥中的君主和覓食的能手。凡是環境不順利，到處被摒棄被排斥的青年，往往日後會有出息，而那些從小就環境順利的人，卻常常「苗而不秀，秀而不實！」自然往往在給予人一分困難時，也添給人一分智力！

　　貧窮、痛苦不是永久不可超越的障礙，反而是心靈的刺激品，可以鍛鍊我們的身心，使得我們身心更堅毅、更強固。鑽石越硬，則它的光彩越耀眼；要將其光彩顯出來時所需的摩擦也越多。只有摩擦，才能使鑽石顯示出它全部的美麗。火石不經摩擦，火花不會發出；人不遇刺激，生命火焰不會燃燒。

　　賽凡提斯寫他的《唐‧吉訶德》是在他困處於馬瑞德獄中的時候。那時他貧困不堪，甚至無錢買紙，在將完稿時，把皮革當做紙張。有人勸一位西班牙成功人士去接濟他，那位成功人士回答說：「上天不允許我去接濟他的生活，因為唯有他的貧困，才能使得世界豐富！」

　　監獄往往能喚起高貴的人心中已經熄滅的火焰。《魯賓遜漂流記》是在獄中寫成的，《天路歷程》是在彼特福特監獄中寫成的。拉萊在他13年的幽囚生活中，寫成了他的《世界歷史》。路德幽囚在瓦特堡的時候，把《聖經》譯成了德文。大詩人但丁被判死刑，過著流亡的生活達20年，他的作品就是在這個時期完成的。

　　有史以來，被壓迫、被驅趕，簡直是猶太人註定的命運。然而猶太人卻產生過許多最可貴的詩歌、最巧妙的諺語、最華美的音樂。對於他們，「迫害」彷彿總是和「逆境」攜手而來的。猶太人很富裕，許多國家的經濟命脈，幾乎都是掌握在猶太人手中。對於他們，「困苦如春日的早晨，雖帶霜寒，但已有暖意；天氣的冷，足以殺掉土中的害蟲，但仍能容許植物的生長！」

　　席勒為病魔纏擾15年，而他的最有價值的一本書，就是在這個時期寫成的。彌爾頓在雙目失明、貧病交迫的時候，寫下了他著名的著作。

　　被人譽為「樂聖」的德國作曲家貝多芬一生遭遇數不清的磨難困苦，幾乎逼得他行乞，甚至使他耳聾，幾乎毀掉了他的事業。但貝多芬並非一蹶不振，而是向命運挑戰。貝多芬在兩耳失聰、生活最悲痛的時候，寫出了他的最偉大的樂曲。正如他給一位公爵的信中所說：「公爵，你之所以成為公爵，只是由於偶然的出身，而我成為貝多芬，則是靠我自己。」

　　大多數人的生活境遇既不是絕對不能生存，也不是絕對優越。能夠生存，全因具有積極、樂觀的精神；境遇艱難，故此需要時刻保持戰戰兢兢、如履薄冰的警惕。所以，不要怕自己置身於如履薄冰的境遇，只要你能夠勇敢地承受這種艱難，你就可能造就超凡的能力。

❦ 3．用忍耐和忘卻來應對憂愁

> 運用我們的智慧，把所有的憂愁都關到身後，以一種超越的心境去包容我們人生走過的每一個腳步，從而贏得更廣闊的人生。

生活中有太多不值得我們憂愁的事情，我們要以一種平和的心態去面對生活中的瑣事，學會看開、看淡、看遠、看透。學會去享受生活中本應有的快樂，包容一個苦難，就會有了一個超越自我的契機。運用我們的智慧，把所有的憂愁都拋到身後，以一種超越的心境去包容我們人生走過的每一個腳步，從而贏得更廣闊的人生。

我們經常在門口處看到「隨手關門」的字樣。其實這四個字完全可以運用到生活中，很富於哲理，對於過去的憂愁、怨憤、挫折，我們也應做到「隨手關門」。

英國政治家勞・喬治認為他自己之所以能成功，主要是因為他很小就懂得，當他走過一扇門時，就把它關起來。也就是說，我們要把昨天封閉起來，因為我們沒法走回頭路，所以，我們為什麼要活在過去的日子裡呢：把過去的事再重演一遍？使我們的心頭負擔再加一倍？再多流一點無用的眼淚？

記得有個醫生對一位病人的太太說，她的先生得了癌症。醫生說話時的態度很溫和，但這句話直刺她的心坎。然而我卻看到她精神振作，十分鎮定地面對著這沉重的打擊。雖然醫生的話使她為之一驚，心為之憔悴，但是她仍以無比的勇敢氣概來面對眼前的一切。她從自己心中找到力量，即使她碰到人生最壞的遭遇，也仍能承受得住。這一場面是何等堅定達觀！

因此，假使我們碰到苦惱事，就讓我們自己承擔起來。不要將陰影投在旁人身上。假使我們面臨危險，也應讓我們自己擔當起來。

相反地，假使我們找到了快樂，則要彼此分享，不要獨自將它囤積起來，因為分享快樂，可以使快樂倍增。不論碰到什麼，我們都要盡我們的能力，作最好的表現，而從旁人身上找出優點。要知道：「這一切都要成為過去」，因而須摒除暴戾之氣，在我們心中保留一點忠厚仁慈，也培養一點力量，準備去幫助那些需要幫助的人們。

「忘記背後的」，這實在是一種很高明的藝術。否則過去的事就會阻塞現在，也刺殺將來。寫這話的人覺得過去的許多事中，有些太傷心，很難忘記，他就用力把它們扔下，往前趕，「努力前面的。」

有一位哲人說得最好：「不該記住的，我就忘了；不該忘記的，我就記住！」我們不一定到了過年才打掃家室。不妨把舊的回憶加以分類，把亂七八糟的雜念摒除。

要控制自己的回憶是不容易的。快樂的回憶和悲慘的回憶同樣會傷害我們，只是其方法不同而已。但是要使它們不傷害自己的情緒還是辦得到的，只要把它們像畫一樣掛在牆上，就不會使我們傷心了。

有一次，有個朋友寫信給林肯，說了幾句殘忍虛假的話，而且還逼著林肯，要他答覆。林肯說：「我覺得這樣的辦法永遠不會有什麼意思。」他對這種事情一點都不在乎。他實在是聰明，他不恨對方，也不憂愁。這是只有少數人才學得會的。

要想排除煩惱和憂愁，就要學會包容和忍讓，去除嫉恨之心，學會寬宏大度，能夠以誠待人，遇事心境平和。這樣可以使我們堅定，精神集中，頭腦清晰，對眼前的問題，有一個全盤的看法；也使我們可以看清周圍的環境，忘卻自己，把注意力轉移到更持久的事物上去。這樣一來，就可以治癒心頭的創傷，增添力量，開拓心胸。

❦ 4 · 強者選擇用微笑來面對痛苦和磨難

> 我們一旦懂得承受，就沒有什麼大不了的，在困境面前，我們要堅信我們本身就是「太陽」，就算目前有天大的煩惱，「黎明」一定會到來，「晴朗」的日子一定會到來，「春天」一定會到來。

　　人的一生要經歷無數次的風風雨雨，快樂與痛苦同在，順境與困境同行。我們要學會包容苦難，戰勝苦難，就能得到一筆值得驕傲的人生財富。

　　1920年10月，一個漆黑的夜晚，在英國斯特蘭臘爾西岸的布里斯托爾灣的洋面上，發生了一起船隻相撞事件。一艘名叫「洛瓦號」的小汽船跟一艘比它大十多倍的輪船相撞後沉沒了，104名搭乘者中有11名船員和14名旅客下落不明。

　　弗朗哥‧馬金納從下沉的船身中被拋了出來，他在黑色的波浪中掙扎著。救生船這會兒為什麼還不來？他覺得自己已經奄奄一息了。

　　漸漸地，附近的呼救聲、哭喊聲低了下來，似乎所有的生命全被浪頭吞沒，死一般的沉寂在周圍擴散開去。就在這令人毛骨悚然的寂靜中，突然——完全出人意料，傳來了一陣優美的歌聲。那是一個女人的聲音，歌曲絲毫也沒有走調，而且也不帶一點兒哆嗦。那歌唱者簡直像面對著客廳裡眾多的來賓在進行表演一樣。

　　馬金納靜下心來傾聽著，一會兒就聽得入了神。教堂裡的讚美詩從沒有這麼高雅；大聲樂家的獨唱也從沒有這般優美。寒冷、疲勞剎那間不知飛向了何處，他的心境完全復甦了。他循著歌聲，朝那個方向游去。

　　靠近一看，那兒浮著一根很大的圓木頭，可能是汽船下沉的時候漂出來的。幾個女人正抱住它，唱歌的人就在其中，她是個很年輕的

小姐。大浪劈頭蓋臉地打下來，她卻仍然鎮定自若地唱著。在等待救援船到來的時候，為了讓其他婦女不喪失力氣，為了使她們不致因寒冷和失神而放開那根圓木頭，她用自己的歌聲給她們增添著精神和力量。

就像馬金納借助小姐的歌聲游靠過去一樣，一艘小艇也以那優美的歌聲為導航，終於穿過黑暗駛了過來。於是，馬金納、那唱歌的小姐和其餘的婦女都被救了上來。

用微笑面對苦難，才能看到希望，身陷困境時不妨高歌一曲，振奮精神，堅持到底！

霍金這位科學大師，雖然備受疾病的折磨，已在輪椅上生活了三十多年，但他的臉上永遠掛著寧靜的笑容。在一次學術報告結束之際，一位年輕的女記者用既敬仰又不無悲憫的語氣向這位科學巨匠提出了這樣一個問題：「霍金先生，盧伽雷病已將你永遠固定在輪椅上了，你不認為命運讓你失去的太多了嗎？」

霍金面帶恬靜的微笑，他用還能活動的手指，艱難地叩擊鍵盤，於是，寬大的投影幕上緩慢而醒目地顯示出如下一段文字：「我的手指還能活動，我的大腦還能思考；我有終生追求的理想，我有我愛和愛我的親人和朋友；對了，我還有一顆感恩的心……」

頓時，鴉雀無聲的會場掌聲雷動，人們紛紛擁向台前，簇擁著這位非凡的科學家，向他表示由衷的敬意。人們推崇他，不但因為他是智慧的化身，更因為他還是一位人生的鬥士。

霍金在巨大的不幸中，仍能以微笑示人，使人們感受到了一種蘊含在微笑後面堅實的、無可比擬的力量——那是一種對生活巨大的熱忱和信心，一種高格調的真誠與豁達，一種正視人生的成熟與智慧。這正是支撐起一個科學巨匠心靈的砥柱啊。只要具備了這種淡然如雲、微笑如花的人生態度，那麼，任何困境和不幸都能一笑而過。

當悲劇和苦難突然襲來時，我們狹小的藩籬被打破，我們的世界也被打亂了，我們一時間好像生活在尖銳、刺耳的驚叫聲中，沒有出路，只有回聲。那些昨天還是我們念念不忘的「大事」，突然變得毫

無意義，我們日常所想也變得微不足道，這時我們最需要的是冷靜，我們要告訴自己：痛苦和磨難與喜悅和順境一起構成了生活，那麼不幸也就成了我們必須承受的生活。我們一旦懂得承受，就沒有什麼大不了的，在困境面前，我們要堅信我們本身就是「太陽」，就算目前有天大的煩惱，「黎明」一定會到來，「晴朗」的日子一定會到來，「春天」一定會到來。

是的，經歷了痛苦之後，我們完全可以復原，悲傷與痛苦有自己的期限，不過當它們漸漸離去時，我們要小心地重塑自身。它們曾使我們的生活陷於混亂，但也給我們機會重新認識自身的價值與意義。

當沙粒進入了蚌殼的時候，蚌覺得極不舒服，但又無法排除沙粒。此時蚌沒有怨天尤人，而是逐步用體內營養將沙粒包圍起來，使之成為有光澤的圓形顆粒，即珍珠。珍珠不僅成為蚌體內和諧的一部分，而且將其取出還成了昂貴的珠寶。

蚌能夠設法適應、利用自己無法改變的環境，人也可以像蚌那樣去包容一切不如意的事情，使之為我而變、為我所用。所以不要害怕悲傷與痛苦，它們會帶給你超乎尋常的創造力。沒人會去追求不幸，但也沒人能夠躲避不幸，只要認清了不幸的真實面目，就可以對其善加利用了。

牡蠣之所以不容易受傷，是因為它有一層堅硬的甲殼保護著身體，但它是孤立的，雖然很安全，卻沒有創造性，所以它享受不到歡樂，而有些人對待苦難的方式也同牡蠣相類似，就是將自己與他人隔絕。也許他們別無選擇，也許是傷痕太深，使他們害怕承受再次的打擊，但是他們不明白：以輕鬆和積極的思想去防止創傷，以寬恕來治療舊創，過一種創造性的生活，會比躲進「盔甲」裡更安全。

我們雖然飽受磨難，但對前途要依然充滿希望，不否認自己的痛苦，但也不去逃避。接受苦難，泰然對待它，人生如花開花謝，潮起潮落，有得便有失，有苦也有樂。許多身處黑暗的人，雖然跌跌撞撞，但心胸寬廣，承得下痛苦，最終還是走向了成功。

🦋 5・生活中肯定還有另一扇門能夠打開

> 在人生的旅途中，當一扇門關上了，千萬不要把自己也關在裡面，因為世界上不止一扇門，一定還有另一扇門，你要做的就是去尋找並打開這扇門！

每個人都有自己的命運，面對坎坷挫折，如果一味地悲觀抱怨，那失望和懊悔會變得越來越多；如果我們能夠學會包容，即使命運多舛、生活多艱，生活也會常常充滿驚喜與感動。

這一天，49歲的伯尼・馬庫斯像往常一樣，拎著心愛的公事包去公司上班。在20多年的職業生涯中，他勤勤懇懇，兢兢業業，才坐到專業經理人的位置上，其中充滿了艱辛困苦，他只要再這樣工作幾年，就可以安安穩穩地拿到退休金了。可是，他萬萬沒有想到，這一天，竟是他在公司工作的最後一天。

「你被解雇了！」

「為什麼？我犯了什麼錯？」他驚訝、疑惑地問。

「不，你沒有過錯。公司發展不景氣，董事會決定裁員，僅此而已。」

是的，僅此而已。一夜之間，他從一名受人尊敬的公司經理成了一名在街頭流浪的失業者。

那段日子，他常常去洛杉磯一家街頭咖啡店，一坐就是幾小時，化解內心的痛苦、迷惘和巨大的精神壓力。

有一天，他遇到了自己的老朋友，也和他一樣，同是經理人，現在也同樣遭到解雇的亞瑟・布蘭克。兩個人互相安慰，一起尋求解決的辦法。

「為什麼我們不自己創辦一家公司呢？」這個念頭像火苗一樣，在伯尼・馬庫斯心中一閃，點燃了壓抑在心中的激情和夢想。於是，

兩個人就在這間咖啡店裡，策劃建立新的家居倉儲公司。兩位失業的經理人為企業制訂了一份發展規劃和一個「擁有最低價格、最優選擇、最好服務」的致勝理念，並制訂出使這一優秀理念在企業發展中得以成功實踐的一套管理制度。然後，就開始著手創辦企業。時值1978年的春天。

這就是美國家居倉儲公司。僅僅20多年的時間，倉儲公司發展成擁有775家店、16萬名員工、年銷售額300億美元的世界500大企業，成為全球零售業發展史上的一個奇蹟。

奇蹟始於二十年前的一句話：你被解雇了！

是的，這是我們每個人在人生旅途中最不願聽到的一句話，但正是這句話，改變了伯尼‧馬庫斯和亞瑟‧布蘭克兩個人的一生。如果不是被解雇，他們現在可能只是靠每月領退休金度日的垂暮老人。

李‧艾柯卡曾是美國福特汽車公司的總經理，後來又成為克萊斯勒汽年公司的總經理。作為一個聰明人，他的座右銘是：「奮力向前。即使時運不濟，也永不絕望，哪怕天崩地裂。」他在1985年發表的自傳，成為非小說類書籍中有史以來最暢銷的書，印數高達150萬冊。

艾柯卡不光有成功的歡樂，也有挫折的懊喪。他的一生，用他自己的話來說，叫做「苦樂參半」。1946年8月，21歲的艾柯卡到福特汽車公司當了一名見習工程師。但他對和機器作伴的技術工作不感興趣。他喜歡和人打交道，想做經銷。

艾柯卡靠自己的奮鬥，由一名普通的推銷員，終於當上了福特公司的總經理。但是，1978年7月13日，他被妒火中燒的大老闆亨利‧福特開除了。當了八年的總經理、在福特工作已32年、一帆風順、從來沒有在別的地方工作過的艾柯卡，突然間失業了。昨天他還是英雄，今天卻好像成了痲瘋病患者，人人都遠遠避開他，過去公司裡的所有朋友都拋棄了他，這是他生命中最大的打擊。「艱苦的日子一旦來臨，除了做個深呼吸，咬緊牙關盡其所能外，實在也別無選擇。」艾柯卡是這麼說的，最後也是這麼做的。他沒有倒下去。他接受了一

個新的挑戰：應聘到瀕臨破產的克萊斯勒汽車公司出任總經理。

艾柯卡，這位在世界第二大汽車公司當了8年總經理的事業上的強者，憑他的智慧、膽識和魄力，大刀闊斧地對企業進行了整頓、改革，並向政府求援，舌戰國會議員，取得了巨額貸款，重振企業雄風。1983年8月15日，艾柯卡把面額高達8億1348萬多美元的支票，交給銀行代表手裡。至此，克萊斯勒還清了所有債務。而恰恰是5年前的這一天，亨利・福特開除了他。

在艱難困苦的場合，精神的力量是重要的，能否踏過坎坷、邁向光明，往往就在一念之間。重要的是能以勇氣、決心和樂觀的心境繼續努力。經驗教育我們：只要我們持續地用力敲門，它最後總會開的。

林克勒特曾寫過一本書，書名是《沒錯，你做得到！》。他在書中特別指出，在他剛出道時最大的打擊正是後來他成功的基礎。失敗可以毀滅一個人，但是也能夠成就一個人。對一個意志堅決的人來說，失敗恰好提供他所需要的意志。就因為失敗的刺激，才能把他推向成功。

他認為，任何偉人、任何成功的企業家，這種經歷大都是有的。他甚至認為，有沒有這樣的經歷，是一個人能否有所成就、有多大成就的試金石。在對年輕人談論這類問題時，松下曾經鼓勵年輕人說：「面對挫折，不要失望，要拿出勇氣來！紮實地堅持向既定的目標前進，自然會有辦法出現的。一個人如果能夠心無旁騖、專心致志，此時此地，即可聆聽到福音自天而降。我勸大家保持精神的沉靜和堅定，不可因一時的小挫折而喪失鬥志。如此，世間再沒有什麼事情是辦不成的了。」

一個人不可能總是一帆風順。在時運不濟時挺得住，在痛苦時永不絕望，這樣的人就有希望。人生是一次長途旅行，當一扇門關上了，千萬不要把自己也關在裡面，因為世界上不止一扇門，我們要做的就是去尋找並打開另一扇門！

🍎 6．面對不平，坦然相對

> 遇到了不公正的對待，要豁達大度，不要以一事一時的順利為念，應該看到社會的發展，什麼事情都不是一成不變的。所以，人在遇到不順，遇走下坡路時，更要慎重地走好。

人的一生怎麼可能不遇上一點曲折，不被別人誤解？天下之大，哪能什麼利益、好處都被你佔了去？不被理解的時候就覺得委屈，得不到好處，就抱怨命運的不公平，不思自己是否努力，只是怨天尤人，是什麼事情也做不好的。遇到了不公正的對待，要豁達大度，不要以一事一時的順利為念，應該看到社會的發展，什麼事情都不是一成不變的。所以，人在遇到不順，遇走下坡路時，更要慎重地走好。

《勸忍百箴》中認為：處在不平的狀態就會發出聲音，這是物理的常性。豁達的人目光遠大，與世無爭，儘管別人得到的東西很多，給予我的卻很少，我也能忍，不去爭討。別人自視聖明，卻認為我愚笨，我也不去計較，依然能忍。優待別人而輕視我，我不看重待遇，同樣能忍。別人不能忍受，爭鬥引起大禍。我的心境淡泊寡欲，不怨恨也不憤怒。他強大而我弱小，應該看到強弱一定有它的原因；他興盛而我衰微，那也是盛衰自然有它的定數。人在很多時候能戰勝天的意志，而天的意志也常常能左右人。世態炎涼不定，而我的心境卻常如春天般溫和。唉，怎麼能不忍呢？

西晉的石苞面對不平，心底無私，坦然相對，使晉武帝終於自省，也消除了自己的不平之境。

石苞是西晉初期一位著名的將領，晉武帝司馬炎曾派他帶兵鎮守淮南，在他的管區內，兵強馬壯。他平時勤奮工作，各種事務處理得井井有條，在群眾中享有很高的威望。

當時，佔據長江以南的吳國還依然存在，吳國的君主孫皓也還有

一定的力量，他們常常伺機進攻晉朝。對石苞來說，他實際上擔負著守衛邊疆的重任。

在淮河以北擔任監軍的名叫王琛。他平時看不起貧寒出身的石苞，又聽到一首童謠說：「皇宮的大馬將變成驢，被大石頭壓得不能出。」石苞姓石，所以，王琛就懷疑：這「石頭」就是指石苞。

毫無理由地懷疑他人，陷人於不平之中，實在是不義之舉。

於是，他祕密地向晉武帝報告說：「石苞與吳國暗中勾結，想危害朝廷。」在此之前，風水先生也曾對武帝說：「東南方將有大兵造反。」等到王琛的祕密報告上去以後，武帝便真的懷疑起石苞來了。

正在這時，荊州刺史胡烈送來關於吳國軍隊將大舉進犯的報告。石苞也聽到了吳國軍隊將要進犯的消息，便指揮士兵修築工事，封鎖水路，以防禦敵人的進攻。武帝聽說石苞固城自衛的消息後更加懷疑，就對中軍羊祜說：「吳國的軍隊每次來進攻，都是東西呼應，兩面夾攻，幾乎沒有例外的。難道石苞真的要背叛我？」羊祜自然不會相信，但武帝的懷疑並沒有因此而解除。湊巧的是，石苞的兒子石喬擔任尚書郎，晉武帝要召見他，但是他經過一天時間也沒有去報到，這就更加引起了武帝的懷疑，於是，武帝想祕密地派兵去討伐石苞。

武帝發布文告說：「石苞不能正確估計敵人的勢力，修築工事，封鎖水路，勞累和干擾了老百姓，應該罷免他的職務。」接著就派遣太尉司馬望帶領大軍前去征討，又調來一支人馬從下邳趕到壽春，形成對石苞的討伐之勢。

王琛的誣告，武帝的懷疑，對石苞來說，他一點也不知道，到了武帝派兵來討伐他時，他還莫名其妙。但他想：「自己對朝廷和國家一向忠心耿耿，坦蕩無私，怎麼會出現這種事情呢？這裡面一定有嚴重的誤會。一個正直無私的人，做事情應該光明磊落，無所畏懼。」於是，他採納了孫鑠的意見，放下身上的武器，步行出城，來到都亭住下來，等候處理。

武帝知道石苞的行動以後，頓時驚醒過來，他想：討伐石苞到底有什麼真憑實據呢？如果石苞真要反叛朝廷，他修築好了守城工事，

怎麼不做任何反抗就親自出城接受處罰呢？再說，如果他真的勾結了敵人，怎麼沒有敵人前來幫助他呢？想到這些，晉武帝的懷疑一下子打消了。後來，石苞回到朝廷，還受到了晉武帝的優待。

人的一生中總有遇到不順的時候，有些事並非你不做就不會找上你的，知道了這個道理，就要把心放平和。在大是大非面前和緊急關頭，要冷靜；對於自己所遇到的不平遭遇，要勇於忍受，不要因此而驚恐不安或是氣憤不已，只要心底無私、坦然相對，困境總有過去的一天。

🍎 7・做一個坦蕩蕩的君子

> 俗話說，心底無私天地寬。古今中外的所謂「君子」，之所以能夠品行正、修養好、境界高，原因即在於他們擁有一個坦蕩的胸懷，因此，也能擁有一個寬廣坦蕩的人生。

倘若沒有一個寬廣的胸懷，沒有一種平靜的心境，要修養好品行是十分困難的。一個人若是內心十分充實，即在道德、人格、知識、趣味、情感等方面，比較完善，有一定品質，達到一定境界，有一個廣闊的胸襟，心裡容量大，就能有正確的自足感，能夠避免無節制地被外界事物刺激和騷擾，視名利、權勢、情欲為身外之物，不會過於計較。內心保持這樣的境界，無論得意的時候或是艱難困苦的時候，都會是很樂觀的。

俗話說，心底無私天地寬。古今中外的所謂「君子」，之所以能夠品行正、修養好、境界高，原因即在於他們擁有一個坦蕩的胸懷，因此，也能擁有一個寬廣坦蕩的人生。

坦山是日本明治時代的一個有道行的高僧。某天，天下著雨，他和另一個和尚因事外出，途中見到一位漂亮的小姐手足無措地站在一段泥濘的路前發呆，原來她因怕弄髒身穿的和服而無法跨過這段泥濘

路。坦山見狀，徵得了她的同意，就將她抱過了那段泥濘路，然後繼續上路。路上，與坦山同行的和尚半天都不說話，臉上總掛著困惑不解的表情，到夜晚投宿時，他終於按捺不住地問坦山：「依照戒律，我們出家人不能近女色，否則，將會危及我們的修行。我不明白，你白天為什麼要那樣做？」

坦山答道：「哦，那個女子嗎？我早就把她放下了，你還抱著她呢！」

在這簡單的故事與機智的回答中，表明坦山對於助人濟人的事情，採取了一種十分自然的應對策略，他甚至不因成文的戒律而抱避嫌、敬而遠之的態度，事過境遷之後，他既沒有因自己的濟人助人而沾沾自喜，也沒有因想到什麼戒律而心顫心悸，他依然是一個沒有心理負擔、磊磊落落、自由自在的人，因為他具有一種「坦蕩蕩」的胸襟，所以能以一種行雲流水般的意念來持身涉世。

無獨有偶，早在中國春秋時代，就有一個「坐懷不亂」的君子柳下惠。

一天，有一個因趕路而找不到住宿地的女子，來到魯國人柳下惠住處求宿。柳下惠收留了她。因怕晚上的寒風將她凍壞，柳下惠就解開外衣，讓她坐在自己的懷裡，並用外衣來緊緊地裹著她，就這樣，兩人坐了一夜。由於柳下惠為人正派，沒有人懷疑他對這個女子有什麼非禮越軌的行為。後世人就依據此一美談，用「坐懷不亂」來形容那些堅持道德的正人君子。

柳下惠與那位日本和尚，為什麼會有如此「坦蕩蕩」之胸懷？明末文人洪應明在他的《菜根譚》中對這種持身處世的行雲流水般的意念，有一些很好因而也很著名的形容：

風來疏竹，風過而竹不留聲；

雁渡寒潭，雁渡而潭不留影。

故君子事來而心始現，事去而心隨空。

翻譯成白話，這段話的意思是：

當輕風拂過竹林的時候，竹子會發出刷刷的聲響，但輕風過後竹

林便變得寂靜無聲；當鴻雁飛渡清寒的潭面時，潭水中會倒映出鴻雁的英姿，但鴻雁過後潭面上便不再有任何鴻雁的影子。所以修養高深的君子，只有在事情到來的時候才顯露出他的本性，表白他的心跡，事情一過去，他的內心也就立即恢復了空靈平靜。

　　一個人達到了如此的境界，就會自得其樂，不會因得失榮辱而耿耿於懷。反之，就難以體驗到工作與人生的樂趣；更嚴重者，則會執著於貪念，使人生面臨著重重的危機。

🍎 8‧能夠承受痛苦，才更能體會歡樂

> 　　能夠承受失敗的痛苦，才更能體會成功的歡樂；能夠面對失敗的考驗，才有做人的成熟；失敗會使生活波折，從而更添生活情趣。

　　挫折與失敗並不可怕，可怕的是你因此把自己打倒在地，從此一蹶不振。人人都知道「失敗乃成功之母」，但又有幾個人能坦然地面對挫折！

　　我們總是希望生活對於每個人都是一首歡樂的歌，但人生在世誰能沒有挫折、沒有失敗呢？

　　失敗是什麼？歐幾里得有一個定律：整體等於各部分之和，而又大於其中的任何一個部分。成功是一個整體，而失敗是整體中缺少了一部分。比如5枝粉筆算成功，4枝粉筆就算失敗。但很多人卻因為缺少了一枝粉筆而將其餘4枝也否定。那缺少的1枝粉筆有多大呢？

　　現在大家都知道電話是貝爾發明的。其實發明電話的大量工作都是愛迪生等科學家完成，貝爾所做的僅僅只是將電話中的一個螺母轉動了1／4周。為此大家打了一場著名的官司，法院最後將電話的發明權判給了貝爾。法官說：雖然愛迪生等科學家做了大量工作，但他們認為電話不能實用，而最終放棄了。但貝爾沒有放棄，他將螺母轉動

了1／4周，改變了電流幅度，致使電話有了實際用途，所以電話的發明權應屬於貝爾。愛迪生等科學家的失敗距離成功的整體缺少了多大一部分呢？僅僅只是將一個螺母轉1／4周。

萊特兄弟發明飛機，他們所做的工作，也僅僅只是將前人發明的飛機後面的副翼變成了活動的，而這使他們名留青史。失敗往往只是成功的整體缺少了一部分，你只要努力補上就行，千萬不要「倒洗澡水時連小孩一起倒掉」。

失敗不是真正意義上的完結，而是新的探索的開始。

失敗是一種痛苦，有些人因為害怕失敗，所以不敢行動。這類人雖遇不到失敗，但也絕遇不著成功。很多人活了一輩子都不知道自己到底有多大本事，都沒有真正享受過他們熱切盼望的成功。因為他們從來沒試過，沒行動過，沒努力過。為了追求屬於自己的幸福而努力，為了實現自己的夢想而奮鬥，即使失敗，也不悔今生。因為我畢竟試過了，努力過了。人走錯一步也遠勝原地不動。不行動，你的大腦和神經系統無法指引你；但你行動了，即使走錯，你的成功輔助機器也會幫助你矯正，最終引導你走向正確的方向。

貝多芬有一句名言：「感謝失敗！」人人都追求成功，為什麼有「瘋子」感謝失敗？每當失敗降臨，你不退縮，拚盡全力去克服，你就會發現自己的能力又獲得成長。失敗是成功之母，是你成長才幹的最佳途徑。

由於處世態度的不同，失敗在悲觀者眼裡是災難，在樂觀者眼裡卻是生活的浪漫。能夠承受失敗的痛苦，才更能體會成功的歡樂；能夠面對失敗的考驗，才有做人的成熟；失敗會使生活波折，從而更添生活情趣。

古語說：「富不過三代。」過於順利的環境並非好事，只會扼殺人的才華。愛情上也是如此，沒有經歷過失戀，就很難真正懂得珍惜感情，失戀對愛情也未嘗不是件好事。因此人在年輕時多經受失敗是件絕好的事。沒有遭遇過失敗的人，永遠是輕浮的，沒有深度的。一個人經歷的失敗越多，他的經驗就越豐富，做人就越成熟，從而能力

就越強。只要他還能保持樂觀，維持頑強的上進心，他就一定是最後的成功者。

失敗是成功的基礎，如果一個人坐下或躺下，當然不會被東西絆倒。如果他想做點什麼，就必須站起來走一走，跑一跑，這就很可能被路上的石頭絆倒、被路旁的樹枝弄傷。這其實沒有什麼關係，由於有了這種挫折的經驗，以後再走路、跑步時就會當心了。

❦ 9．該捨的就得忍痛割愛，該忍的就得從長計議

> 要成大器，成就大業，做事就得分清輕重緩急，大小遠近，該捨的就得忍痛割愛，該忍的就得從長計議，從而實現宏願，成就大事，創建大業。

無論是創業的路程，還是人生旅途，有時會存在著誘人的小利，有時會遇到一些枝節糾纏，有時又會遭受暫時的挫折和失敗。倘若被微利迷惑，糾纏於細節、瑣事，而忘記大目標，或者因為一時的挫折而動搖奔向大目標的信心，則十有八九要失敗，失敗就失敗在因小失大上。想成大業、做大事，就得忍住一時的欲望，或一時一事的干擾，甚至屈辱。要站得高，看得遠，不為眼前的小是小非纏住手腳，排除各種干擾，創造條件朝著大目標、大事業邁進。

要成大器，成就大業，做事就得分清輕重緩急，大小遠近，該捨的就得忍痛割愛，該忍的就得從長計議，從而實現宏願，成就大事，創建大業。

劉邦和項羽在稱雄爭霸，建功立業時，其實就是在「忍小取大，捨近求遠」上見出高低，決出雌雄的。這是一場「忍」功的較量，誰能夠「忍小取大」，誰就得天下，稱雄於世；誰若剛愎自用，小肚雞腸，或只逞「匹夫之勇」，誰就失去天下，一敗塗地。宋代著名大文

學家蘇東坡在評論楚漢之爭時就曾說：「漢高祖劉邦所以能勝，楚霸王項羽所以失敗，關鍵在於能忍不能忍。項羽不能忍，白白浪費自己百戰百勝的勇猛；劉邦能忍，養精蓄銳，等待時機，直攻項羽要害，最後奪取勝利。劉項之爭，從多方面說明了這一點。劉邦之所以成大業是他懂得忍下人之言，忍個人享樂，忍一時失敗，忍個人意氣；而項羽氣大，什麼都難忍難容，不懂得『小不忍則亂大謀』的道理，大業未成身先亡，可悲可歎！」

　　楚漢戰爭之前，高陽人酈食其拜見劉邦，獻計獻策，一進門看見劉邦坐在床邊洗腳，便不高興地說：「假如您要消滅無道暴君，就不應該坐著接見長者。」劉邦聽了斥責後，不但沒有勃然大怒，而是趕忙起身，整裝致歉，請酈食其坐上座，虛心求教，並按酈食其的意見去攻打陳留，將秦積聚的糧食弄到手。劉邦圍困宛城時，被困在城裡的陳恢溜出來見劉邦，告訴他圍城不如對城內的官吏勸降封官，這樣化敵為友，就可以放心西進，先入咸陽為王。劉邦採納了他的意見，使宛城不攻自破。

　　與劉邦容忍的態度相反，項羽則剛愎自用，自以為是。一個有識之士建議項羽在關中建都以成霸業，項羽不聽。那人出來發牢騷：「人們說，楚人是『沐猴而冠』。果然！」結果項羽知道了，大怒，立即將那人殺掉；楚軍進攻咸陽時到了新安，只因投降的秦軍有議論，項羽就起殺心，一夜之間把十多萬秦兵全部活埋，因此殘暴名聞天下。他怨恨田榮，因此不封他，而立齊相田都為王，致使田榮反叛。他甚至連身邊最忠實的范增也懷疑不用，結果錯過了鴻門宴殺劉邦的機會，最後氣走范增，成了孤家寡人。

　　其實劉邦原本不是個好性情的人，在沛縣鄉里做亭長時，好酒好色。當劉邦軍進了咸陽，將士們紛紛爭著去找皇宮的倉庫，往自己的腰包裡搞金銀財寶時，劉邦自己也曾被阿房宮的富麗堂皇和美貌如天仙的宮女弄得眼花瞭亂，有些邁不動步了。但在部下樊噲「沛公要打天下還是要當富翁」的提醒下，立時醒悟，忍住貪圖享樂的念頭，吩咐將士們封了倉庫和宮殿。他帶將士們回到灞上的軍營裡，並約法三

章，對百姓秋毫無犯。這就使他贏得了民心，得到了民眾的支持。

而項羽一進咸陽，就殺了秦王子嬰，燒了阿房宮，收取了秦宮裡的金銀財寶，擄取宮娥美女，據為己有，並帶回關東。相比之下，他怎能不失人心呢？

楚漢戰爭中，劉邦的實力遠不如項羽，當項羽聽說劉邦已先入關，怒火沖天，決心要將劉邦的兵力消滅。當時項羽四十萬兵馬駐紮在鴻門，劉邦十萬兵馬駐紮在灞上，雙方只相隔四十里，劉邦危在旦夕。在這種情況下，劉邦能做到「得時則行，失時則蟠」。先是請張良陪同去見項羽的叔叔項伯，再三表白自己沒有反對項羽和稱王的意思，並與之結成兒女親家，請項伯在項羽面前說句好話。第二天一清早，又帶著張良、樊噲和一百多個隨從，拿著禮物到鴻門去拜見項羽，低聲下氣地賠禮道歉，化解了項羽的怒氣，緩和了與項羽的關係。

表面上看，劉邦忍氣吞聲，項羽賺足了面子，實際上劉邦以小忍換來自己和軍隊的安全，贏得了發展和壯大力量的時間。甚至，當自己胸部受了重傷時，劉邦也能忍著傷痛，在楚軍陣前故意弓著腰，摸摸腳，罵道：「賊人射中了我的腳趾。」以瞞騙敵人，回到自己大營後，又忍著傷痛巡視軍營，來穩定軍心。他對不利條件的隱忍，對暫時失敗的堅忍，這既反映了他對敵鬥爭的謀略，也展現了他巨大的心理承受力。這是成就大業者必備的一種心理素質。

相比之下，項羽則能伸不能屈，贏得起而輸不起，所以連連中計，聽到「四面楚歌」就懷疑楚被漢滅，一敗塗地，自己先大放悲歌。被劉邦追到烏江時，一亭長要用船送他過河，他卻認為「天要亡我，我渡過去有什麼用？」自動放棄了重整旗鼓、捲土重來的唯一機會，拔劍自刎而死。可惜的是，他到死也沒明白，他首先是輸在自己手裡。

從劉邦與項羽的較量中，我們不難看出善忍與不忍的區別。善忍者心量寬，承受力強；不忍者，心量窄，根本承受不了挫折。這也是導致成功或失敗的根本原因所在，所以，聰明的人一定要懂得運用

「忍」的功夫來成就自己。

🍎 10 · 胸懷大志，就能容下任何屈辱

> 人的一生總是難以預料的，各種外界力量的突然打擊，會讓許多人一蹶不振，向命運低頭，就此沉淪；但那種胸懷大志，堅毅剛強的人，總是會懷恥在心，不屈不懈，鎮靜地等待時機，以期打一個勝仗。

一個人身上一旦有了使命感，一般來說都會意志堅定，克勤克儉地執著奮鬥。但人與人是不同的，太過沉重的擔子反而會把一些人給壓垮。看來，一個真正能成就大業的人，除了堅毅不屈的意志，更要有博大寬廣的胸懷和明確的奮鬥目標。樹立正確、經得起考驗的人生價值觀，惟其如此，才能負重任行遠道，實現自己心目中的宏圖大業。

人的一生總是難以預料的，各種外界力量的突然打擊，會讓許多人一蹶不振，向命運低頭，就此沉淪；但那種胸懷大志，堅毅剛強的人，總是會懷恥在心，不屈不懈，鎮靜地等待時機，以期打一個勝仗。

范睢是戰國時代的魏國人，著名的策士。他擅長辯論，多謀善斷，而且胸懷大志，有意開拓一番事業。但由於出身寒微，無人替他向最高權力階層引薦，不得已只能先在魏國中大夫須賈的府中任事。

一次，須賈奉魏王命出使齊國，范睢作為隨從一塊前往。齊國國君齊襄王早已知道范睢有雄辯之才，因此，范睢到了齊國後，齊襄王便差人攜金十斤及美酒贈予范睢，以表示他對智士的敬意。范睢對此深表謝意，卻未敢接受齊襄王的贈禮，想不到還是招來了須賈的懷疑。須賈執意認為，齊襄王送禮給范睢，是因為他出賣了魏國的機密。

　　須賈回國之後，把「范雎受金」的事上告給魏國的相國魏齊。魏齊不辨真假，便動大刑懲罰范雎。范雎在重刑之下，肋骨被打斷，牙齒脫落。他蒙冤受屈，申辯不得，只好裝死以求免禍。范雎已「死」，魏齊讓人用破草席捲起他的「屍體」，放在廁所之中，然後指使宴會上的賓客，相繼用便溺加以蹧蹋，警告大家以後不得賣國求榮。

　　這一飛來橫禍，幾乎使范雎一命嗚呼，而且還遭受到這樣的污辱。但為了保全自己，范雎忍受了這一切難以忍受的摧殘和折磨。他決心離開魏國，另謀一處顯身揚名的地方。為了脫身，范雎許諾廁所的守者，如能放他逃出去，日後必當重謝。守者利用魏齊醉後神志不清，胡亂請示了一下，謊稱將范雎的「屍體」拋向野外，藉此將他放了出去。范雎在一個叫鄭安平的朋友的幫助下逃亡隱匿起來，並改名為張祿。

　　就在范雎忍辱求全、隱身民間的時候，秦國一個叫王稽的使節來到魏國。秦國此時國力強盛，且虎視眈眈，有兼併六國的雄心。鄭安平得知秦使王稽來到魏國，便扮成吏卒去侍奉王稽，目的是想尋找機會向他推薦范雎。一天，王稽在下榻的館舍向鄭安平打聽，魏國有沒有意願與他一塊西去秦國的賢才智士，鄭安平見問，便不失時機地向王稽陳說范雎的才幹。王稽當下決定於日暮時分，在館舍與范雎見面。

　　日暮時分，鄭安平帶范雎來到王稽館舍。范雎面對王稽，侃侃而談，條分縷析，議論天下大事。一席話還未談完，其才情智慧已使王稽信服，王稽決定帶范雎入秦。

　　王稽使事結束，辭別魏王，私下帶著范雎歸秦。他們一路緊趕，來到秦國境內的京兆湖縣時，只見對面塵土揚起之處，一隊車騎馳驅而來，范雎忙問王稽道：「對面來的是什麼人？」王稽注目望了望，轉身告訴范雎，來的是秦國相穰侯魏冉。范雎一聽便說：「據我所知，穰侯長期把持秦國的大權，厭惡招納別的諸侯國的客卿入秦。我與他見面，只會招致他的侮辱，請您還是把我藏在車中，不見為

好。」正說著，魏冉的車騎已到。魏冉向王稽說了一番撫慰他出使辛苦的客套話之後，果然不出范雎所料，接著詢問王稽：「使君出使歸秦，有沒有帶別國客人來啊？這樣做，於我們秦國沒有好處，只會添加麻煩！」王稽見這種情形，心裡暗自佩服范雎的先見之明，趕忙答道：「不敢。」魏冉看了看王稽，即示意馭手啟車繼續東行。

聽到魏冉一行離去的車馬聲，范雎這才從車中探出身來，望著漸漸遠去的魏冉背影，沉思道：「我聽說魏冉是一個聰明人。剛才他已經懷疑車中有人，只是決心下慢了，忘記搜索而已。」他對王稽說：「魏冉此去，必然會後悔，非派人返回搜索使君的車輛不可。我還是下車避一下為好！」說完，范雎便跳下車，往道旁小徑走去。王稽按轡緩行，以待步行的范雎。不多時，只聽見身後一陣雜遝而急促的馬蹄聲響，魏冉遣回的騎卒已經趕了上來，將王稽的車馬緊緊圍住，一陣緊搜慢檢，見車中確實沒有陌生的賓客，方才縱馬而去。

范雎裝死逃出魏國，智避魏冉而得以入秦。入秦後，他充分施展辯才遊說秦昭王，最終取得信任。秦昭王採用范雎的謀劃，對內加強了秦國的中央集權，對外使用遠交近攻的霸業方略，使秦國對關東列國的壓力再度加強。秦昭王因此任命范雎為秦相國，封為應侯。

范雎的忍辱負重，雖然有很大的雪恥報仇成分，但這種堅毅不屈的精神還是非常令人敬佩的。更為重要的是，他的鎮定風度和清晰的智慧頭腦，並未因遭受非人的折磨而削減、紊亂，這和他寬廣的胸懷和良好的心態是分不開的，這一點，更值得人們去學習效法。

🍎 11・拓寬心靈，找尋更積極的途徑

> 沒有人喜歡面對人生痛苦的部分，但只有那些心境寬闊，明瞭自己的思想動力、並能自我掌控的人，才能夠避免將現有的苦痛不斷放大，才具備較佳的應對能力。

　　在現實生活中，我們應該做命運的主人，而不應由命運來擺布自己。西方哲學家藍姆‧達斯曾講了一個真實的故事。一個因病而僅剩下數週生命的婦人，一直將所有的精力都用來思考和談論死亡有多恐怖。

　　以安慰垂死之人著稱的藍姆‧達斯當時便直截了當地對她說：「妳是不是可以不要花那麼多時間去想死，而把這些時間用來活呢？」

　　他剛對她這麼說時，那婦人覺得非常不快。但當她看出藍姆‧達斯眼中的真誠時，便慢慢地領悟到他話中的誠意。

　　「說得對！」她說，「我一直忙著想死，完全忘了該怎麼活了。」

　　一個星期之後，那婦人還是過世了。她在死前充滿感激地對藍姆‧達斯說：「過去一個星期，我活得要比前一陣子豐富多了。」

　　當我們在面對生命中不可避免的病痛、損失、挫敗的時候，常常會因為不斷地專注在病痛、折磨、懼怕的本身，而使日子更加難過，甚至許多人因此覺得「活不下去了」，而輕率地走上輕生的不歸路。沒有人喜歡面對人生痛苦的部分，但只有那些心境寬闊，明瞭自己的思想動力、並能自我掌控的人，才能夠避免將現有的苦痛不斷放大，才具備較佳的應對能力。

　　在現實生活中，不單是身有殘疾和病痛的人，就是健康的人，在遭遇挫折和失敗的打擊時，也會生出悲觀失望、自憐自卑的心情來。在這種情緒的籠罩下，一個人很容易寄希望於他人，一蹶不振，失去重新嘗試的勇氣。

　　事業的成功與否，往往取決於能否戰勝自己的軟弱，不給自己倒在地上爬行的理由。

　　許多人抱怨自己命運不濟，認為缺少機會。那麼機會對人生究竟有多重要呢？其實機會就像買樂透一樣，投入得越多，失望的機率就越大，因此，相信機會有時也是一種自欺欺人。

　　麥士是位成功的商人，卻不幸患上了白內障，視力嚴重受損，不

要說閱讀寫作，就連開車外出都極其艱難。與他一同患病的一位病友受不了這種折磨，每天不是喝得酩酊大醉，就是對著別人大發雷霆，僅僅過了半年，那位病友便離開了人世。目睹此景，麥士備感淒涼。因為疾病，他不得不結束原來的生意，使生活漸漸陷入了困境。

在那段舉步維艱的日子裡，書給了麥士很大慰藉。因為患病，麥士深深體會到視力不良者的不便與需要，他決定尋找一種容易閱讀的字體。

經過近一年的研究，麥士發現在紙上印有粗線條的斜紋字體，不但對視力有障礙的人大有幫助，也能提高一般人的閱讀速度。於是，麥士把自己僅有的15,000元存款從銀行裡取了出來，把這組新研究出來的字體整理妥當，計畫全面推廣，麥士在加州自設印刷廠，第一部特別印刷而成的書面市了。一個月內，麥士接到了訂購70萬本的訂單……

可見，當你遭受損失、挫折的時候，不要把焦點放在你無法挽回的部分，而要把焦點放在「生活裡還有哪些值得感謝」、「還能為自己做些什麼」的部分。當自己的情緒呈現負面或消極的時候，一定要充分拓寬自己的心靈，確保自己的意念完全投注在解決辦法上，而非問題上；學著即使在與不幸共存的時刻，還能夠包容這不幸，積極向上、活在此刻。那麼，即使面對再艱難的景況，我們都還能保持內心的寧靜；在苦難突然降臨的時候，我們能沉著冷靜地應付，從而主宰自己的命運。

🍎 12‧要學會接受不可避免的事實

> 如果讓災難主宰了我們的心靈，那生活就會永遠地失去陽光。如果包容苦難，戰勝苦難，苦難就會成為我們的財富。

俄國作家托爾斯泰說：「人生不是一種享樂，而是一樁十分沉

重的工作。」月有陰晴圓缺，人有旦夕禍福。人生不可能永遠一帆風順，人生旅程中，如同穿越崇山峻嶺，時而風吹雨打，困頓難行，時而雨過天晴，鳥語花香。當苦難當道時，有的人自怨自艾，意志消沉，從此一蹶不振；而有的人則不屈不撓，與苦難作鬥爭，他們是生活的強者。

苦難是人生的必修課，強者視它為墊腳石，視它為一筆財富，他們的成績是優秀；弱者視苦難為絆腳石、萬丈深淵，被它壓垮，他們的成績是不及格。天將降大任於人，必先苦其心志。苦難是人生的沃土，是磨練意志的試金石。不經三九苦寒，哪來傲雪梅香？沒有曹雪芹貧困潦倒的磨難，哪裡會有《紅樓夢》？司馬遷不忍受宮刑，就不會有舉世不朽的《史記》；沒有苦難，就沒有激勵幾代人的《鋼鐵是怎樣煉成的》。苦難從古至今都是人生的一筆寶貴財富。勇者在苦難面前永遠都不會低下高貴的頭。

「經營之神」松下幸之助從不向命運低頭。9歲時，因為家境貧困，他不得不外出賺取生活費。他遠赴大阪謀職，母親為他準備好行囊，並送他到車站。臨行前，母親飲泣地向同行的人誠懇地拜託：「這個孩子要單獨去大阪，請各位在旅途中多多關照。」母親悲淒的背影給了他深刻的印象。

不久，松下幸之助來到大阪，在船場火盆店當學徒，從此開始了艱苦的謀生。小小年紀，遠離親人，在那個陌生的世界裡他感到孤單無助，似乎喪失了生活的信心。

有一次，店主叫住他，遞給他一個五錢的白銅貨幣，說是薪水。他吃驚極了，他從來沒有見過五錢的白銅貨幣，這對窮人家的孩子來說，是一個相當可觀的數目。報酬激起了他工作的狂熱，也揚起了他奮鬥的風帆。

靠著不可思議的欲望的支持，他變得更堅強。他不辭辛苦地打雜、磨火盆，有時，一雙手被磨得皮破血流，連提水打掃的工作都幹不了，但他咬牙撐了下來。漸漸地，松下幸之助掌握了自己的命運。

上帝是公平的，他在把苦難撒向人間的時候，往往準備好了厚重

的回報等著勇士去拿。當苦難不期而至時，我們要視苦難為財富、為機遇，向它宣戰。當你成功地征服它之後，就能拿到上帝的回報，捧起金燦燦的獎盃，真切地感受到生活的甘甜、人生的價值。

許多磨難我們是無法逃避的，也是無所選擇的，我們只能接受。

荷蘭阿姆斯特丹有一座十五世紀的教堂遺跡，有這樣一句讓人過目不忘的題詞：「事必如此，別無選擇」。

命運中總是充滿了不可捉摸的變數，如果它給我們帶來了快樂，當然是很好的，我們也很容易接受。但事情卻往往並非如此，有時，它帶給我們的會是可怕的災難，這時如果我們不能學會接受它，如果讓災難主宰了我們的心靈，那生活就會永遠地失去陽光。如果包容苦難，戰勝苦難，苦難就會成為我們的財富。

小時候，漢斯和幾個朋友在密蘇里州的老木屋頂上玩，漢斯爬下屋頂時，在窗沿上歇了一會，然後跳下來，他的左食指戴著一枚戒指，往下跳時，戒指鉤在釘子上，扯斷了他的手指。

漢斯尖聲大叫，非常驚恐，他想他可能會死掉。但等到手指的傷好，漢斯就再也沒有為它操過一點心。有什麼用？他已經接受了不可改變的事實。

現在漢斯幾乎忘了他的左手只有大拇指與其他三根手指。

有一次，漢斯在紐約市中心的一座辦公大樓電梯裡，遇到一位男士，漢斯注意到他的左臂由腕骨處切除了。漢斯問他這是否會令他煩惱，他說：「噢！我已很少想起它了。我還未婚，所以只有在穿針引線時覺得不便。」

我們每個人遲早要學會這個道理，那就是我們只有接受並配合不可改變的事實。「事必如此，別無選擇」，這並非容易的課程。即使貴為一國之君也應該經常提醒自己。英王喬治五世在白金漢宮的圖書室就掛著這句話：「請教導我不要憑空妄想，或做無謂的怨歎。」哲學家叔本華曾表達過相同的想法：「逆來順受是人生的必修課程。」顯然，環境不能決定我們是否快樂，我們對事情的反應反而決定了我們的心情。耶穌曾說：「天堂在你心內，當然地獄也在。」我們都能

度過災難與悲劇，並且戰勝它。也許我們察覺不到，但是我們內心都有更強的力量幫助我們度過。我們都比自己想得更堅強。

已故的美國小說家塔金頓常說：「我可以忍受一切變故，除了失明，我絕不能忍受失明。」

但是在他60歲的某一天，當他看著地毯時，卻發現地毯的顏色漸漸模糊，他看不出圖案。他去看醫生，得到了殘酷的事實：他即將失明。有一隻眼差不多全瞎了，另一隻也將接近失明，他最恐懼的事終於發生了。塔金頓對這最大的災難如何反應呢？他是否覺得：「完了，我的人生完了！」完全不是，令他驚訝的是，他還滿愉快的，他甚至發揮了他的幽默感。這些浮游的斑點阻擋他的視力，當大斑點晃過他的視野時，他會說：「嗨！又是這個大傢伙，不知道他今早要到哪兒去！」完全失明後，塔金頓說：「我現在已接受了這個事實，也可以面對任何狀況。」

為了恢復視力，塔金頓在一年內得接受12次以上的手術。只是採取局部麻醉！他會抗拒它嗎？他瞭解這是必須的，無可逃避的，唯一能做的就是優雅地接受。他放棄了私人病房，而和大家一起住在大眾病房，想辦法讓大家高興一點。當他必須再次接受手術時，他提醒自己是何等幸運：「多奇妙啊，科學已進步到連人眼如此精細的器官都能動手術了。」

平凡人如果必須接受12次以上的眼部手術，並忍受失明之苦，可能早就崩潰了。塔金頓卻說：「我不願用快樂的經驗來替換這次的體會。」他因此學會了接受，並相信人生沒有任何事會超過他的容忍力。如約翰・彌爾頓所說的，此次經驗教導他「失明並不悲慘，無力容忍失明才是真正悲慘的」。

面對不可避免的事實，我們就應該學著做到詩人惠特曼所說的那樣：

「讓我們學著像樹木一樣順其自然，面對黑夜、風暴、饑餓、意外與挫折。」

一個有十二年養牛經驗的牧羊人說過，他從來沒見過一頭母牛因

為草原乾旱、下冰雹、寒冷、暴風雨及饑餓，而會有什麼精神崩潰、胃潰瘍的問題，也從不會發瘋。

面對現實，並不等於束手接受所有的不幸。只要有任何可以挽救的機會，我們就應該奮鬥！但是，當我們發現情勢已不能挽回了，我們就最好不要再思前想後，拒絕面對。要接受不可避免的事實，唯有如此，才能在人生的道路上掌握好平衡。

第四章

包容是對自己的善待

　　世上沒有完美無缺的人，誰都有不盡如人意，也不盡如己意的地方，面對自己的不足，難道我們就要痛苦一輩子嗎？

　　世界上最可憐、最痛苦、最不幸的人，莫過於那些迷失自我的人。一個人棄絕了矯飾而成為真正的自己時，他的滿足與輕鬆是無與倫比的。

　　人存活於世間，能以本色天性面世，能容得下自己的過失和缺陷，真實自然的生活，保持自己的個性特點，豈不是樂事？

💟 1 ‧ 扔掉自卑，自信的人最有魅力

> 不要讓這樣或那樣的事情成為你不自信的理由，成為前進的障礙，因而感覺無所適從。找回自信，用豁達的心去容納，去接受，這些障礙也就不存在了。

當我們把目光從自卑的人身上轉到那些自信的人身上時，便會有新的發現：上帝並不是對他們寵愛有加，他們身上也同樣存在著種種缺陷。拿破崙的矮小、林肯的醜陋、羅斯福的癱瘓、邱吉爾的臃腫，但他們卻擁有輝煌的一生！如果說他們都是偉人，我們凡人只能仰視，就讓我們再來平視一下周圍的同事、朋友，你可以毫不費力地就在那些成大事者身上找出種種缺陷，但你看他們照樣活得坦然自在。這是為什麼呢？只因為他們能接納自己的不完美，並用自信來武裝自己。自信使他們眉頭舒展，腰背挺直，甚至連皮膚都熠熠生光！

有人說，自信的人才可愛，此話頗有道理。一個自信的男人，會使女人獲得安全感；一個自信的女人，會使男人感到溫暖安詳；而自卑的人，不由自主地會在別人面前，甚至是自己喜歡的人面前顯出一種不自在，他總在擔心別人會怎麼看自己。這種不自在會微妙地影響人與人的關係，使雙方經常「誤讀」對方的資訊，造成隔閡與衝突；而自信的人，與人交往時坦誠自然，能更多地流露出自己的本色，能更有效地與人溝通和交流，也就更容易建立起健康的人際關係，為自己贏得友誼和愛情。

不要讓這樣或那樣的事情成為你不自信的理由，成為前進的障礙，因而感覺無所適從。找回自信，用豁達的心去容納，去接受，這些障礙也就不存在了。

多年前，一位叫皮特的青年常常為自己感到悲哀。因為他從小在孤兒院長大，身材矮小、長相醜陋，講話又帶著濃厚的法國鄉下口

音，所以他一直很瞧不起自己。他認為自己是一個既醜又笨的鄉巴佬，連最普通的工作都不敢去應聘，沒有工作，也沒有家。

這天是他30歲生日，但他不知道自己是否還有活下去的必要。就在他徘徊於生死之間的時候，與他一起在孤兒院長大的好朋友約翰興沖沖地跑過來對他說：「皮特，告訴你一個好消息！」

「噢，是這樣，我剛剛從收音機裡聽到一則消息，拿破崙曾經丟失了一個孫子。播音員描述的相貌特徵，與你絲毫不差！」

「真的嗎，我竟然是拿破崙的孫子？」皮特一下子精神大振。聯想到爺爺曾經以矮小的身材指揮著千軍萬馬，用帶著泥土芳香的法語發出威嚴的命令，他頓感自己矮小的身材同樣充滿力量，講話時的法國口音也帶著幾分高貴和威嚴。

第二天一大早，皮特便滿懷自信地來到一家大公司應聘。20年後，已成為這家大公司總裁的皮特，查證自己並非拿破崙的孫子，但這早已不重要了。

其實，有些時候並不是自己不行，而是自己看輕了自己。當生活的道路上出現了「不幸」這隻攔路虎的時候，千萬不要就此停下前進的腳步，如果這樣，你就真的中了牠的圈套，最終被牠吃掉。你鼓起足夠的勇氣，接納自己，欣賞自己，將所有的自卑全都拋到九霄雲外。給「不幸」這隻攔路虎以當頭棒喝，你會發現，原來前面的路上依舊灑滿了金色的陽光，依舊只有相信自己，才能成功。擁有自信的人才最有魅力。每個人都祈求成功，但是最終只有對自己充滿自信的人，才能有幸到達成功的彼岸。

在成功的過程中，知識、技能的儲備是自信的基礎。具備了足夠的知識和實際能力，自信就會發自內心，不必強裝。否則，越是顯得自信，就越是不自信。面對困難，我們應大聲地對自己說：「我做得到！」

🍎 2．一個人的魅力源於真實地呈現自我

> 一個人的魅力也就是源於真實地呈現自我，這樣的人才是最受歡迎的。所以在和人交往時你盡可以放開自己。以包容的心態對待自己的不完美，並從這種不完美中領略另一種美。

西方有兩句這樣的格言：「我堅持我的不完美，它是我生命的真實本質。」「熱愛自己是終生浪漫的開端。」

當你接受自己不夠完美的那些部分，奇蹟便會出現。伴隨消極的方面，你也將開始注意到積極的方面，你自己身上那些極出色的、你也許從未認為自己所具有的、或甚至從未意識到的方面。當你有時在心裡對自己表現出興趣時，或當你令人難以置信地無私奉獻時，你可能就會注意到它們。有時你可能會覺得無保障或害怕，但更多的時候你是勇敢的。儘管有時你肯定會焦慮不安，但你也能非常放鬆。

奧格·曼狄諾指出：接受你自己的一切，就像是在對你自己說：「我也許不完美，但我就是我，這沒有關係。」當消極思想出現時，你可以開始將它們看做是整體中的一小部分，始終以善意和包容來對待你自己。

接受自己，不要刻意去掩飾自己的不足或犯過的錯誤。一個壞透的人必定不受人歡迎，但是，一個好人常常讓人難以承受。處處要求自己完美無缺的人不僅讓自己步履維艱，也讓周圍的人「窒息」。

甘迺迪是最受美國公民喜愛的總統之一，然而，甘迺迪並非一個完美無缺的人。他曾經試圖在豬玀灣（地名）入侵古巴，結果遭到慘敗。像這樣大的軍事失誤無論發生在怎樣出色的領導人身上，一般人都會認為它會給領導人的形象大打折扣。令人費解的是，「豬玀灣慘敗」非但沒有降低甘迺迪的個人聲譽，反而使他在公眾心目中的形象更加真實、豐滿——人們更加喜愛這位「也會犯錯誤」的總統了。

　　心理學家猜想，之所以會出現這種情況，正是這次失誤使人們相信：即使是當時新聞媒體描繪得幾乎無可挑剔的總統也難免會犯錯誤。而在犯錯誤後他又承認了自己的失誤。這使總統與公眾的距離拉近了，從而贏得了更多的過去並不喜愛他的人。

　　儘管人們追求完美，然而，真正面臨一個完美無缺的人時卻不敢相信。「人非聖賢，孰能無過？」從古至今，所謂「無過」的聖賢有誰曾經見過呢？！

　　沒有人懷疑「金無足赤，人無完人」的古訓的合理性。然而，真正領會其背後隱匿的心理學規律的人卻為數不多。

　　一個人只有充分展示出自己人格真實的一面時，才是一個活生生的人，一個閃耀著人格魅力之光的人。即使偶爾犯了錯誤，也只能使你在他人心目中的印象更加生動和精彩。

　　一個人的魅力也就是源於真實地呈現自我，這樣的人才是最受歡迎的。所以在和人交往時你盡可以放開自己。以包容的心態對待自己的不完美，並從這種不完美中領略另一種美。

❦ 3．只有真正地接受自己，才能展示獨特的自己

> 　　保持本色，堅持獨特的個性，你的內心將會變得更加廣闊，你所走過的日子也因此而春光明媚。

　　在這個世界上，沒有兩片葉子是完全相同的。如果你想完善個性，只有靠自己。在目前這個世界裡，「影印本」的人太多了，你應該去做「正本」。不管好壞，你只管好好經營自己的小苗圃；也不管好壞，你只管在生命的管弦樂中演奏好自己的樂器。

　　但人們在現實生活中往往習慣於模仿他人。這種模仿他人的現象在好萊塢就相當嚴重。好萊塢著名導演山姆・伍德曾說過，最令他頭

痛的事，是幫助年輕演員認識這個問題：保持自我。他們每個人都想成為當時紅得發紫的影星。「但觀眾已經嚐過那種味道了，」山姆‧伍德不停地告誡他們，「他們現在需要點新鮮的。」

山姆‧伍德在導演《戰地鐘聲》等名片前，好多年都在從事房地產，因此他培養了自己的一種銷售員的個性。他認為，商界中的一些規則在電影界也完全適用，完全模仿別人絕對會一事無成。「經驗告訴我。」山姆‧伍德說，「盡量不用那些模仿他人的演員，這是最保險的。」

一個人只有展示真實的自我時才最有魅力，如果一味地模仿他人，就會失去自我，不可能取得成功。即使你再羨慕他、關注他，我們還是無法成為別人，事情就是這樣，不要讓別人成為你的理想。

唯有當做我們真正的自己時，身心才會協調一致，才能感覺輕鬆和快樂。

老子是一個智者，唯有當他不再受他人思想所左右，完全停止模仿其他智者的時候，他才達成了所願。一個人只有成為一個反叛者，只有與一切陳舊的經驗、認識、真理、教條等徹底決裂時，他才算開始了真正的人生。

擺脫束縛，你才能全然進入那未知的真實之中去。我們從來不是別人的從屬和附庸，我們每個人都是獨特的。要學會關注自己，欣賞自己。

尼采在他的書中說得更加明確：「留意我，我已經將所有要告訴你們的東西都告訴你們了，現在，留意我，不要模仿我，把我忘掉，離開我，罵我是騙子，然後走開。」這是所有偉大智者最後的資訊，沒有一個偉大的導師要將你製造成一個傀儡，因為那樣做的話，那就是在愚弄你。

總而言之，保持本色，堅持獨特的個性，你的內心將會變得更加廣闊，你所走過的日子也因此而春光明媚，你的生活、事業也因此而蒸蒸日上。

卓別林開始拍片時，導演要他模仿當時的著名影星，結果他還是

不為人知。直到他開始成為他自己，才漸漸有了知名度。鮑勃‧霍伯也有類似的經驗，他以前有許多年都在唱歌跳舞，直到他發揮自己的才能，才真正走紅。

保持本色這一問題，「與人類歷史一樣久遠了」。一位醫生指出，「這是全人類的問題」。很多精神、神經及心理方面的問題，其隱藏的病因往往是他們不能保持自我。在這個世界上，你是一個嶄新的、獨一無二的自我，以前沒有出現過像你一樣的人，以後也不會再有，任何人都應為自己的生命而高興，所以，你要真正地接受你自己才行。

我們身邊的確有不少人會值得關注、值得欣賞，但是他們並不是完美無缺的，只是一些方面比較優秀。我們最應該欣賞的還是自己。關注自己、欣賞自己吧。懂得欣賞自己，包容自己，充滿自信地與別人交往，出色地發揮自己的才能和潛力，那麼你就會創造出屬於你自己的成功。

🐝 4‧看清自己，努力塑造美好形象

> 認識自我，是每個人自信的基礎與依據。即使你處境不利，遇事不順，但只要你的潛能和獨特個性依然存在，你就可以堅信：我做得到，我能成功。

哲學家亞里斯多德認為，對自己的瞭解不僅是最困難的事情，而且也是最殘酷的事情。

心平氣和地對他人、對外界事物進行客觀地分析評判，這不難做到，但這把「手術刀」伸向自己的時候，就未必能讓人心平氣靜、不偏不倚了。然而，自我省察是自我超越的根本前提。要超越現實水平上的自我，必須首先坦白誠實地面對自己，對自身的優缺點有個正確的認識。

　　許多人談論某位企業家、某位世界冠軍、某位著名電影明星時，總是讚不絕口，可是一牽涉到自己，便一聲長歎：「我不是成才的料！」他們認為自己沒有出息，不會有出人頭地的機會，理由是：「生來就比別人笨」，「沒有高級文憑」，「沒有好的運氣」，「缺乏可依賴的社會關係」，「沒有資金」等等。而要獲得成功就必須正確認識自己，堅信「天生我才必有用」。

　　嚴重的自卑感相當容易扼殺一個人的聰明才智。另外，它還可以形成惡性循環：由於自卑感嚴重，不敢做或者做起來左支右絀、沒有魄力，這樣就顯得無所作為或作為不大，旁人會因此說你無能，旁人的議論又會加重你的自卑感。因此必須一開始就打斷它，丟掉自卑感，大膽做起來。

　　謙虛是一種美德，但是缺點往往是優點的過分延伸。過於謙虛，或者由於自卑而謙虛，都是不應該的。

　　幾乎每一個科學家都是非常自信的人。自信，可以使你精神振奮、勇於進攻、戰勝困難。所以，必須積極尋找自我解脫之路，走出自卑的心理盲點。

　　當然，在自我評價時，不妨把分數打得低點，對自己嚴厲一些。這樣以低姿態朝前衝，如果結局超過了估計，我們也會欣喜的。低姿態就是為自己準備一份驚喜機會。

　　如果我們的自我過分膨脹，必然翻船。其實，每個人都有弱點、缺點。既然知道自己的短處，就要去改正。若一味地畏懼他人直言指出你的短處，那就永遠不知道問題出在何處而無法進步了。對每個人而言，知道他人如何評價肯定自己的工作表現，是非常重要的事。若想今後博得他人更多的重視和評價，卻不能察覺到問題的存在而加以糾正、避免，那就只能屈居第三流人物了。對危機不瞭解，可能造成極大的損失。

　　勇士稱號不僅屬於手執長矛、面對困難所向無敵的人，而且屬於敢於用鋒利的解剖刀解剖自己、改造自己，使自己得到昇華和超越的人。

當然，不僅僅是對自己的缺點要勇於正視，對自己的優點和潛能也要能夠重新發現。每個人都有巨大的潛能，每個人都有自己獨特的個性和長處，每個人都可以發揮自己的優點，透過不懈的努力去爭取成功。認識自我，是每個人自信的基礎與依據。即使你處境不利，遇事不順，但只要你的潛能和獨特個性依然存在，你就可以堅信：我做得到，我能成功。

一個人在自己的生活經歷中，在自己所處的社會境遇中，能否真正認識自我，肯定自我，如何塑造自我形象，如何把握自我發展，如何抉擇積極或消極的自我意識，將影響或決定著一個人的前程與命運。

5・總有一項特質會給你帶來好運

> 用心去發現自己的特長，根據自己的興趣、愛好和潛力來定位自己的未來。不要忽視自己擁有的一切，多麼困難都不要放棄自己。

在我們生命的力量中，只要能夠盡力地發揮個人的特質，就能夠擁有一番成就，關鍵是要用心去發現自己的特長，根據自己的興趣、愛好和潛力來定位自己的未來。不要忽視自己擁有的一切，多麼困難都不要放棄自己。

一個孤獨的年輕畫家，除了理想，他一無所有。他貧窮，無錢租房，借用一家廢棄的車庫作為畫室，夜裡常聽到老鼠吱吱的叫聲。一天，疲倦的他抬起頭，看見在昏暗的燈光下有一雙亮晶晶的小眼睛。他沒有想方設法去捕殺這隻小精靈，磨難已使他具有藝術家悲天憫物的情懷。他與小老鼠互相信任，甚至建立了友誼。不久畫家離開坎薩斯城，被介紹到好萊塢去製作一部卡通片。然而他再次失敗，窮得身無分文。多少個不眠之夜他在黑暗中苦苦思索，懷疑自己的天賦。突

然，他想起了那雙亮晶晶的小眼睛，靈感就在黑暗裡閃現了：全世界兒童所喜愛的卡通形象——米老鼠就這樣誕生了。這位畫家就是美國最富盛名的人物之一——沃爾特·迪士尼。

哦！上帝給他的並不多，只給他一隻老鼠，然而他「抓」住了。對迪士尼來說，這隻小老鼠價值連城。上天從來沒有也不會輕視任何一個人——哪怕他確實有點卑微。

每個人只要能夠正確地認識自己，發揮自己的才能，在生活中總能找到一個適合自己的位置，展示自己的價值。關鍵是，任何時候都要相信自己。

記住，即使自己並不是樣樣優秀，但總有一項特質能給你帶來好運，只要你善於發現這項特質。永遠要接納並不完美的自己，永遠要相信並不完美的自己，永遠不放棄希望，那麼生活就真的會有奇蹟出現。

6 · 不要小看自己，人生並非只一處輝煌

> 「撞了南牆要回頭。」一件事情未成功，不要因此輕視自己的能力，許多人之所以找不到正確的方向，多半因為小看自己，其實每個人都有很大的發展領域。固守一處，沒有信心，會使你失去發展的機會，失掉可能有的成功。

認真思考自己該如何生活、如何為人處世，永遠不嫌太早或太遲。未雨綢繆不但沒有損失，反而使人獲益良多，你必須讓思想盡情展翅翱翔，飛得越高，望得越遠，走出眼前生硬的疆界，突破現有的成見。現在就跨出新生活的第一步，對於自己的過去，大可不必耿耿於懷，是好是壞都已過去，且把它看作一張白紙，你心中就沒有了埋怨與不滿，生活就會一切順利平穩。

如果你認為人來到世上是應該有所作為的，那就更要重視自己的

存在。每個人的生命都是偉大的、有創造力的，只是我們常忽視這一點，生活中永遠不乏體驗與成長的機會，即便身處絕境，不正是開闢新天地的大好時機嗎？一味沉浸在過去的回憶裡，只是浪費生命，如何生活的決定權在自己，這是別人無法取代的，如果此時此地的生活並不快樂，也不成功，何不勇敢地嘗試改變，去另闢蹊徑呢？有的人堅持著「矢志不渝」的思想，守著最初的道路不放，如果你堅信是正確的可以去堅持；如果從實際出發認為有偏頗，也可以退回來另走別的路。「撞了南牆要回頭。」一件事情未成功，不要因此輕視自己的能力，許多人之所以找不到正確的方向，多半因為小看自己，其實每個人都有很大的發展領域。固守一處，沒有信心，會使你失去發展的機會，失掉可能有的成功。

　　古人落榜不失志的例子可能給我們一些有益的啟示。

　　曾鞏，北宋江西人，唐宋八大家之一。他和胞弟、表弟共六人，幾次在科舉考試中都未考中進士，有一年，曾鞏與其弟應試去，不料又名落孫山，有人作詩諷刺他們說：「三年一度科場開，落殺曾家兩秀才。有似簷間雙燕子，一雙飛去一雙來。」

　　曾鞏對此並不介意，也不灰心，一再教育諸弟要經得住失敗的考驗，在學習上要永不懈怠，刻苦攻讀。又到大考之年，曾鞏與兄弟六人又去赴試，在走之前，曾母感嘆地說：「你們六人當中，只要有一個金榜題名，我就心滿意足了！」考試結果張榜公佈，曾鞏兄弟六人都中進士，且名次都在前列。可見人應該有信心堅持自己的理想和志向，落第不灰心，尤其對莘莘學子更有借鑑意義。

　　既然你選擇了考試成才這條路，你就要懂得，堅持才能成功。

　　矢志不渝的追求進取固然可貴，開創生命新天地的精神更值得欽佩。例如，蒲松齡，是清初山東人，由於當時科舉制度不嚴謹，科場中賄賂盛行，舞弊成風，他四次考舉人都落第了。蒲松齡志存高遠，並未因落第而悲觀失望，他立志要寫一部「孤憤之書」。他在壓紙的銅尺上鐫刻一副對聯云：

　　「有志者，事竟成，破釜沉舟，百二秦關終屬楚；

苦心人，天不負，臥薪嚐膽，三千越甲可吞吳。」

蒲松齡以此自敬自勉。後來，他終於寫成了一部文學鉅著——《聊齋志異》，自己也成了千古流芳的文學家。

蒲松齡雖然落第，與仕途無緣，但他找到了成就自己的另一個方向，在這條新開闢的道路上，他取得了成功，也為後人留下了寶貴的精神財富。像他這樣的例子古今中外可是為數不少。

由此可見，人生並非只一處輝煌，輝煌需要不懈地努力和創造，站在現在這個起點，審時度勢，作出你的選擇，找到你的生活目標。若要尋找它，你須從新的角度看待自己，重新找回自信心，你會發現自己有越來越多值得欣賞的地方。唯有充滿信心，才能真正認識自己，方能注意到生命中許多微妙的層面，發展成功的機遇，拓寬視野，走向生命的開闊處。

❦ 7・追求完美，對人對己都是殘酷的

> 對於每個人來說，不完美是客觀存在的，無需怨天尤人，缺憾其實也是一種美麗。

面對生活中的不完美、不如意，我們既不能放棄自己，也不能苛求自己，只有勇敢接受自己不完美的現實，不抱怨，不懊惱，懷著一顆包容的心看待生活的一切。只是一味地刻意追求完美，那生活就會越來越差。

生活不是一場必須拿滿分的考試，生活更像一個足球賽季，最好的隊也可能會輸掉其中的幾場比賽，而最差的隊也有自己閃亮的時刻。我們的所有努力就是為了贏得更多的比賽。當我們能繼續在比賽中前進並珍惜每場比賽時，我們就贏得了自己的完整。

謝爾·西爾弗斯坦在《丟失的那塊》裡講過這樣一個故事：一個圓環被切掉了一塊，圓環想使自己重新完整起來，於是就到處去尋

找丟失的那塊。可是由於它不完整，因此滾得很慢，它欣賞路邊的花兒，它與蟲兒聊天，它享受陽光。它發現了許多不同的小塊，但沒有一塊適合它。於是它繼續尋找著。

終於有一天，圓環找到了非常適合的小塊，它高興極了，將那小塊裝上，然後又滾了起來，它終於成為完美的圓環了。它能夠滾得很快，以致無暇注意花兒或和蟲兒聊天。當它發現飛快地滾動使得它的世界再也不像以前那樣時，它停住了，把那一小塊又放回到路邊，緩慢地向前滾去。

人生的確有許多不完美之處，每個人都會有或這或那的缺陷。其實，沒有缺憾我們便無法去衡量完美。仔細想想，缺憾其實不也是一種美麗嗎？

世界並不完美，人生當有不足。沒有遺憾的過去無法鏈結人生。對於每個人來講，不完美是客觀存在的，無需怨天尤人。

人生總有些難盡人意，但這卻不是上天的責任。我們不能放棄自己，又不能苛求自己更完美。一個人如果對自己和他人要求過高，總是追求完美，強迫自己做到盡善盡美，會妨礙你取得成功，阻礙你享受成功所帶來的一切歡愉。成功，是每一個人追求和嚮往的目標，在這個目標的推動下，人能夠被激勵、鞭策、奮發向上，向美好的未來前進。然而，如果脫離客觀現實，為自己設下可望而不可即的目標，那麼，其結果往往只會使自己壓抑、擔心和失望，更別提享受快樂了。

有一個男人，他一輩子獨身，因為他一直在尋找一個完美的女人。當他70歲的時候，有人問他：「你一直在到處旅行，始終在尋找，難道你沒能找到一個完美的女人？甚至連一個也沒碰到？」

老人非常悲傷地說：「是的，有一次我碰到了一個完美的女人。」

那個發問者說：「那麼為什麼你們不結婚呢？」

老人傷心地說：「沒辦法，她也正在尋找一個完美的男人。」

事實上，完美主義者經常患得患失，懼怕失敗的焦慮和壓力束縛

了他們的手腳、壓抑了他們的創造性，使其工作效率降低。完美主義者在性格上表現為固執、刻板、不靈活，給自己或他人設定一個很高的標準，非要達到不可，受到挫折就感到很痛苦，不能接受。

要求自己時時保持完美是一種殘酷的自我主義。那表示：我們不能僅表現得和別人一樣好，而是要超越其他人，要像明星一樣閃閃發光。我們的重點不在自我發揮，不是為了把事情弄好；我們要贏過別人，使自己達到傲視群倫的地位。

完美主義者的性格特點多是以自我為中心。就像凌波水仙，鍾情於垂眸自身的嬌姿，但是不論怎樣妖嬌嫵媚，卻是使盡十八般本領也結不出果實。其實，人生當如向日葵，儘管它不比水仙那般楚楚動人，卻既能開花又能結實，當然，其奧妙在於它以太陽為中心，為了奉獻而感激地吮吸自八方而來的風與養分。

身為一個人，完美主義者也如同一般人一樣會犯錯、會失敗。但他們不能容忍這樣的情況，因此會變得痛苦，恨自己、不喜歡自己。

千萬別這麼苛求自己。有時候，我們要練習自我放鬆，取笑自己的某些錯誤，要學習喜歡自己。

為了學習喜歡自己，我們必須培養出面對自己缺點的耐心。這並不意味著我們必須降低水準，變得懶惰、糊塗或不盡心盡力。這是表示我們必須瞭解一個事實：沒有人——包括我們自己——能永遠達到百分之百的成功率。期待別人完美是不公平的，期待自己完美則是愚蠢荒唐的。

🐛 8・你早晚會發現隱秘之處的幸福

> 佛說，不圓滿的人生才是完美的人生。在這個世界上，每個人都有自己的缺憾。只有有缺憾的人生，才是真正的人生。

法國詩人博納富瓦說得好：「生活中無完美，也不需要完美。」

　　殘缺之美才是真正驚心動魄的美。欣然接受缺陷，才能發現隱秘之處的幸福。佛說，不圓滿的人生才是完美的人生。在這個世界上，每個人都有自己的缺憾。只有缺憾的人生，才是真正的人生。

　　生命就像是一首高低起伏的樂章，高低音錯落才會顯得生動而鮮活，所謂「如不如意，只在一念間」，人生的真相便是「不如意事十之八九」。

　　人生的不圓滿是需要我們去面對和承認的事實，但另一方面，我們也可以換一個角度對此進行分析，其實，人生的缺陷和不圓滿也是一種美，太過平順，太過完美，反而會令我們感到膩味，以至於心生厭倦而不再珍惜。

　　我們只有在鮮花凋謝的缺憾中，才會更加珍視花朵盛開時的溫馨美麗；只有在人生苦短的愁緒中，才會更加熱愛生活，擁抱真情；也只有在泥濘的人生路上，才能留下我們生命坎坷的足跡。

　　人生，永遠都是有缺憾的。佛學裡把這個世界叫做「婆娑世界」，翻譯過來便是能容你許多缺陷的世界。本來這個世界就是有缺憾的，如果沒有缺憾就不能稱其為「人世間」。在這個有缺憾的世間，便有了缺憾的人生。因此蘇東坡詞曰：「月有陰晴圓缺，人有悲歡離合，此事古難全。」

　　何止人生？世界上根本就沒有絕對完美的事物，完美的本身就意味著缺憾。其實，完美總包含某種不安，以及少許使我們振奮的缺憾。沒有缺憾，生活就會變得單調乏味。

　　亞歷山大大帝因為沒有可征服的土地而痛哭；喜歡玩牌者若是只贏不輸就會失去打牌的興趣。正如西方諺語所說：「你要永遠快樂，只有向痛苦裡去找。」

　　你要想完美，也只有向缺憾中去尋找。最輝煌的人生，也有陰影陪襯。為了看到人生微弱的燈火，我們必須走進最深的黑暗。我們的人生劇本不可能完美，但是可以完整。當你感覺到缺憾，你就體驗到了人生五味，你便擁有了完整的人生——從缺憾中領略完美的人生。

　　正因為人的不圓滿，才會促使人不斷向上，渴望自身的圓滿，不

圓滿，從某種意義上說，正是一個人靈魂飛升的動力所在。因此，正視並珍惜你的不圓滿，努力向上，才是真正健康的心態。

羅斯福生命不息、奮鬥不止的精神在美國是家喻戶曉的。司馬遷發奮著述，終成輝煌《史記》，在中國也是婦孺皆知。阿德勒則不為多數人瞭解，但是，他獨樹一格的心理學思想卻與佛洛伊德並駕齊驅。

他們的成就與他們的缺陷形成鮮明對照。成功者離不開自卑，他們必須在自卑的動力驅使下，走出自卑的陰影，在更高、更遠的地方尋找生命的補償。

他們都放棄了生命中的一些東西，但他們選擇了奮鬥，所以他們都成了成功的偉人。

🍎 9・羨慕別人不如羨慕自己

> 生活中，每個人都會有不盡如人意的地方。我們不妨換個角度去看，你會發現，你自己什麼也不缺，你應該羨慕你自己。

自古至今，很多人用畢生的精力追求著權勢和財富，殊不知權勢、財富、美貌並不是世上最珍貴、最值得羨慕的東西。

在萊茵河畔，一位青年正垂頭喪氣地來回走動著，他心煩意亂，真想跳進河裡一死了之。

他捨不得這個世界，正在猶豫不決，一位牧師經過他的身邊，停下來問道：「年輕人，你有心事嗎？」

青年深深地歎了口氣說：「我叫萊恩，年近30歲一事無成，一文不名，家裡還有個叫人看了就噁心的黃臉婆，這樣的日子我真受夠了。」牧師聽了微笑著問道：「萊恩先生，那麼你的理想是什麼呢？說出來，看看我能不能幫你實現。」萊恩說：「我曾經有三個理想：成為像懷特那樣的超級大富翁，做個像斯皮爾那樣的高官，如果這兩

個不能實現，那麼我想娶布蕾絲那樣的漂亮女人做妻子。」牧師笑著說：「萊恩，這很容易，你跟我來吧。」說著，轉身就走。萊恩大喜過望，緊緊跟在了後邊。

　　牧師領著萊恩先來到世界超級富翁懷特的豪宅，只見他正躺在床上大聲咳嗽，臉色蠟黃，面前的金盆裡是他剛吐過的帶血絲的痰。牧師轉身對萊恩說：「懷特先生不惜犧牲自己的健康追求財富，為了得到財富，他付出了超負荷的精力，結果財富得到了，他卻累倒了。他還不知道自己的三個兒子正祈禱他早日升天，好早日繼承遺產呢。」

　　牧師說著，領著萊恩來到另一間房間，只見懷特的三個兒子正在和幾位漂亮小姐喝酒，萊恩看了十分不屑，不由得掉轉身子。牧師對萊恩說：「我們再去拜訪一下議長斯皮爾吧！」

　　兩人又來到斯皮爾的官邸，只見他身邊圍著幾個人，顯然是保鑣。斯皮爾吃飯，保鑣先嚐，斯皮爾睡覺，保鑣都瞪大了眼睛盯著他，就連斯皮爾上廁所，他們也在馬桶旁蹲著。牧師對萊恩說：「斯皮爾的政敵很多，稍不注意就要遭到暗殺，他就是上街散步，保鑣都寸步不離。」萊恩歎了口氣，失望地說：「那他和蹲監獄有什麼兩樣？」牧師無奈地搖搖頭說：「我們再去看看當代最紅、最性感的女明星布蕾絲吧。」說著，他領著萊恩來到布蕾絲的家裡。

　　布蕾絲正對著一位菲律賓傭人大發脾氣，她甚至拿起手裡的菸頭朝傭人身上按，傭人的皮膚很快起了泡。傭人硬挺著，不敢呻吟。牧師悄悄對萊恩說：「如果他發出慘叫的話，將招致更嚴厲的懲罰。」布蕾絲折磨完傭人，要回房睡覺了，這時一個女傭走進來對她說：「小姐，伯格先生求見。」布蕾絲眼皮也不抬地吩咐道：「叫他給我滾出去，今天我已經和他離婚了，與他什麼關係也沒有了。」傭人小心地答應著要退出去，布蕾絲又說：「順便帶個話給他，明天我就要和我的第12任丈夫結婚了，他有興趣的話，可以來參加我們的婚禮。」說完，「啪」一聲關上了房門。

　　萊恩看得目瞪口呆。從布蕾絲家出來後，牧師問萊恩：「年輕人，三個理想，你隨便挑一個，我都可以替你實現。」萊恩想了一會

兒，說：「不，牧師，其實我什麼也不缺，與懷特先生相比，我有他所有金錢都買不來的健康；與斯皮爾先生相比，我有他沒有的自由；至於布蕾絲嘛，我老婆可比她賢淑善良多了……」牧師滿意地伸出手來和萊恩相握，萊恩滿臉笑意，一抹溫暖的陽光灑在他們的身上。

　　生活中，每個人都會有不盡如人意的地方。我們不妨換個角度去看，你會發現，你自己什麼也不缺，你應該羨慕你自己。

　　名利是充斥在心中的迷霧，心裡全是名與利，就看不到自己所擁有的財富了，心靈就會迷失方向。將名利看淡，就會感到心境寬廣，生活海闊天空，將精力專注於有益的事業，並為此奮鬥不息，從而使人生充實而有意義。

第五章

包容是對
他人的關愛

　　關愛他人，在別人遇到危難的時候助人一把，使他重新獲得快樂，自己也因此感到欣慰，這不僅是取之不盡、用之不竭的快樂之源，更是一種不可忽視的助我們前進的力量。因為，一顆真正的愛心，總是能夠給我們帶來更多的意外的收穫，幫我們走向成功之路。而這正是給予的結果。

🍎 1・在給予中享受快樂

> 人生的活法多種多樣，只有自己活著還對別人有些用處的活法，才有人生的價值，才活得最精彩。幫助別人不僅利人，也提升了自己生命的價值。

人生最快樂的事情就是伸出熱情而溫暖的雙手，盡自己所能去幫助身邊的每一個人。有句話說「送人玫瑰，手有餘香。」助人乃是快樂之本。

一連好幾年，守墓人每星期都收到一個不相識的婦人的來信，信裡附著鈔票，要他每週在她兒子的墓地放一束鮮花。

後來，有一天，一輛小車開來停在公墓大門口，司機匆匆來到守墓人的小屋，說：「婦人在門口的車上，她病得走不動了，請你去看一下。」

有一位上了年紀的孱弱的婦人坐在車上，表情充滿了幾分高貴，但眼神已哀傷得毫無光彩。她懷抱著一大束鮮花。

「我就是亞當夫人。」她說，「這幾年我每禮拜都給你寄錢買花。」

「我一次也沒忘了放花，夫人。」

「今天我親自來。」亞當夫人溫和地說，「因為醫生說我活不了幾個禮拜了。死了倒好，活著也沒意思了。我只是想再看一眼我的兒子，我想親手來放這些花。」

小個子守墓人眨著眼睛，頓時沒了主意。他苦笑了一下，決定再講幾句。

「我說，夫人，這幾年您老是寄錢來買花，我總覺得可惜。鮮花擱在那兒，無人聞，無人看，太可惜了！」

「你真這麼想？」

「是的，夫人，您別見怪。我是想起來自己常跑醫院，那兒的人愛看花也愛聞花。那兒都是活人。但這兒墓裡哪個活著？」

老婦人沒有作答。她只是又小坐了一會兒，默默禱告了一陣，沒留話便走了。守墓人後悔自己的一番話太率直，這會使她受不了的。幾個月後，這位老婦人又忽然來訪，守墓人驚得目瞪口呆，這回她是自己開車來的。

「我把花都送給那兒的人們了，」她友好地向守墓人微笑著，「你說得對，他們看到花可高興了！我病好了，醫生不明白是怎麼回事，但我自己明白，我覺得活著還有些用處！」

人生的活法多種多樣，只有自己活著還對別人有些用處的活法，才有人生的價值，才活得最精彩。幫助別人不僅利人，也提升了自己生命的價值。

🍎 2 · 學會為別人喝采

> 為別人喝采是一種智慧，因為你在欣賞別人的同時，也在不斷提升和完善自我；為別人喝采是一種美德，你付出了讚美，這非但不會損傷你的自尊，反而還將獲得友誼與合作。

生活中，很多人只知為自己的進步與成功竊喜和歡呼，對別人的進步或成功則常常冷漠得面無表情，無動於衷，很少真心實意地為別人喝采。其實，為別人喝采是一種智慧，因為你在欣賞別人的同時，也在不斷提升和完善自我；為別人喝采是一種美德，你付出了讚美，這非但不會損傷你的自尊，反而還將獲得友誼與合作；為別人喝采是一種人格修養，讚賞別人的過程，其實也是自己矯正狹隘自私和妒忌心理，從而培養大家風範的過程。

學會為別人喝采，善於為別人鼓掌，其實也是在給自己加油。當我們沒有成功時，我們應該真誠地為已經成功的人鼓掌；當我們走向

成功時，也要學會為那些正在努力走向成功的人鼓掌。相互鼓掌才能相互提升，當你善於為別人鼓掌時，才會獲得更多人的喝采。

為別人喝采其實就是一種欣賞他人的能力。欣賞他人需要具有一種寬廣的胸襟和一種無私的勇氣。欣賞他人可以是出自愛才之心、容才之量，也可以是助人之難、解人之惑。有的時候，充滿鼓勵的欣賞會在不知不覺中改變他人的命運。

「你很聰明，我知道你懂得這些題目的。」這是默菲老師在愛潑斯坦消沉時對他說的話。愛潑斯坦，是紐約大學治療中心兒童神經外科主任，世界上第一流的胸腔外科權威之一。他首創了不少高難度外科手術──包括切除脊椎和腦血管上的腫瘤（在他以前，這兩種腫瘤都被認為是無法開刀的）。然而，令人難以置信的是，這樣的一位卓有成就者，在校求學時，卻曾是一名有著嚴重學習障礙的學生。

由於生理原因，愛潑斯坦遭遇了嚴重的學習障礙，儘管他盡了自己最大的努力，卻仍不斷遭受挫折和失敗。他自認比別人「笨」，就退卻消沉，並開始裝病翹課。默菲老師沒有因愛潑斯坦的「笨」而輕視他，相反地，還滿腔熱情地鼓勵他。有一天課後，老師把愛潑斯坦叫到一邊，將他的一張考卷遞給他。那上面，愛潑斯坦的答案都錯了。「我知道你懂得這些題目，為什麼我們不再來一次呢？」老師逐一地詢問考卷原題讓愛潑斯坦回答。愛潑斯坦每答完一道題，他都微笑著說：「答得對！你很聰明，我知道你其實懂得這些題目。我相信你的成績會好起來的。」他還一邊說一邊把每一道題都打上勾。

默菲老師在愛潑斯坦的成長中產生了多大的作用，我們無法估量。但有一點可以肯定，如果換一個老師，只知指責愛潑斯坦不努力，或者乾脆把他視為「笨牛」，也許，未來的醫學奇才就夭折在他的手裡了。正是赫伯特‧默菲的讚揚和鼓勵，激發了愛潑斯坦的自信心，他才告別了絕望，倔強地與命運抗爭，不再認輸，不再懈怠，終於完成了正常人也難以完成的學業，成了醫學博士。

記住：為別人喝采是一件偉大的事情。別人成功時，你獻出的喝采，會使你得到巨大的收穫；別人困擾時，你的鼓勵和喝采，會改變

一個人的一生！

🍎 3．怨恨要用愛心去排解

> 恨只能產生更多的恨。同樣的，多愛別人就會產生更多的愛。你要人家怎樣待你，你就先要怎樣待人。

與人相處，難免會有心生怨恨時，但如果用恨去解決恨，那傷害的不僅是對方，還有自己。只有用一顆包容的心原諒他人，用愛心去排解，這才是最好的解決方法。

有一個年輕的村婦問醫師：「有什麼秘方可以毒死我的婆婆？我受不了她的虐待了！」醫師告訴她：「可以常給妳婆婆吃甜芋泥，百日後無病自死。」百日過後，村婦向醫師哭訴：「婆婆突然改變她的態度，變得對我非常和善，可是她已經吃了一百天的甜芋泥了，怎麼辦呢？」醫師聽完笑著說：「放心好了，妳婆婆不會死啦！」

甜芋泥不會毒死人，它只是一道可口的點心。由於媳婦經常面帶笑容去伺候婆婆，婆婆也經常吃到媳婦準備的甜芋泥，因此婆婆改變了態度，並且善待她的媳婦。

恨只能產生更多的恨。同樣的，多愛別人就會產生更多的愛。你要人家怎樣待你，你就先要怎樣待人。

怨氣、恨意最好是用愛心去排解，因為只有這樣才能昇華自己的心靈。

英國大詩人拜倫是一位古怪的天才。他生來跛足，在亞伯丁讀書的時候，被人譏笑為「跛足鴨」，但他要證明自己不比任何人差。他執意報名，參加了學校舉辦的運動會，同學們都取笑他。在長跑比賽中，拜倫速度奇快，好像長了翅膀一樣，奪得了冠軍。老師和同學們對他刮目相看，拜倫心裡也生起一種從未有過的自豪感和成就感。

拜倫從小就特立獨行，嗜書如命，貪婪地遨遊於文學的海洋中，

並希望把自己的思想用詩歌的形式表現出來。他的這些想法遭到了人們的嘲笑，他們根本不相信拜倫能成為詩人。拜倫暗下決心，一定要爭這口氣。19歲那年，他發表了《閒暇時光》，受到當時著名的評論家亨利·布萊漢姆的嚴厲批評，但拜倫並沒有灰心。

25歲時，拜倫攀上了文學的頂峰。亨利·布萊漢姆後來說：「拜倫是一位偉大的詩人，他這麼年輕就攀上了文學的頂峰，史考特、華茲華斯對他只能是仰視。在歷史上，幾乎還沒有如此迅速爬上榮譽頂峰的先例。」

拜倫和亨利後來成了好朋友。亨利時常感到羞愧，為自己以前尖酸刻薄的攻擊一再道歉，拜倫一笑置之。他對亨利說：「我感謝你還來不及呢，正是你的評論激勵了我的創作。」亨利後來家裡失火，窮困潦倒。拜倫及時資助他，幫他擺脫了困境。

我們要去包容人生旅途中的各種打擊，面對世人的嘲笑和打擊，我們要學會包容，學會承受，用包容去化解各種怨恨，顯示我們深厚、博大的人格魅力。

能夠用包容的心去對待他人，化解怨恨，還有什麼事情能夠使你憤怒痛苦呢？心中有了包容，也就擁有了愛，擁有了友情和親情。

❤ 4·多一份善心，多一份真情

善良是對於生命的尊重和關注，它是生活快樂的源泉。多一分善良，人生就多一分真情。與人為善，方能得到別人的善。

很多時候，仁慈善良是獲得幸福的一種途徑，因為當你心懷一顆仁愛之心去對人對事時，首先自己的心就會得到安寧和快樂，古代宋景公能夠長壽也是因為擁有仁愛之心。

宋景公時，熒惑纏住心星，他召來懂星相的子韋，問他是什麼原因。子韋說：「熒惑，這是上天表示懲罰的徵兆，心星，是我們宋國

的分野。可能有大禍降臨到您的頭上。不過,可以將大禍轉移到宰相身上去。」宋景公說:「宰相,是我的左右臂,怎麼能為了消除我的災禍而讓我的左右手受禍呢?」子韋說:「可以轉移到百姓身上。」宋景公說:「君主應該愛民。」子韋說:「可以轉移到年成上。」宋景公說:「年成不好,老百姓挨餓,我這君王有什麼用?我的性命該結束,就讓它結束吧。」子韋說:「天雖然很高遠,但對人間的一切都知道得很清楚。您有仁愛之心的語言三句,上天一定會賞賜你三次。今天晚上心星就會移開,您的壽命可延長二十一年。」

古人認為擁有一顆仁慈善良之心,福壽也會倍增。對我們來說,與人為善是一種和諧的處事態度,是對他人的一種無形的相助,是一種博大的寬廣情懷。與人為善者心胸豁達,寬宏大量,仁慈寬厚,謙虛忍讓,為此,他們會得到更多的快樂和真情。

人們說,對於做善事的人來說,無須獎賞,因為他們每天都生活在快樂之中。

生活是變化莫測的,誰也不能肯定自己一輩子會順風順水,平平安安。因此,我們有必要對處在逆境中的人表示自己的關心,並給予必要的幫助。如果漠視他人,在他人遭遇困難時袖手旁觀,或是避而遠之,就不會贏得人們的尊敬,在你遇到難處時,也不一定有人幫助你,因為沒有人喜歡和一個沒有愛心的人打交道。

有一天,理查和一個旅伴穿越高高的喜馬拉雅山脈的某個山口,他們看到前面有一個人慢慢倒在雪地上。

理查想停下來幫助那個人,但同伴卻說:「如果我們帶上他這個累贅,就會送掉我們自己的命。」

但理查不忍心丟下那個人,讓他凍死在冰天雪地裡。

跟旅伴告別後,理查把那個人抱起來,放在自己背上。他使盡力氣背著這個人往前走,漸漸地,理查的體溫使這個凍僵的身體溫暖起來——那人竟然活了過來!

過了沒多久,他們兩個人並肩前進。當他們趕上那個旅伴時,卻發現他已經死了——是凍死的!

在冰天雪地中，理查心甘情願地把自己的一切——包括生命——給予另外一個人，他保住了生命；而他那無情的旅伴想顧全自己，最後卻丟了性命。

作家法狄曼說：「如果世界上只有我一個人獨處，便不能保全自己的生命，也不能發現自己的真正價值。我們只能用極抽象的方法去愛整個人類，但是我們至少可以不漠視他人。我們可以培養對他人的關心，常常用各種方法和他人產生聯繫。文明究竟是什麼？當然是指人們努力要脫離原來冷淡的、漠不關心的孤立狀態，而求改善，也是指一個人要與另外一個人取得聯繫。」

一個人也許會失去地位、財富和健康，但這一切並不是致命的。可是，有一樣東西，少了它生活就會成為負擔，那就是愛心。正如一位哲人所言：「最好和最高貴的人是最富同情心的人，這樣的人從來就不漠視他人，總是把愛心送給大家，因此人們也熱心地對待他。」

當你把關愛給予他人或給他人以幫助時，往往也是幫助了自己。多一份善心，多一份真情，多一些包容，多一些理解。包容讓人們在生活中感受美好和幸福，善良讓人們感受真情與樂觀。

5‧擁有一顆愛心，就擁有了一切

> 善良的人總是處處把愛心奉獻出來，造福他人。擁有一顆愛心，行善不求回報，你可能會得到意料之外的回饋。

人世間最寶貴的是什麼？那就是一顆愛心。善良的人總是處處把愛心奉獻出來，造福他人。擁有一顆愛心，行善不求回報，你可能會得到意料之外的回饋。

這是發生在英國的一個真實故事。

有位孤獨的老人，無兒無女，又體弱多病。他決定搬到養老院去。老人宣佈出售他漂亮的住宅。購買者聞訊蜂擁而至。住宅底價8

萬英鎊，但人們很快就將它炒到了10萬英鎊。價錢還在不斷攀升。老人深陷在沙發裡，滿目憂鬱，是的，要不是健康情況不好，他是不會賣掉這棟陪他度過大半生的住宅的。

　　一個衣著樸素的青年來到老人眼前，彎下腰，低聲說：「先生，我也好想買這棟住宅，但我只有1萬英鎊。如果您能把住宅賣給我，我保證會讓您依舊生活在這裡，和我一起喝茶，讀報，散步，天天都快快樂樂的。相信我，我會用整顆心來照顧您！」老人領首微笑，把住宅以1萬英鎊的價錢賣給了他。

　　正因為這個青年有一顆愛心，能夠包容這個可憐的老人，才能用這麼少的錢買下這座住宅。因為老人知道，一顆純潔的愛心是多少錢也買不到的。

　　完成夢想，不一定非得要冷酷地廝殺和欺詐，有時，只要你擁有一顆愛心就可以了。

　　正因為生命中有了愛心，人生才能充滿喜悅，擁有愛心就擁有了幸福。善良是生命中的黃金，是人性中最寶貴的財富，擁有愛心，就擁有了希望和美好。

6・善待別人等於善待自己

> 　　生活就像山谷回聲，你付出什麼，就得到什麼；你耕種什麼，就收穫什麼。你對別人小小的幫助，換來的可能是別人對你更大的幫助。

　　在生活和工作中，那些心胸寬和器量大的人往往容易成就大事，原因很簡單，包容他人，善待他人，就可能贏得好人緣，有了好人緣，路才能越走越寬。相反地，凡事只為自己著想，自私自利的人只能一事無成。

　　有一位農民，聽說某地培育出一種新的玉米，收成很好，於是千

方百計買來一些種子。他的鄰居們聽說這個消息後，紛紛找到他，向他詢問種子的有關情況及出售種子的地方。這位農民害怕大家都種這樣的種子而失去競爭的優勢，便拒絕回答。鄰居們沒辦法，只好繼續種原來的種子。

誰知，收穫的時候，這位農民的玉米並沒有取得豐收，跟鄰居家的玉米相比，也強不到哪裡去。為了尋找原因，農民去請教一位專家。經專家分析，很快查出玉米減產的原因：他的優種玉米接受了鄰人田中劣種玉米的花粉。

這是一個很簡單的道理：給予總是相互的。我們都不是孤立地存在於社會之中，我們都需要給予和接受。那麼，對待他人，我們何不多一些同情、友善和包容呢？善待別人其實就是善待自己。

包容是一個成熟的人必備的素質，同時也是獲得成功的工具。包容能夠化干戈為玉帛，展現智者的胸懷與寬厚。包容是度過難關的一大法寶，也是讓你獲得他人信賴的手段。學會包容，善待他人，成功之門就會為你敞開。

🍎 7‧用一顆包容之心真誠地對待朋友

> 交友並非一廂情願，而是需要相互理解與寬容，是對對方的人生觀、價值觀、信仰、認識、言論和行為的充分尊重。無論在什麼情況下，人都希望得到別人的理解。不理解別人是很難找到志同道合的朋友的。

「朋友多了路好走」，朋友越多，我們受益越多；學無止境，學問再大的人也有不懂的東西。孔子還謙虛地說：「三人行，必有我師焉。」聖人尚且如此，我們在結交朋友時，也可盡量選擇有學識的人，忘年交的存在原因也許正在於此吧。當然，對朋友也不能求全責備，自己本來就是不完美的，朋友又是雙向的。如果人人都要求結

交比自己有學問的人為友，那麼到頭來只能是誰也沒有朋友。正所謂「尺有所長，寸有所短」，朋友相交貴在有所補益，有所予、有所取才是「交往」。

朋友是你的依靠，也是你人生的資本。失去朋友，你就會陷於無助的境地。

美國作家傑克·倫敦的童年，貧窮而不幸。後來他去了阿拉斯加，加入到淘金者的隊伍。在淘金者中，他結識了不少朋友，其中有一位叫坎里南的中年人，其辛酸歷史簡直可以寫成一部厚厚的書。坎里南的經歷堅定了傑克·倫敦心中的一個目標：寫作，寫淘金者的生活。在坎里南的幫助下，傑克·倫敦利用休息的時間看書、學習。1899年，23歲的傑克·倫敦寫出了處女作《給獵人》，接著又出版了小說集《狼之子》。這些作品都是以淘金工人的辛酸生活為主題的。因此，贏得了廣大中下層人士的喜愛。

但是，隨著成功和錢財的增加，他忘記了那些同甘苦共患難的淘金工人，同時也離開了曾給他靈感與素材的生活。

離開了朋友，離開了寫作的源泉，傑克·倫敦的靈感漸漸枯竭，再也寫不出一部像樣的著作，他的金錢也已揮霍一空。於是，1916年11月22日，處於精神和金錢危機中的傑克·倫敦在自己的寓所裡用一把左輪手槍結束了一生。喪失了朋友，生命也在枯竭中葬送，豈不哀哉？

武俠小說家古龍說：「朋友是不分尊卑貴賤、職業高低的，朋友就是朋友。朋友就是你在天寒地凍的時候，想起來心中還有一絲絲暖意的人。」確實，朋友如此可貴，我們每個人都對「朋友」充滿了嚮往。

當今社會，物慾橫流，傳統的思想正慢慢地被激進的潮流所侵蝕。有的人隨著社會的不斷變革而發生了心靈上的蛻變，有些人為了追求時尚而變得越來越市儈。但無論怎樣，人還是萬物之靈的神，各自的追求和愛好，不同的性格與人品，造就了這個世界的五彩繽紛。我們不期待十個手指都是一般長，更不希望這個世界是千人一面。但有一點是相通的，那就是人不是孤立的存在，他生活在大千世界中，

必須要與人交往，必須要有自己的同類。故此，誰擁有眾多的知己和朋友，誰就擁有幸福和安寧。所以，我們要學會善待朋友，用真誠去換取真心。

☕ 8 · 包容讓家庭和睦，充滿溫情

> 當我們用推己及人的態度，放開胸懷去接納別人時，也就獲得了世間唯一不變的真情和只有家庭和睦才能帶來的溫暖與幸福。

家人之間的戰爭有時很恐怖，長輩、父母、兄弟姐妹是世上最親的人，因為一時錯誤，無法互相包容而反目成仇，形同陌路，甚至斷絕關係，永不相往來，其傷害和痛苦是無法形容的。其實，只要學會克制自己、包容他人，情況就會完全不同。

我們是無法控制別人的行為的。當別人把憤怒或不滿發洩到我們身上時，我們能做的就是保持冷靜。沒什麼秘方可以取悅別人，但是可以停下腳步，深呼吸幾下，靜待變化。即使你自保的本能讓你立刻要吼出去，不過這樣的行為只會讓情況更糟。最好是設法讓對方軟化下來，當然你得花點耐心，不過也不必放棄尊嚴而低聲下氣。重要的是，不要用威脅的口氣，下最後通牒，因為，如果兩個都是倔脾氣的人，可能會因為下不了臺而走上一輩子斷絕關係的悲劇。還有一點要記住，就是我們不可能成為別人的救世主。如果對方已經超過18歲，他們得自己決定自己的事，也要為自己的行為負責。

有不少仇視已久的家人終於言歸於好，通常這種骨肉團聚都是因為家中有人過世或生病促成的。生命的力量使得家人又凝聚在一起。

布藍達接到母親去世的消息，她第一個反應就是打電話給妹妹凱撒琳。凱撒琳和布藍達已經有九年不聯絡了。

妹妹是個比較不合群的人，九年前，她決定不要再和家人聯絡。

但是當她接到布藍達的電話後，先是靜默了幾秒鐘，接著就哭著說：「我愛妳。很抱歉曾經造成妳的痛苦。我好想念大家，想見見你們。其他人都好嗎？」

幾天之後，在母親的葬禮中，他們一家人都沉浸在寬恕的溫情裡。凱撒琳真的發現了家的重要性，她自視甚高的孤傲態度也淡化了不少。

用包容的心態去對待你的家人吧，親情永遠不變，但有了包容，才會更加美好。溫馨和睦的家庭是我們的避風港，保持寧靜與平和，我們的生活才會充滿歡樂，心靈才會得到撫慰。

包容使愛的光芒照耀在每個家人身上。當我們用推己及人的態度，放開胸懷去接納別人時，也就獲得了世間唯一不變的真情，只有家庭和睦才能帶來的溫暖與幸福。

9．把愛分給別人，你就能得到愛

> 分享快樂，快樂不會減少，反而會增多，分享愛，同樣會變出更多的愛。

有兩支火把，奉火神之命到世界各地去考察。兩支火把中有一支沒有點燃，另一支是點燃的，發出很亮的光芒。過了不久，兩支火把回來提出考察報告。

第一支火把說，整個世界都陷在濃重的黑暗中，他覺得眼前的世界情況很壞，甚至已到了極點。可是第二支火把的報告卻剛好相反，他說他無論到哪裡，總可以找到一點光明，所以他認為這個世界是十分有希望的。

聽了這不同的報告，那個派他們出去考察的人就對第一支火把說：「也許該好好地問一問自己，有多少黑暗是我們自己造成的？」

我們每個人的心中都擁有愛，但只有把心打開，光芒才能照射出

來，照亮自己，溫暖他人。奉獻愛心，愛就能化一為十，化十為百，充滿人間。

有一個學生怕麻煩老師，所以遲遲不敢再問問題，他對老師說：「老師，您知道嗎？您給我的答案我又忘記了。我很想再次請教您，但想想我已經麻煩您許多次了，不敢再去打擾你！」

老師對他說：「先去點燃一盞油燈。」學生照做了。

老師接著又說：「再多取幾盞油燈來，用第一盞燈去點燃它們。」學生也照做了。

老師便對他說：「其他的燈都由第一盞燈點燃，第一盞燈的光芒有損失嗎？」

「沒有啊！」學生回答。

「所以，我也不會有絲毫損失的，歡迎你隨時來找我。」

是的，有多少黑暗是我們自己造成的？

一盞燈點燃另一盞燈，卻無損自身的光芒。當我們樂意和人分享我們所擁有的祝福時，不但不會有損失，反而產生更大的喜樂和滿足。

世上有許多孤獨之人，他們渴望愛與友誼，但是，他們似乎得不到它們。有些人用消極的心態去排斥他們所尋找的東西，另一些人蜷縮在他們狹小的天地裡，絕不敢衝出去。他們只幻想一些美好的東西會從天而降。即使他們得到了這些東西，也不會將之與人分享，他們不懂得這一點：如果你不把美好而稱心的東西分給別人，那些東西就會自然減少甚至消滅。

把愛分給別人，你就能得到愛；把幸福分給別人，你就能得到幸福；把快樂分給別人，你就能得到快樂！

❀ 10．學會用欣賞的眼光看人

給人一個笑容，給人幾句讚美的話，用歡喜心結緣，不但不需要付出辛苦代價，而且會有很大的收穫。

　　世界上沒有比歡喜更寶貴的東西，有時我們用再多的金錢、物資送給別人，別人未必很歡喜。不如給人一個笑容，給人幾句讚美的話，用歡喜心結緣，不但不需要付出辛苦代價，而且會有很大的收穫。所以，給人一些歡喜、給人一句讚美、給人一點安慰，乃至給人一點希望、給人一點祝福，都是十分美好的事情。

　　雅特・鮑奇華和一位朋友在紐約搭計程車，下車時，朋友對司機說：「謝謝，搭你的車十分舒適。」

　　這司機聽了愣了一愣，然後說：「你帶的錢不夠嗎？」

　　「不，司機先生，我不是在尋你開心，我很佩服你在交通混亂時還能沉住氣。」

　　「是這樣呀！」司機說完，便開車離開了。

　　「你為什麼會這麼說？」鮑奇華不解地問。

　　「我想讓紐約多點人情味，」朋友答道，「唯有這樣，這城市才有救。」

　　「靠你一個人力量怎能辦得到？」

　　「我只是起帶頭作用。我相信一句小小的讚美能讓那位司機整日心情愉快，如果他今天載了20位乘客，他就會對這20位乘客態度和善，而這些乘客受了司機的感染，也會對周圍的人和顏悅色。這樣算來，我的好意可間接傳達給1000多人，不錯吧？」

　　「但你怎能希望計程車司機會照你的想法做呢？」

　　「我並沒有希望他會，」朋友回答，「我知道這種作法是可遇不可求，所以我盡量多對人和氣，多讚美他人，即使一天的成功率只有30％，但仍可連帶影響到3000人之多。」

　　「我承認這套理論很中聽，但能有幾分實際效果呢？」

　　「就算沒效果，我也毫無損失呀！開口稱讚那司機花不了我幾秒鐘，他也不會少收幾塊小費。如果那人無動於衷，那也無妨，明天我還可以去稱讚另一個計程車司機呀！」

　　「我看你腦袋有點天真病了。」

　　「從這裡就可看出你越來越冷漠了。我曾調查過郵局的員工，

他們最感沮喪的除了薪水微薄外，另外就是欠缺別人對他們工作的肯定。」

「但他們的服務真的很差勁呀！」

「那是因為他們覺得沒人在意他們的服務品質。我們為何不多給他們一些鼓勵呢？」

他們邊走邊聊，途經一個建築工地，有5個工人正在一旁吃午餐。

朋友停下腳步，「這棟大樓蓋得真好，你們的工作一定很危險很辛苦吧！」那群工人帶著狐疑的眼光望著這位朋友。

「工程何時完工？」朋友繼續問道。

「6個月。」一個工人低應了一聲。

「這麼出色的成績，你們一定很引以為榮。」

離開工地後，朋友對鮑奇華說：「這些人也許會因我這一句話而更賣力地工作，這對所有的人何嘗不是一件好事呢？」

「但光靠你一個人有什麼用呢？」

「我常告訴自己千萬不能洩氣，讓這個社會更有情原本就不是簡單的事，我能影響一個就一個，能兩個就兩個……」

「剛才走過的女子姿色平庸，你還對她微笑？」鮑奇華插嘴問道。

「是呀！我知道，」他答道，「如果她是個老師，我想今天上她課的人一定如沐春風。」

人人都渴望被別人讚美，被人讚美就是被人肯定和認可，但我們常常忽略了去讚美別人。適時地讚美別人，是送給他的最好的禮物，因為你把你的信任和一種美好的情感傳遞給了他。夫妻之間特別要注意，如果要批評對方的缺點，最好先讚美其優點，使批評達到春風化雨，甜口良藥也有治病的效果。

美國總統柯立芝性格沉穩，不愛多說話，更從不輕易讚美別人。但有一次，卻很例外，他對身邊的女秘書說：「妳今天穿的衣服很好看，妳是一位非常美麗的青年女子。」這句讚美的話有點不尋常，出

人意料之外。儘管女秘書聽後臉上有點羞紅，但還是非常高興地說了聲「謝謝」。從此以後，女秘書對工作更是努力而充滿激情。這就是讚美的力量。

一個人的「自我價值觀」，是經由別人的肯定、鼓勵、重視而來的，一個人只要讓「對方感覺自己的優點」，對方也會「投桃報李」，給他（她）「正面的讚美」。讓我們為值得讚美的人讚美吧！因為你也會希望別人來讚美你。

用一顆包容萬物的心去看待他人，欣賞他人，把讚美和快樂送給你身邊的人，同時，你也收穫了快樂和信任，幾句讚美的話，能吹散人們心頭的煩惱，讓眼前的一切變得明亮、可愛，所以不要吝惜，送給別人幾句讚美的話，就是送去了春天。

11·不給別人留有餘地，自己也將無立足之地

有時，別人所求於你的，往往在你是微不足道的，但對於他而言，卻意義重大。你給了，雖然會有點細小的損失，但卻得到了一顆感恩的心；你不給，儘管自己毫髮無損，卻在那人的心裡種下了仇恨的種子。

給別人留有餘地，也就是成就自己，無論什麼時候，什麼情況下，也不要把別人推向絕路，萬不可逼人於死地，致使別人做出極端的反抗。給別人留有餘地，讓自己進退均可，人生才有生機與希望。

給別人留餘地，就需要具備包容的胸懷，寬厚待人。寬厚待人是一種美德，對人對己都是受益無窮的。

宋真宗時，有個以度量寬厚聞名的宰相王旦。王旦有愛清潔的癖好。有次家人烹調的羹湯中有不乾淨的東西，王旦也沒有指責，只吃飯，不喝湯。家人奇怪地問他為什麼不喝湯，他說今天只喜歡吃飯，

不想喝湯。還有一次飯裡有不乾淨的東西，王旦也只是放下筷子說，今天不想吃飯，叫家人另外準備稀粥。從家務上的這些小事來看，王旦的確是一個非常寬厚的人。

待人做事，要寬厚仁義，即便自己有理，也盡量讓人幾分，把別人逼上絕路是沒有益處的。在生意場上，胡雪巖即使完全有理由有能力置對手於死地，也絕不把事情做絕。

做人辦事都要給別人留有餘地，那樣自己才能有進有退收放自如。不懂得給別人留有餘地的人心胸狹窄，最終自己將無立錐之地。

齊國有一名叫夷射的大臣，經常為齊王出謀劃策整治別人，齊王視為近臣。一次齊王宴請他，由於不勝酒力，有些過量，他便到宮門後吹吹風。守門人曾受過刖刑，是個無聊之人，欲向夷射討杯酒喝，夷射對他很是鄙棄，便大聲斥責道：

「什麼？滾到一邊去！像你這樣的囚犯，竟然向我討酒喝？」

守門人想分辯時，夷射已悻悻離去。守門人非常憤恨。這時因下雨，宮門前剛好積了一灘水，狀如有人便溺之物，守門人便萌發報復心理。

正巧，次日清晨，齊王出門，見門前一灘其狀不雅的水跡，心中不悅，急喚守門人道：

「是誰如此放肆，在此便溺？」

守門人見機會來了，便故作惶恐支吾道：

「我不是很清楚，但我昨晚看到大臣夷射站在這裡的。」

齊王果然以欺君之罪，賜夷射死罪。

為一杯酒而喪命的確可悲，但如果沒有他平日為齊王出謀劃策整治別人所種下的「禍根」，也不會招此劫。一杯酒本不足掛齒，但守門人受人格之辱，豈能不報，這也符合國人的處世態度，夷射遭此毒計，也是咎由自取。

有時，別人所求於你的，往往在你是微不足道的，但對於他而言，卻意義重大。你給了，雖然會有點細小的損失，但卻得到了一顆感恩的心；你不給，儘管自己毫髮無損，卻在那人的心裡種下了仇恨

的種子。俗話說，「滴水之恩，當湧泉相報」。古人之所以看重滴水之恩，其實是透露了一種人生的智慧在裡面。因為滴水之恩往往來自於陌生人，給予這種恩惠，是人家的好意；不給，也是無可厚非的事情。因此，滴水之恩，往往是值得更為珍視的恩情。基於此，我們何不多給別人留一些餘地，為自己賺下別人的感恩呢？

🍎 12・幫助他人，就等於給自己獎賞

> 愛是一種非常美好的人生情感，像花，開出來，美麗自己，也帶給別人一片芬芳，所以我們不要把愛藏在心底。

給予是快樂的源泉，為別人帶來快樂的同時，我們自己也會處於快樂的包圍之中。快樂是可以分享的，你給別人帶來了快樂，你分給別人的東西越多，你獲得的東西就會越多。你把幸福分給別人，你的幸福就會更多。但是，如果你把痛苦和不幸分給別人，那你得到的也只能是痛苦和不幸。生活中，你如果整天以愁眉苦臉待人，那別人也會以同樣的面孔對你，你看到了更多的愁容；相反地，如果你以笑臉相迎，你會看到更多的笑臉，你的快樂心情就加倍了。

從前有個國王，非常疼愛他的兒子，總是想方設法滿足兒子的一切要求。即使這樣，他的兒子卻總是整天眉頭緊鎖，面帶愁容。於是國王便懸賞找尋能給兒子帶來快樂之能士。

有一天，一個大魔術師來到王宮，對國王說有辦法讓王子快樂。國王很高興地對他說：「如果你能讓王子快樂，我可以答應你的一切要求。」

魔術師把王子帶入一間密室中，用一種白色的東西在一張紙上寫了些文字交給王子，讓王子走入一間暗室，然後燃起蠟燭，注視著紙上的一切變化，快樂的處方會在紙上顯現出來。

王子遵照魔術師的吩咐而行，當他燃起蠟燭後，在燭光的映照

下，他看見紙上那白色的字跡化作美麗的綠色字體：「每天為別人做一件善事！」王子按照這一處方，每天做一件好事，當他看見別人微笑著向他道謝時，他開心極了。很快地，他就成了全國最快樂的人。

為別人做好事不是一種責任，而是一種快樂，因為這能增加你自己的健康和快樂。幫助別人會帶給你更大的快樂和更多的滿足。紐約心理治療中心的負責人亨利·林克說：「現代心理學上最重要的發現就是：必須要有自我犧牲精神或自我約束能力，才能達到自我瞭解與快樂。」這句話說明了一個通俗而又淺顯的道理：你為別人著想，別人也會為你著想，這是一種簡單而快樂的「回報效應」。

如果老想著自己，顧影自憐，孤芳自賞，結果就是你走不進別人的心裡，別人也走不進你的世界。只要嘗試一下忘掉自己，幫助別人，一切都會改變。善良是改變我們心靈的開端，世界會隨著我們的善良而發生變化。

快樂具有一定的傳染性，讓他人快樂了，自己也就變得快樂起來。一個人在給予的同時也在接受，為幫助他人而付出我們的愛，能克服我們心中的憂慮、悲傷以及自憐，使自己煥然一新。因為當我們試著使別人高興時，就具有了一種忘我精神，我們就會沉浸在自我幻覺之中，否則憂慮和恐懼就會紛至沓來，也就容易患上憂鬱症。

快樂和幸福不是靠外來的物質和虛榮得來的，而是要靠自己內心的高貴與善良才能得到。幫助別人不僅利人，而且也提升了自己生命的價值。如果人們能夠主動地去幫助他人，那世界將變得多麼和諧美好。當然，我們每個人也都會得到別人的幫助。

奉獻愛心去愛每一個人，其實並不是一件難事，一句話、一個微笑、一束花就夠了，隨時發揮慈悲心腸，給他們一份愛的力量，你將在愛的付出中體驗到人生最真的快樂。

一個人不能總想著自己，應該體恤別人，很多時候對他人善意的、人性化的關懷，就等於給了自己一次獎賞，讓自己的心靈充滿施愛後的喜悅。做個心存感激的人，才能獲得心靈的平靜。

第六章

包容是為對方著想的能力

世間的許多爭執和困擾，多是因為只為自己著想、出於一己之私造成的。倘若我們能多為別人著想一些，那麼，我們的心就不會因塞下太多的自己而喘不過氣來。能夠站在別人的立場考慮問題是一種偉大的能力。每個人性格不同、想法不同，懂得同理心思考，就能夠理解很多事情，心內的世界寬了，心外的世界也就輕鬆了。

☙ 1．承認對方是「對」的，並不表示你就錯了

> 快樂的秘訣就是寬恕，先向別人伸出友善的手，讓對方做那個「對」的人，這並不表示你就錯了。

包容對方的前提是需要瞭解對方，有了瞭解，一切行為就有了解釋的依據，也就有了原諒對方的理由。「成為先去瞭解對方的人」，這是增進溝通，加深理解的基礎。當你瞭解對方來自何處，他們想說什麼，他們看重的又是什麼時，你自然就能得到對方的瞭解。一切得來全不費工夫。不過，這個過程反過來，當你在理解對方之前就希望尋求對方的理解時，結果可能會造成兩個自尊之間的戰爭。

曾經有一對夫妻，他們婚後的前10年都在為家庭經濟問題爭吵，日子就在吵吵鬧鬧中度過。他無法理解她為何把他們所賺來的每一毛錢都節省下來，她也無法理解他為何花錢如流水。在吵鬧中雙方都失去了理智。生活中，有許多問題都比這對夫妻的問題還複雜，其實，解決之道很簡單。當雙方都覺得對方不瞭解自己時，他們需要學習不打斷對方的話，認真地傾聽。他們不應該一味地為自己辯護，而應成為先去瞭解對方的人。經過溝通之後，他終於明白，她的節儉是為了避免重蹈父母經濟災難的覆轍，她極怕破產。而她也終於瞭解到，原來他覺得自己無法像爸爸照顧媽媽那樣無微不至地「照顧她」，而感到內疚。基本上，他希望妻子以他為榮。當他們學會瞭解對方以後，同情心便取代了他們的挫折感。如今，他們在花錢與存錢上已經達成共識。

先去瞭解對方跟對錯無關，這是有效溝通的哲學。當你使用這種方法時，你會注意到你所溝通的對象覺得自己受到了傾聽與瞭解。而這一切都將轉化為更良好、更友愛的關係。

我們之中有一些人為了一個爭執、一個誤會、不同的生活方式甚

至某些痛苦的事情，而耿耿於懷，留下心結。我們固執地等待別人先向我們握手言和，深信這是原諒或重續一段友誼或親情的唯一方法。

　　一位老婦人已經將近三年沒有跟兒子說話了。她說，她跟兒子為了媳婦的事情意見不合，除非兒子先打電話來，否則她不再跟他說話。當人們建議她先採取行動時，她起先堅持道：「我不能這麼做，應該道歉的人是他。」她寧死也不願先向她的獨子伸手言和。不過，在大家溫和的鼓勵下，她終於決定主動。出乎她意料的是，她兒子很感激她有心先打電話去，所以也向她道了歉。通常就是這樣，只要有人先乘機伸出手去，結果人人都獲益。

　　如果我們繼續維持憤怒，怒火就會在我們的心裡把芝麻蒜皮的「小事」變成真正的「大事」。我們會開始相信，我們所持的立場比幸福更重要。事實並非如此。

　　如果你想成為一個心平氣和的人，你就必須瞭解，是非對錯並沒有快樂重要。快樂的秘訣就是寬恕，先向別人伸出友善的手，讓對方成為那個「對」的人，這並不表示你就錯了。一切都會好轉的，你會得到寬恕、平和，也會感受到讓別人「對」的喜悅。

　　你還會注意到，當你主動地伸出手，讓別人「對」時，他們會變得沒有戒心，對你也比較親切。他們甚至可能主動回報。但是，如果因為某個理由，他們並未回報你的善意，那也沒有關係。至少你享有內心的滿足，知道自己已經在盡力創造一個比較親切的世界了，就會更心平氣和。

🍎 2・節制自己，學會並更好地為別人著想

　　以己之心去體會別人的合理要求，不違背別人的合理情意，不執著於自己的意願與利益，節制自己，學會並更好地為別人著想，這便是君子的處世風度。

《論語》中記載：子貢曾問孔子：「有一個可以終生不渝地履行的字嗎？」孔子回答說：「那就是『恕』字吧！自己所不喜歡的事，就不要施加到別人的身上。」（原話：「其恕乎，己所不欲，勿施於人。」）

其後的大儒們都對此做了繼承性的發揮，如孟子認為人只要堅持據「恕」而行，就接近「仁」的境界了；朱熹則認為「恕」就是推己及人……於是，一個「恕」字重千鈞，在傳統意識中已成為處理人與人之間的應酬交際關係的原則之一。

一個「恕」字，強調的是尊重別人，包容別人，並表現為設身處地地為別人著想的象徵，所以至今還有其不可取代的倫理價值和生命力。

「恕」的核心是用以己度人、推己及人的方式處理問題。這樣可以造成一種重大局、尚信義、不計前嫌、不報私仇的氛圍，以及雙方寬廣而又仁愛的胸懷。推至日常生活的處理，又何嘗不是這樣？

對初涉世事的青年來說，由於一切茫然無知，總是時時處處小心翼翼，左顧右盼地想找出人事上的標準來規範自己，約束自己，這種反應當然是正常的，但殊不知有時以此處世，反而會導致初衷與結果的南轅北轍。因為在每個人的眼中，自己的位置是各不相同的，並沒有統一的標準可以提供給你。所以，不妨就按照「恕」的原則，反求諸己，推己及人，則往往會有皆大歡喜的結果。反求諸己，易入情，由情入理，自然會生羞惡之心而知義、辭讓之心而知禮、是非之心而知恥。自私自利之人，往往不懂推己及人的道理，往往毫無顧忌地損害他人的利益，把苦惱轉嫁到旁人身上。以這種方式處世，走到哪裡，被人罵到哪裡，真正是既損人又損己。

做人要有人情味，真正的強者，都是最善順人情、駕人意的人。要善於調整與運用自己的感受去觀察、體貼別人，從而及時修正生活中的種種關係。心直口快未必就是好。心直口快者倘若被人當頭一頓數落，亦會臉紅心跳，或者竟然數錯了，更會氣憤難平，那麼他就不該以自己的性格或脾氣為藉口，讓這樣的尷尬頻繁地落到他周圍的人

頭上。談自己的看法，完全可以採取不同的方式，並不是不要、不准你談。喜歡做一個透明度高的人，固然是好，其實，能夠做到別人都欣賞你，不是更好？

一般說來，在特定的時空環境中，每個人的社會角色都是相對明確的。如在商店內，一個人在購物，那他就是顧客，另一個人在接待顧客，那她就是售貨員，此時顧客與售貨員間能否互相尊重，能否設身處地為別人著想，將決定著購買過程能否完成和購買數額的大小，特別是在售貨員的一方，如果她總能體察顧客的喜好和需求，待客熱情周到，無疑會有助於商店的贏利，反之，就會損害商店的信譽，招致「門庭冷落鞍馬稀」的局面。

事實上，經商者與顧客交際應酬須講究「恕」的原則，只是千里挑一的例子，在我們日常的生活中，不論是在家庭、公司或是其他場合中，「恕」的原則都是我們所應堅持奉行的，它使我們能以己之心去體悟別人的合理要求，不違背別人的合理情意，不執著於自己的意願與利益，節制自己，學會並更好地為別人著想，君子的處世風度因此而得以成立。在此基礎上，才可使人人都能生活在以和為貴的社區中，這就是一個「恕」字給人們留下的最現實的啟迪。

值得一提的是，類似「恕」的原則與意識並不只是中國或東方文化所特有的，如作為西方文化源頭之一的《聖經》就有言：「你們願意別人怎樣待你們，你們也要怎樣待別人。」愛因斯坦則說：「對於我來說，生命的意義在於設身處地地替人著想，憂他人之憂，樂他人之樂。」

可見天下的道理是相通的，東西方文化對此的認識真可謂不謀而合，難怪今天的老外們還稱讚孔夫子把如此有價值的思想全濃縮在一個「恕」字之中。因此，記住一個「恕」字，就會終生受用不盡——不管你在此時或彼時，是身處海內或海外，是在跟中國人或是外國人打交道。

我們要用一顆包容的心去對待自己不喜歡和不願接受的事情以及別人不喜歡和不願接受的事情，依據這個原則，即使我們還不能判斷

什麼是應該做的，但至少可以知道什麼是不應該做的了。

🐝 3．站在別人的立場上考慮，就會少許多怨恨

> 我們對於別人的一舉一動，一言一語，要從同情心、諒解心去看他，不要從猜忌心、仇視心去看他。這樣你既不埋怨別人，別人對你也就有了好感。

　　人與人的相處，照理是應該很親愛、很和善的，不應有什麼怨恨和仇視，但是由於每個人的個性不同、知識不同、為人不同，往往因為一點小事，而發生極大的爭端，由於爭執不休，於是就造成冤家對頭。這是世間到處可見的事實，我們也會有這樣的人生經驗。彼此既因互相爭執而對立起來，我們是讓雙方就這樣的敵對下去呢，還是要設法解除彼此的仇視呢？關於這一點，佛家認為：為了大家的和樂相處，為了大家的精神愉快，還是把那不祥的氣氛變化而為和善才好。佛經中說：「不可怨以怨，終以得休息，行忍得息怨，此名如來法。」這是佛法解怨的方法。我國有句古話也說：「冤家宜解不宜結。」的確，有怨終須解除，如要解除，那是很苦的，而解除的唯一利器，就是一個「忍」字。老實說，你不想解除怨仇則已，如果要想解除的話，那你必須舉起「忍」這一利器，才能徹底地斬絕怨恨的根株，不然的話，以怨而去解怨，無論怎樣，都是解除不了的。以無怨恨和愛心去解除彼此的怨恨，這是宇宙間永恆不變的真理，哪怕是天翻地覆，海枯石爛，這一真理是不變易的，所以，以忍息怨，是最犀利的武器！

　　話雖這麼說，但世間的人往往忽略這一點。在利害相關的大小生活圈子裡，以為必須鬥狠，難倒或打倒對方，才夠稱為強者，才能使自己活得自在。如果不是這樣的話，就覺得自己活得很難受。一方受了損害，就認為必須痛痛快快地報復一下對方，如此回環往復，惡性

循環，怨恨就像雪球一樣越滾越大。其實這種想法和做法是完全錯誤的。

從前，有一位亡國的國王，被敵人押解到刑場準備受刑。途中，看見自己的兒子長生混雜在人群中，露出悲憤的神色。他恐怕兒子為他報仇，就仰天長歎：「不要為我報仇，以怨報怨，怨不能止。」長生明白父親的意思，便含淚離去。

後來，長生在王宮任職，很得新王的信任，升為近臣侍衛。

一天，新王與長生到郊外打獵。在深山裡，兩入迷途，無法及時回轉王宮。不久，天色晚了，大王便下馬，將佩劍交給長生，並枕在自己的膝上睡去。

長生按著劍，想起父親被殺的仇恨，很想殺死國王。但忽然又想到父親死前的教誨，覺得世間冤冤相報，沒有了期。於是他壓抑憤怒，把劍放在國王身邊，轉身離去。

照理說，這位國王的想法及王子的做法是非常有智慧的，假定我們都以報復者的姿態出現，誰也不肯讓誰，誰也不肯饒誰，試問這個人世間還有什麼和樂、溫暖可言？

說到這裡，或者有人要問：怨這種東西是怎樣發生的呢？關於怨的發生，說來是有多種原因的，但最主要的一點就是光站在自己的本位上，單為自己著想，不會站在別人的立場上，多多替別人想一想。做人如能多多替人設想，那還會懷恨別人嗎？那還會抱怨別人嗎？那還會仇視別人嗎？老實說，那是不會的。所以，我們對於別人的一舉一動，一言一語，要從同情心、諒解心去看他，不要從猜忌心、仇視心去看他。這樣你既不埋怨別人，別人對你也就有了好感。做人，要以無怨心與人相處，一人如此，人人如此；在自己方面，可以減去怨憎痛苦；在家庭方面，可以造成和樂的家庭；在社會方面，可以形成有秩序的社會。所以我們不要與人結怨，假使有怨，立刻要設法解除，不要老是怨恨在心，而解除的唯一要道就是忍辱，就是寬恕！

🐝 4・平等就能快樂

> 不管出生於什麼家庭，來自什麼地方，每個人都是一樣的，都有著完全平等的人格，沒有貴賤之分。

在生活中，學會理解他人，尊重他人，能夠站在別人的角度思考問題，這樣一來，朋友之間，夫妻之間的感情就會越來越深。平等就是建立在信任和包容的基礎上的，支持對方，理解對方，讓生活更加美好快樂。

一個人的一生中有沒有純粹的愛並不重要，重要的是在生命的歷程當中，是否能不斷地成長，對事情是否有與日俱增的包容心。

前英國首相柴契爾夫人，有一次到一個國家去訪問，一大群民眾包圍上來要她簽名，當時柴契爾夫人打開皮包發現找不到筆，正在這個時候，一個很有風度的紳士從後面走出來，那個鏡頭看不到他的臉，他神情自然地從西裝口袋裡掏出筆來遞到前面。柴契爾夫人頭也不回地就接過筆來。新聞報導說當時遞筆給柴契爾夫人的男士正是她的先生。

我們所瞭解柴契爾夫人這個鐵娘子，她在英國的政績大家是有目共睹的，但是她的先生是隱藏在她背後的一個沒有聲音的人。

但是在另外一篇文章裡又提到，有一次柴契爾夫人的秘書對她說今天幾點要開會，要去什麼地方剪綵等等問題，中間有一個十五分鐘的空檔，要不要休息一下？柴契爾夫人回答：「不行！我要去幫我先生買做漢堡火腿的材料。」她的秘書很驚訝，說：「這麼簡單的事情交給我們做就好！」柴契爾夫人回答：「不，你不知道他的口味，最好是我親自去超級市場買！」

這兩件不相干的事情聯想在一起的話，就可以知道他們夫妻之間是一種相互尊重、相互扶持、相互合作的和諧關係。在台前，柴契

爾夫人可以那樣意氣風發，主要也是她的先生甘於站在這樣的一個位置，做一個默默的支持者。

我們常常會高喊說兩性要平等。但是如果真的有這麼一天兩性平等的話，追妳的男孩子或者妳的先生，他學歷比妳低，收入比妳低，妳願不願意？妳能不能接受男性的能力、條件比妳低這樣一個事實？有時女性自己在很多思考邏輯上已經掉進自己設定的陷阱裡頭。

夫妻之間應該沒有什麼好或不好，而是雙方個性適合不適合的關係。夫妻之間不應該、或者說兩性之間不應該落入惡性競爭的循環，老是比較太太比我強、名聲比我高或者收入也比我高，就覺得這個做丈夫的實在是沒面子。其實這個丈夫應該心裡暗暗竊喜，覺得自己很有面子。為什麼？因為娶了個太太這麼能幹，她賺的錢比自己多，而且這證明了一件事情，就是當初丈夫太有眼光，把這麼好的女人娶回來，這是莫大的福氣。

人生中很多事情不要太鑽牛角尖，換一個角度去想的話，整個人生的視野就會開闊許多，也會覺得很開心。真正聰明快樂的人就是永遠平等相待，永遠都說對方比較棒、懂得讚美對方的人。

🍎 ㄅ‧對人恭敬，就是在莊嚴你自己

> 一個人對自己要求嚴格，不做一點錯事，這自然是千該萬該、十分正確的事。但不要因此就把自己看得太高，以自己的標準來要求別人，以為別人都是笨蛋，只有自己才是聖人。

人是有自尊心的，總希望受到別人的尊重，並不希望人們一見面就提自己不愉快的事。因此，人人都不願意人家觸及自己的憾事、缺點、隱私和使自己感到難堪的事，這也是一般人所共有的心理。因此在現實的交際生活中，一定要注意尊重別人，交談時千萬不要涉及別人所忌諱的問題，不然就會使人際關係惡化，導致交際的失誤。在生

活中這樣的失誤真是不少。

有一位從小雙臂殘疾的人，靠自己的努力練出用腳趾頭夾筆寫字作畫的本領，他的畫被選送到國外展出。一位記者採訪他時竟唐突地問：「你是靠腳趾頭成名的，那麼我問你，是腳有用還是手有用？」這一問使得那個畫家十分惱怒，反問：「維納斯雕像是以斷臂出名的，你說她是有胳膊美還是沒胳膊美？」

問得那記者瞠目結舌，採訪也隨之失敗了。俗話說得好：「矮子面前莫說矮」，別人有生理上的缺陷，或者家庭不幸，或者自己在為人處世方面有短處，心裡已經是夠痛苦的了，不能再雪上加霜了。碰上這些情況都應該加以避諱，不能「哪壺不開提哪壺」，不然傷害了別人不說，別人也不會輕易放過你的，到頭來只能是兩敗俱傷而已。

不容否認的，生活是複雜的，由於種種原因，有時說話還得涉及別人忌諱的話題不可，在這種情況下，做人就要講究語言技巧了。要盡量把話說得委婉、含蓄些，在遣詞造句時，要避免那些帶有直接刺激感官的字眼，這樣就有可能取得比較好的效果。

例如有一位較胖的女顧客去布店買花布做襯衫，在選擇大花圖案還是幾何圖案上拿不定主意，女售貨員根據顧客的特點，幫她選擇了幾何圖案的花布，並且介紹說：「這種大花圖案帶有擴張感，適合瘦人穿，妳穿不太合適。但這種幾何圖案花布藝術大方，顏色好，價錢也公道，妳買七尺就夠了，花錢不多，可做件襯衫穿，看起來年輕又瘦。」胖顧客聽了就很舒服。

只要想一下就可以知道這種人是多麼的令人可怕，到處都會激起別人的憎惡與反感。

一個人對自己要求嚴格，不做一點錯事，這自然是千該萬該、十分正確的事。但不要因此就把自己看得太高，以自己的標準來要求別人，以為別人都是笨蛋，只有自己才是聖人。

對別人的過失與錯誤，首先要分析他們犯錯的原因，可能是受到惡劣環境的影響，可能是因為他們自己認識不清，也可能只是一時疏忽，有時還可能因為求好反而犯了錯誤，主觀上求好，而客觀上犯

了錯誤。除了一些真正與人為敵的社會敗類，應該群起而攻之外，大多數人所犯的錯誤都是可以原諒，也都是可以改正的。我們應該抱著與人為善的態度，對別人的錯誤，在不傷別人自尊心的原則下，誠懇而婉轉地加以解釋與勸導，安慰他們的苦惱，鼓勵他們改正，自己吃了虧，受了騙，只要以後小心提防，不再上當就行了，不必就因此而跟對方結下深仇大恨，應留給對方一個悔改的餘地。倘若一個人得罪了你，你不但不跟他計較，不向他報復，反而原諒他、寬恕他，必要時，還去幫助他，在一般的情形之下，他多半會對你十萬分地感激，十二萬分地慚愧，往往也會因此受了你的感化，痛改前非的。

🍎 6・不要用嚴苛的眼光來要求別人

> 我們不可能要求別人在生活各個方面處處和自己一樣，或是事事如己願，這是極不切實的。如果能認清這個道理，人的心胸就會豁然開朗。

一隻鸚鵡與一隻烏鴉一起，被關在一個鳥籠裡。鸚鵡覺得自己很委屈，竟和這麼一個黑毛怪物在一起。「多麼黑多麼醜啊！多難看的樣子，多呆板的面部表情啊！如果誰在早晨看牠一眼，這一天都會倒楣的。再沒有比和牠在一起更令人討厭的了。」

同樣奇怪的是，烏鴉和鸚鵡在一起，也感到不愉快。烏鴉抱怨自己時乖命蹇，竟和這麼一隻令人難受的花毛傢伙在一起，烏鴉感到傷心和壓抑。「我的運氣為什麼如此糟糕？為什麼我的命運之星總是拋棄我？為什麼我總過這種倒楣日子？我要是能和其他烏鴉一起棲立在花園的牆頭上，享受我們該有的東西，該有多快活啊！」

烏鴉和鸚鵡可以說都是悲劇性的人物，作為禽類，本應同根而且還身處困境，幹麼總是看別人「醜陋」的一面呢？

「舉世皆濁我獨清」，那是一個人的自身修養問題。一個人可以

「獨清」，但是人類作為群居動物，卻不可因此而挑剔別人。別人都有自己的一套處世方式與原則，我們沒有必要用嚴苛的眼光來要求別人，如果能有一顆包容的心，那麼許多的不愉快可能就不會發生。

《孟子》中有一個故事，反映了孟子的處世態度。從前，有一位聖人名叫伯夷，他因為不想在商朝為官，退隱到山林裡，最後餓死了。還有一位商朝的宰相伊尹，也很著名。孟子把孔子、伯夷和伊尹三人的人生觀加以比較。他說：「不同意。非其君不事，非其民不使；治則進，亂則退，伯夷也。何使非君？何使非民？治亦進，亂亦進，伊尹也。可以仕則仕，可以止則止，可以速則速，孔子也。皆古聖人也。吾未能有行焉。乃所願，則學孔子也。」

孔子、伯夷、伊尹三人，各有不同的人生觀，但卻都能堅守仁、義，所以孟子認為他們都是聖人。換言之，只要能夠忠實地堅守原則，那麼採取什麼手段、方法都無關緊要。

這種處世態度對生活中的人們很有借鑑意義。人們往往因為別人的生活方式以及應對態度與己不同，因而排斥對方，認為唯有自己才正確。其實，只要能夠遵守做人的原則，那麼採取什麼生活方式都無所謂。我們不可能要求別人在生活各個方面處處和自己一樣，或是事事如己願，這是極不切實的。如果能認清這個道理，人的心胸就會豁然開朗。

人非聖賢，孰能無過？有道德修養的人不在於不犯錯誤，而在於有過能改，不再犯錯。所以用人，用有過之人也是常事，他所犯的過錯只不過是無心、偶然的，他的大方向還是好的。《尚書·伊訓》中有「與人不求備，檢身若不及」的話，是說我們與人相處的時候，不求全責備，檢查約束自己的時候，也許還不如別人。要求別人怎麼去做的時候，應該首先問一下自己能否做到。推己及人，嚴於律己，寬以待人，才能團結，能夠團結的人，共同做好工作。一味地苛求，就什麼事情也辦不好。

《荀子·非相》中說：「故君子之度己則以繩，接人而用。度己以繩，故是以為天下法則矣；接人以地，故能寬容，固求以成天下之

大事矣。」是說人應該以道德為準繩來衡量自己，約束自己的行為言語，對待別人就要像船工拽船旁那樣接引乘客登舟。嚴己寬人，才能成大事！如果一旦發現別人有過失就不放過，而看不到別人的長處和優勢，到頭來只能孤立了自己。

🐛 7·學會為別人的過失找到原諒的理由

> 我們無法去估算一次寬宥能帶來多少回報，也無法預測對方會不會回報，但可以確定的是，寬宥所帶來的人際方面的正面效應比負面效應大，而這也是人類社會維持平衡的一個很重要的機制。

人的器量有大有小，有智有愚，命運也千差萬別。比如家庭富裕的人，器量大就添財進福，器量小就招災惹禍；地位高貴的人，器量大就受人擁戴，器量小就眾叛親離；聰明的人，器量大就事業有成，器量小就惹禍上身；愚蠢的人，器量大就身心安泰，器量小就禍在眉睫⋯⋯

「宰相肚裡能撐船」，「小不忍則亂大謀」，這些都是告誡人們，非大器量、大胸懷者不能成大事。

居上位者特別需要寬宥的大器量，律法不外人情，但看你怎麼解釋：如果能多為別人考慮一下，則可能做到法外開恩。而法外開恩又可能為自己招來死忠之士。秦穆公的遭遇是一個最好的例子。

春秋時代中葉，秦國與晉國在中原地區相互爭霸。數十年間，雙雄干戈不斷，互有勝負。

有一年，秦穆公和晉惠公各自親率大軍，在韓原地方交戰。結果晉國打了敗仗，惠公急忙棄了軍士器械，倉皇逃命，卻不料坐騎陷足於泥濘之中，不能行走。穆公及麾下將士見狀，飛也似的追趕上去，想要擒擄惠公。可是還沒追上，晉國的軍隊就重重地包圍了過來，反

155

而把秦穆公給困住了。晉軍見機發動猛烈的攻勢，並把秦軍阻擋在周邊，切斷救援。眼看穆公就快被晉軍擊殺了，秦軍卻是一籌莫展。

就在生死存亡之際，秦國陣中衝出一小支隊伍，向晉軍直撞了過去。只見他們個個奮不顧身，爭死衝鋒，終於把晉軍的包圍網突破一個缺口，救出了穆公。其他秦軍見機不可失，趁此如虹氣勢，乘勝追擊，殺得晉國潰不成軍，反而將晉惠公給俘虜了。

原來在開戰之前，秦穆公有一匹很好的馬逃脫，跑到岐山附近。當地居民不知道這匹馬的來歷，捕獲之後，便將牠煮食來吃。當時一起分享這匹好馬的，一共有三百多人。負責馬政的官吏追蹤這匹好馬下落，發現是被岐山的居民吃掉的。於是把吃過馬肉的三百多人全都捉了起來，送到朝廷，交付有司治罪。穆公知道這件事後，便說：「仁人君子，不可為了牲畜的事情，卻殺害了人的性命。我曾經聽說，吃了好馬的肉，一定要飲酒，否則有傷身體。」便命人將他們放回，並各賜一瓶酒，赦免他們偷吃馬的罪責。

這三百多人原以為會獲罪受懲，沒想到穆公竟不加追究，非但赦免了他們，還多所體恤，賜予美酒。眾人無不喜出望外，感懷穆公恩德，當聽說秦國要去攻打晉國的時候，便一起投身軍旅，為國效命。後來在戰場上，正遭逢穆公危急窘迫，生死一線的危機，三百多條好漢便奮勇突圍，死力救駕，以報其赦罪之德。

沒想到，就由於這三百多人的奮戰，穆公撿回了一條命，也讓秦國生擒了晉君，大獲全勝。

我們無法去估算一次寬宥能帶來多少回報，也無法預測對方會不會回報，但可以確定的是，寬宥所帶來的人際方面的正面效應比負面效應大，而這也是人類社會維持平衡的一個很重要的機制。

一個具備寬宥能力的人，也必然具有大胸襟、大器量，這樣的人才更容易得到別人幫助，才更容易成功。

🐝 8・多替對方著想，不要固執己見

在做人做事的過程中，學會易地思考，站在對方的角度想問題，成功與你會越來越近。成功者從來都是凡事都替對方著想，力求雙贏，這才是最高明的辦事方法。

1987年6月法國巴黎網球公開賽期間，保羅・弗雷斯科和韋爾奇與他們的商業夥伴，一起觀賞這一場盛大賽事。

法國政府控股的湯姆遜電子公司的董事長阿蘭・戈麥斯也在他們邀請之列。他是一位既風趣又有魄力的人。

韋爾奇與弗雷斯科已經事先約好第二天去辦公室拜訪他。見面時的情形和韋爾奇第一次與別的商家會談時沒有什麼兩樣。彼此的企業都需要幫助。

湯姆遜公司擁有的醫療投影設備公司是韋爾奇想要的。這家公司叫CGR，實力並不是很強大，在行內排名也只佔第4或第5名。

而韋爾奇的GE公司在美國醫療設備行業則擁有一家首屈一指的子公司，這家子公司幾乎壟斷了美國醫療設備的全部業務。但在歐洲市場卻明顯處於劣勢，其主要原因，是湯姆遜公司是由法國政府控股，換言之，就是將韋爾奇的公司關在了法國市場之外。

會談過程中，因為戈麥斯不想把他的醫療業務賣給韋爾奇。所以韋爾奇決定用自己的其他業務與他們的醫療業務進行交換，看看他是否對此感興趣。

韋爾奇非常清楚戈麥斯並不喜歡GE的那些業務和公司，因此，他絕不會做賠本的交易。

於是，韋爾奇走到湯姆遜公司會議室的講解板前面，用筆在上面列出了他可以與戈麥斯交換的一些業務。

他首先列出的是半導體業務，但對方不感興趣，他又列出了電視

機製造業務。

　　戈麥斯立即對這個想法產生興趣。因為從他的利益角度看，目前他的電視業務規模還不算很大，而且侷限在歐洲範圍之內，這樣一交換不但可以甩掉那些不賺錢的醫療業務，而且又能使他一夜之間成為第一大電視機製造商。

　　於是兩人找到了思想中的共識，無形地進行了一次利益上的交換。於是談判馬上開始了並且很快達成一致。

　　談判結束後，戈麥斯把韋爾奇送到了等候在辦公大樓外面的轎車旁邊。當車子疾駛而去時，韋爾奇激動地對他身邊的秘書說：「天啊，是上帝讓我與戈麥斯有了這次思想上的溝通，致使我做成了這筆交易，這就是做人做事的藝術，權衡利弊，易地思考，我一定要把它運用得更好。」

　　而阿蘭·戈麥斯回到辦公室後也有同樣的感觸。他也同樣清楚，這筆交易使他獲得一個相對穩定的規模經濟和市場地位，使他可以應付一場巨大的挑戰。

　　而韋爾奇在國內消費電子產品的年銷售額已達到30億美元，員工人數為3,231人。與湯姆遜的合作，自己的業務年收入則將增加到75億美元。

　　在歐洲市場的業務比例也將提高到15％，他將更有實力來對付GE的最大競爭者──西門子公司。交易過程中的所有手續全部順利完成，7月份便對外宣佈了。

　　除了在醫療設備業務做了交換之外，湯姆遜公司還附帶給了GE公司10億美元現金的使用權，同時，湯姆遜公司也實現了成為世界上最大的電視機生產商的夢想。

　　韋爾奇、戈麥斯都各自實現了自己的理想，最終取得了雙贏，在商場上雙贏無疑是最佳的選擇。但要做到這一點，卻具有一定的難度。韋爾奇、戈麥斯成功的原因很簡單，就是能夠有效溝通，都能站在對方角度去看待問題，找到了彼此之間利益的共識，最終各取所需，各有所得。

　　在做人做事的過程中，學會換位思考，站在對方的角度想問題，成功與你會越來越近。成功者從來都是凡事都替對方著想，力求雙贏，這才是最高明的辦事方法。

第七章

包容是通權達變的智慧

　　包容是通權達變，懂得通權達變的智慧，我們就能夠看得更全面。比如照相的時候，不是都用過廣角鏡頭嗎？如果要拍一幢尖頂的房子，你站在離它半公尺的地方，可能只看到它的一塊磚；如果退後半公尺，可能就能看見一面牆；再退後一公尺，可能就能照見整棟樓；再退後一些，可能連房子的屋頂、天空中的白雲、屋前的花草，全部都能拍進去。

　　照相如此，做人更是如此。只有退一步，才能進一步。退一步時，高瞻遠矚，洞悉天下；進一步時，運籌帷幄，成竹在胸。

🍎 1．變對抗為包容，生活就多一分和諧

> 　　與人對抗可能得到的是別人與你的對抗，同樣，與社會對抗，你可能也不會得到社會的容納。所以，我們最有效的方式就是變換我們的思路，以包容之心對待一切。

　　對於矛盾，大多數人的解決方法就是與之對抗，但對抗的結果往往是使矛盾越積越深，嫌隙越來越大。倒不如變通一下，別人以不友好待我，我卻報之以善，這種包容的大胸懷，這種不計前嫌的大器度，反倒能感化對方，使之認識到錯誤，矛盾自然就不存在了，和諧由此而生。

　　戰國時，梁楚兩國是鄰國，兩國為劃清界限，就各自在其邊界上設立了界亭。亭卒們閒暇時都在各自的地界上種上了西瓜。

　　梁亭的亭卒十分勤勞，辛勤耕作，瓜秧長勢甚好；楚亭的亭卒十分懶惰，很少管理，故而瓜秧長得又瘦又小。楚人死要面子，就在夜裡跑到梁國的瓜地把瓜秧都扯斷了。

　　第二天，梁亭的人發現後，非常氣憤，就報告給縣令宋就，建議也去把楚國的瓜秧扯斷。宋就聽後，說：「楚國的做法本身就不對，我們為什麼要學他們呢？那樣的話，不就顯得我們太狹隘了嗎？從今天起，我們晚上去給他們的瓜秧澆水，而且一定不要讓他們知道。」

　　梁亭的人就照宋就的話去做了，楚人漸漸發現自己的瓜秧長勢好起來，後來發現梁人每天都給他們的瓜秧澆水，就報告給了楚國的邊界縣令，縣令聽到後，很是慚愧，就報告了楚王。楚王派人帶著厚禮去見梁王，從此與梁國結為友好邦鄰。

　　多給別人一些包容，不要因為別人的報復，而將仇恨再次回報給對方。原諒別人，就是善待自己。多一分包容，生活就多一分和諧。

　　與人對抗可能得到的是別人與你的對抗，同樣，與社會對抗，你

可能也不會得到社會的容納。所以，我們最有效的方式就是變換我們的思考，以包容之心對待一切。

珍子是日本人，她們家世代採珠，她有一顆珍珠是她母親在她離開日本赴美求學時給她的。

在她離家前，她母親鄭重地把她叫到一旁，給她這顆珍珠，告訴她說：

「當女工把沙子放進蚌的殼內時，蚌覺得非常的不舒服，但是又無力把沙子吐出去，所以蚌面臨兩個選擇，一是抱怨，讓自己的日子很不好過，另一個是想辦法把這粒沙子同化，使它跟自己和平共處。於是蚌開始把它的精力營養分一部分去把沙子包起來。

「當沙子裹上蚌分泌的珍珠質時，蚌就覺得它是自己的一部分，不再是異物了。沙子裹上的珍珠質越多，蚌越把它當作自己，就越能心平氣和地和沙子相處。」

母親啟發她道：蚌並沒有大腦，它是無脊椎動物，在演化的層次上很低，但是連一個沒有大腦的低等動物都知道要想辦法去適應一個自己無法改變的環境，把一個令自己不愉快的異己，轉變為可以忍受的自己的一部分，人的智慧怎麼會連蚌都不如呢？尼布林有一句有名的祈禱詞說：「上帝，請賜給我們胸襟和雅量，讓我們平心靜氣地去接受不可改變的事情，去改變可以改變的事情；請賜給我們智慧，去區分什麼是可以改變的，什麼是不可以改變的。」這一切歸根究柢是需要我們有一顆善於接納，善於包容的心。

善於包容不僅是一種明智的選擇，還是一種美德，意味著對對方的尊重和理解。懂得包容的人才是生活中的智者和強者。

🍎 2・因為對手的存在，你才變得更強大

> 　　許多人都把對手視為是心腹大患，是異己，是眼中釘，肉中刺，恨不得馬上除之而後快。其實只要反過來仔細一想，便會發現擁有一個強勁的對手，反倒是一種福分、一種造化。

　　在日常生活中，我們許多人都犯過這樣一個致命的錯誤：總在詛咒我們的敵人，或總在慶幸自己沒有遇到可怕的敵人，或者因為自己遇到了敵人而失魂落魄。這恰恰錯了，我們應該轉變我們的想法，應該為自己有強大的敵人而慶幸，為自己遇到艱難的境遇而慶幸，因為這正是你挖掘潛能的機會。

　　我們應該多一些包容，感謝敵人和對手，因為正是他們使你變得偉大和傑出。當你經常被人指責的時候，說明你是一個舉足輕重的人物。真正認識你的人，除了你的朋友，就是你的對手。所以，要重視你的對手，因為他最早發現你的過失；要感謝你的對手，因為他使你強大起來。

　　有位動物學家對生活在非洲奧蘭治河兩岸的動物考察中，發現了一個十分奇怪的現象：生活在河東岸的羚羊繁殖能力比西岸的羚羊強，並且牠們的奔跑能力也大不一樣。東岸的羚羊奔跑速度要比西岸的羚羊快得多。

　　對這些差別，動物學家百思不得其解。因為羚羊的生存環境和食物都相同。在這位動物學家倡議下，動物保護協會作了一個試驗。在河的東西兩岸各抓了10隻羚羊送到對岸。結果，送到西岸的羚羊繁殖到了14隻，而送到東岸的羚羊只剩下了3隻，動物學家們發現，另外7隻都是被狼吃掉的。

　　謎底終於被揭開，東岸的羚羊之所以強健，是因為牠的附近生活著一個狼群，牠們為了生存，天天生活在一種「競爭氛圍」中，反而

越活越有「戰鬥力」。而西岸的羚羊之所以弱小，恰恰是因為牠們缺少天敵，沒有生存壓力。

我們需要朋友，我們也需要對手。

一個朋友可以從感情上帶來最好的鼓勵，對手則可以從理智上帶來最深的刺激。善用對手的刺激，可以學到最重要的工作方法。

我們在情感上需要朋友，在知識上需要對手。有一個相互比較競爭的對手，往往可以帶來長久的成長。

一位拳擊高手參加錦標賽，本以為穩操勝券，一定可以奪得冠軍。出乎意料的是，在最後的決賽中，他遇到了一個實力相當的對手，雙方都竭盡全力出招攻擊。當打到中途，拳擊高手意識到，自己竟然找不到對方招式中的破綻，而對方的攻擊卻往往能夠突破自己防守中的漏洞。

比賽的結果可想而知，拳擊高手慘敗在對方手下，自然也失去了冠軍的獎盃。

他憤憤不平地找到自己的師父，一招一式地將對方和他拳擊的過程，再次演練給師父看，並請求師父幫他找出對方招式中的破綻。他決心根據這些破綻，苦練出足以攻克對方的新招，決心在下次比賽時打倒對方，奪回冠軍的獎盃。

師父笑而不語，在地上畫了一條線，要他在不能擦掉這條線的情況下，設法讓這條線變短。拳擊高手百思不得其解。怎麼會有像師父所說的辦法，能使地上的線變短呢？最後，他無可奈何地放棄了思考，轉向師父請教。

師父在原先那條線的旁邊，又畫了一條更長的線。兩者相比較，原先的那條線變得短了許多。師父開口道：「奪得冠軍的關鍵，不僅僅在於如何攻擊對方的弱點，正如地上的長短線一樣，只有你自己變得更強，對方就如原先的那條線一樣，也就在相比之下變得較短了。如何使自己更強，才是你需要苦練的根本。」

在奪取成功的道路上，在奪取冠軍的道路上，都有無數的坎坷、障礙需要我們去跨越、去征服。而要奪取勝利一般有兩條路：一條

路是側重攻擊對手的薄弱環節，給予致命的一擊，用最直接、最銳利的技術或技巧，快速解決問題。另一條路是全面增強自身實力，注重在人格上、知識上、智慧上、實力上使自己加倍地成長，變得更加成熟，變得更加強大，就可使許多問題不攻自破，迎刃而解。

孟子說：「出則無敵國外患者，國恆亡。」奧地利作家卡夫卡說：「真正的對手會灌輸給你大量的勇氣。」善待你的對手，方盡顯品格的力量和生存的智慧。

許多人都把對手視為是心腹大患，是異己，是眼中釘，肉中刺，恨不得馬上除之而後快。其實只要反過來仔細一想，便會發現擁有一個強勁的對手，反倒是一種福分、一種造化。

善待你的對手吧！有時候，將我們送上領獎台的，不是我們的朋友，而恰恰是我們的對手。

🍎 3．變精明為糊塗，是對生活的一種包容

「難得糊塗」是一劑處世之良藥，直切人生的命脈。按方服藥，即可貫通人生境界。所以一通則百通，不但除去了心中的滯障，還可臨風吟唱，拈花微笑、衣袂飄香。

人人都知道鄭板橋曾經說過「難得糊塗」四個字，但真正理解其含義的，又有幾人呢？

當初鄭板橋為官之時，將官場、世事看得太清楚、太明白、太透徹而又無以為釋之時，又因其性情剛直，不諂媚、不圓滑，而不平不公之事太多，憑一己之力卻又無能為力的時候，只好在「糊塗」之中尋求遁世之術。其實，我們大可以說，這是鄭板橋的變通之術，將自己的真聰明變為假糊塗，這是自保之法，也是安適之法。

如今，每個人都希望自己聰明，越聰明越好，越聰明越顯示自己為人處世的高明。可是，任何事情都不是絕對的，聰明絕頂，並非是

件好事。

聰明有大聰明與小聰明之分，糊塗亦有真糊塗、假糊塗之別。北宋人呂端，官至丞相，是三朝元老，他平時不拘小節，不計小過，彷彿很糊塗，但處理起朝政來，他卻機敏過人，毫不含糊。宋太宗稱他是「小事糊塗，大事不糊塗」。有一種人恰恰相反，只要是便宜就想佔，只要是好處就想貪。為了一點小利，不顧前程；為了一點小過，爭個你死我活。這種人看似聰明，其實再糊塗不過。

人畢竟沒有三頭六臂，當你事事比別人聰明時總會引起別人的反感和嫉妒，終究「明槍易躲，暗箭難防」，導致自己受到無謂的傷害，甚至犧牲。真正聰明的人，正直的人大可不必在一些瑣碎小事上錙銖必較，此時「糊塗」一下又何妨？只要能在大事上，原則上保持清醒頭腦就行了。為人處世，千萬不要在小事上糾纏不休，做得自己精疲力竭，心緒不寧，而到了大事面前，卻又真的糊塗了。這樣的生活，太得不償失了。俗話說：真正聰明的人，往往聰明得讓人不以為其聰明。這句話的本意不也就是難得糊塗的內涵嗎？聰明的人表面愚拙，糊塗，實則內心清楚明白，這不是一種更為高明的處世藝術嗎？

「糊塗」常可使我們心境平靜，無欲無貪，正如「值利害得失之會，不可太分明，太分明則起趨避之私」一樣。沒學「糊塗」學之人終於在凡塵俗世中不得安寧矣。

在我們身邊，無論同事、鄰里之間，甚至萍水相逢，不免會產生些摩擦，引起些煩惱，如若斤斤計較，患得患失，往往越想越氣，這樣很不利於身心健康。如能做到遇事糊塗些，自然煩惱會少得多。

生活中我們每天都有許多事情，如果為一些雞毛蒜皮的小事生閒氣，那就是自己找事了。如果遇到中傷或誤解的事，何不器量大一點，裝裝糊塗，他人氣我我不氣，一場是非之爭就會在不知不覺中消失，你也落得瀟灑，而等到終於水落石出，人家還會更加敬重你這個人。

人生在世，智總覺短、計總覺窮，紛紛擾擾、熱熱鬧鬧在眼前，又有幾人能看清？常言道：不如意事總八九，可與人言無二三。於

是，俯仰之間，總覺得被拘著、束著、擠著、磨著，好比那鄭板橋，硬著頭皮做清官、好官，卻屢屢遭貶、被逐，無奈擲印辭官，彈掉幾兩烏紗，自抓一身搔癢，自討幾分糊塗下酒，於是，身心俱輕。正是：行到水窮處，坐看雲起時。拋卻精明幾分，多點糊塗精神，此一轉變，人生境界頓開，先前捨不下的成了筆底煙雲；先前弄不懂的成了淋漓墨蹟。因此，你不得不承認糊塗是一種智慧，猶似霧裡看花、水中望月，徑取朦朧捂眼，而心成閒雲。

小煩惱有時候是足以讓一個人毀滅。我們活在世上只有短短的幾十年，不要浪費許多無法補回的時間，去為那些很快就會被所有人忘了的小事煩惱。

「難得糊塗」是一劑處世之良藥，直切人生的命脈。按方服藥，即可貫通人生境界。所以一通則百通，不但除去了心中的滯障，還可臨風吟唱，拈花微笑、衣袂飄香。在瞬息萬變的現代社會中，許多事情非要尋出個究竟，有時也是不現實的，倒不如多一點「糊塗」，少一點執拗，何嘗不是另一番開朗、超脫的生活風光呢？

🍎 4．改變態度，用包容保護自己

> 生活告訴我們，無論是使用暴力，還是製造陰謀，報復的結果多是兩敗俱傷。倒不如轉變一下方式，用包容對待對方，結果可能會讓你十分欣喜。

忍讓包容能使人免受外界襲擾，不夾在矛盾的風口上，不陷入無聊的人事中，有充分的時間瞭解社會、感受生活，有飽滿的精力思考人生，謀劃事業。忍讓包容是自己最好的保護傘。

人生在世都有被冷言所謗，被暗箭所傷的時候，遇有令人厭煩的人和事要學會克制自己。學會了包容，那就會種瓜得瓜，種豆得豆。

現代社會競爭激烈，人與人相互間難免有衝突，積怨過多招人

恨，傷人過重結下仇。為人應寬大為懷，不計小隙。否則你對我耍陰謀，我就給你設陷阱，如此以毒攻毒、以惡對惡地冤冤相報，何時有個了結呢？

如果你的行為讓人們不喜歡你，那你就危險了，因為這時原本和你毫無關係的他們對你而言可能會成事不足，敗事有餘。

有一天在飛機場，一位旅客見到一個衣冠楚楚的商人大聲呵斥，責罵搬運員處理行李不當。商人罵得越凶，搬運員越顯得若無其事。商人走後，這位旅客稱讚搬運員有涵養。「唉，沒關係。」他微笑著說，「你知道嗎，那個人是到佛羅里達去的，可是他的行李嘛──將會運到密西根去。」和你共事的人──即使是下屬──只要受了你的氣，都會跟你搗蛋。

相反地，只要你精於處世之道，則犯了嚴重錯誤也沒事。許多能力平庸的管理人員，都能安然度過公司的人事大變動，原因就在於他們和人交往時，通情達理，討人喜歡；一旦有錯，支持他們的人總會幫他們補過。事實上，犯了一次錯之後，如果老闆覺得他們以練達負責的態度來處理這些錯誤，說不定他們的事業反而會更上一層樓。

施人以怨是人品不高的表現，以冤報冤則是一種報復行為。報復是心胸狹窄、器量太小者受挫後的常規反應，同樣算不得光彩和高尚。生活告訴我們，無論是使用暴力，還是製造陰謀，報復的結果多是兩敗俱傷。倒不如轉變一下方式，用包容對待對方，結果可能會讓你十分欣喜。

人和人之間的交往最重要的是真誠。然而，當你的利益受到了別人的侵害，當你不願公開的「祕密」無意間被人發現了，你會怎麼辦呢？

我們可不可以學學怎樣包容他人？

包容，可使你表現出良好的素養，同時也能引發別人的迴響。生活中肚量最為重要，包容乃是人類性格的空間。懂得包容別人，自己的性格就有了迴旋的餘地，不容易發脾氣、鬧情緒，當面跟別人起衝突。

相反地，不包容別人會使我們吃很多苦頭。許多人由於不能包容別人，有時還為一點小事，甚至一句閒話，坐臥不寧、茶飯不思、情緒紊亂，甚至為一點點小事、一句閒話自殺的人也大有人在。但是，一旦包容別人之後，我們往往便會經歷一次巨大的改變。

包容，最重要因素便是愛心。包容那些曾經傷害過我們的人，這不是一件容易的事，但是如果我們這樣做了，我們會從中體驗到我們的富有和強大。當一個人能夠包容別人時，也必定能夠包容他自己。因為當他對自己充滿自信之後，他無需去防禦別人。他敢於正視自己的缺點，對一生中所遭受的不可避免的衝突和挫折具有必要的忍耐力。他能夠積極地參加豐富多彩的活動，在活動中克服自己的弱點，使自己不斷趨於完善。他也不害怕犯錯誤，因為他瞭解錯誤的潛在價值。每當出現錯誤時，他不會出現一般人的感歎：真是的，又錯了。而是會說：看這個，它能使我想到什麼？然後他會利用這錯誤當做墊腳石，來尋找解決問題的新途徑。但包容並不是毫無原則的退讓。對人性的堅守以及對尊嚴的捍衛都要求我們能硬起心腸來。如此包容才是根據的或者說稜角分明的。

朋友，去正視過去和現在，在懺悔的同時，也應努力包容別人的過去和現在所犯的錯，無論是無心還是有意的。博大的胸懷展開要像雲遍十方那樣寬大，那樣才會有寬廣的心理生活空間任由自己悠遊，到哪裡都可以契機應緣，都可以和諧圓滿。讓我們大家共同努力，攜手一起追求未來的完美！

🍎 5·妥協是一條路徑，變通是一種境界

> 只有用包容的心去面對我們遇到的問題，懂得適當的變通，才能更好地解決問題。如果彼此缺乏變通和妥協，矛盾往往更容易激化。

　　有人說，理性的妥協和變通是消除「衝突反應」、適應社會環境的一種健康的心態，更是人際關係中的一種良好的合作行為，就像在兩個不同的數字之間去尋找一個公約數。這話很有哲理。

　　只有用包容的心去面對我們遇到的問題，懂得適當的變通，才能更好地解決問題。如果彼此缺乏變通和妥協，矛盾往往更容易激化。

　　的確，生活的奧秘是無窮無盡的，並非一潭死水，難免會有碰撞，矛盾紛爭。就拿耳鬢廝磨的夫婦來講，妻子樂於社交，丈夫文靜內向；妻子酷愛文學，丈夫是個球迷；一方醉心於事業，另一方則更關心小家庭……這些都是非常自然的。要是彼此之間缺少諒解，各行其是，勢必傷害感情，使矛盾激化，為此分道揚鑣。環視我們周圍，包含著妥協的例子屢見不鮮：同一班級的學生，功課基礎參差不齊，聰明的教師「折衷」地選擇了一種教學進度，有些人因此被迫放慢了學習進度，有些人不得不快馬加鞭，迎頭趕上。假如同學們都不願遷就，無疑就要打亂正常的教學秩序，無法完成教學計畫了。

　　其實，妥協的含義不僅在此，某些時候，自我意識的校正，自我心態的調整，同樣也是生活中的理性妥協。譬如對自己的能力、知識水準作出一個較為客觀的評價，適當降低期望值，從而使自己擺脫沉重的失落，難解的怨氣，無名的惆悵，無煩無惱地去撥動自己的心弦，這難道不是生活之道的最佳選擇嗎？

　　當然，理性的妥協並不等於怠惰、麻木、迂腐和世俗，並非棄昨天而不思，避明天而不想，處今日而無慮，毫無憂患意識和危機感。也不盡是委曲求全，在一些大問題上，在諸如正確地教育子女、義務贍養老人、克服有害身心健康的不良嗜好等事情上，就沒法對無理的一方做出遷就和讓步。不過即使這樣，那也包含著平心靜氣的商量、耐心的疏導，曉之以理、動之以情、導之以行，盡可能取得共識，使問題得到解決。

　　妥協是一條路徑，變通是一種境界，妥協和變通都是另一種包容的智慧。什麼時候懂得了妥協和變通，什麼時候才懂得了人生，才會有所得。

🐝 6．人生路有多條，何必偏執一心

> 人生是一個進退棋局，是在永遠不斷地開荒拓土，鋪道路於曠野。無法前進時，不如先退一步，往往會發現更好的路徑。

人生路有多條，在走到歧路或絕境時，千萬莫絕望灰心，條條大路通羅馬，一條路走不通，何不換一條路來走？人生是一個進退棋局，是在永遠不斷地開荒拓土，鋪道路於曠野。無法前進時，不如先退一步，往往會發現更好的路徑。

進一步，容易；退一步，難。大多數人能成功，卻不能全身而退；少數人看透功名實質，重視過程，看淡結果，終能功成身退。

有一位高僧，是一座大寺廟的方丈，因年事已高，心中思考著找接班人。一日，他將兩個得意弟子叫到面前，這兩個弟子一個叫慧明，一個叫塵元。高僧對他們說：「你們倆誰能憑自己的力量。從寺院後面懸崖的下面攀爬上來，誰將是我的接班人。」

慧明和塵元一同來到懸崖下，那真是令人望而生畏的懸崖，崖壁極其險峻陡峭。身體健壯的慧明，信心百倍地開始攀爬，但是不一會兒，他就從上面滑了下來。慧明爬起來重新開始，儘管這一次他小心翼翼，但還是從山坡上面滾落到原地。慧明稍事休息之後，又開始攀爬，儘管摔得鼻青臉腫，他也絕不放棄……讓人感到遺憾的是，慧明屢爬屢摔，最後一次他拚盡全身之力，爬到半山腰時，因氣力已盡，又無處歇息，重重地摔到一塊大石頭上，當場昏了過去。高僧不得不讓幾個僧人用繩索，將他救了回去。

接著輪到塵元了，他一開始也是和慧明一樣，竭盡全力地向崖頂攀爬，結果也屢爬屢摔。塵元緊握繩索站在一塊山石上面，他打算再試一次，但是當他不經意地向下看了一眼以後，突然放下了用來攀上崖頂的繩索，然後整了整衣衫，拍了拍身上的泥土，扭頭向著山下走

去。旁觀的眾僧都十分不解，難道塵元就這麼輕易地放棄了？大家對此議論紛紛，只有高僧默然無語地看著塵元的去向。塵元到了山下，沿著一條小溪流逆水而上，穿過樹林，越過山谷……最後，沒費什麼力氣就到達了崖頂。

當塵元重新站到高僧面前時，眾人還以為高僧會痛罵他貪生怕死，膽小怯弱，甚至會將他逐出寺門。誰知高僧卻微笑著宣佈將塵元任命為新一任住持。眾僧面面相覷，不知所以。

塵元向同修們解釋：「寺後懸崖乃是人力不能攀登上去的。但是只要於山腰處低頭看，便可見一條上山之路。師父經常對我們說『明者困境而變，智者隨情而行』，就是教導我們要知伸縮進退的啊。」

高僧將衣缽錫杖傳給了塵元，並語重心長地對大家說：「攀爬懸崖，意在考驗你們的心境，能不入名利牢籠，心中無礙，順天而行者，便是我中意之人。」

若為名利所誘，心中則只有面前的懸崖絕壁，天不設牢，而人自在心中建牢。在名利牢籠之內，徒勞苦爭，輕者苦惱傷心，重者傷身損肢，極重者粉身碎骨。

看透功名利祿，看破世間百態，該進則進，當退則退，不要偏執一心，不要被世俗蒙蔽了心境。須知，功成，名遂，身退，天之道。

一道腦筋急轉彎題：飛機在高空中盤旋，目標緊緊咬住裝載緊急救援物資的卡車，就在這危急時刻，前面出現一個橋洞，且洞口低於車高幾公分，問卡車如何巧妙穿過橋洞。

二十多年過去了，這道並不難的題，人們早就知道了答案——把車輪胎放掉一部分氣即可。但這道「難題」卻叫人常品常新。因為這樣的問題，在生活中我們也曾遇到。開始時不是一籌莫展，做得焦頭爛額，就是硬往前撞，哪管它三七二十一，死了也悲壯。這固然表明一個人有勇氣和自信，但往往會適得其反，事情會扯不清理更亂。毫無價值的犧牲，最終受害的是自己，隨著「吃虧」的增多，也長了些許的「智」，以後再遇到類似的難題時，我們也就學會如文中開頭的司機，給車胎放一點氣——低一低頭。

縱觀歷史，也有借鑑的鏡子。三國劉備再三低頭：從三顧茅廬到孫劉聯合，每一次低頭，都會蹓到「柳暗花明又一村」，終於做成「三足鼎立」中的輝煌。越王勾踐深深低下高貴的頭，以臥薪嚐膽收回舊山河。這是古人的典範。

漫漫人生路，有時退一步是為了踏越千重山，或是為了破萬里浪；有時低一低頭，更是為了昂揚成擎天柱，也是為了響成驚天動地的風雷；如此的低一低頭，即便今日成淵谷，即便今秋化作飄搖的落葉，明天也足以抵達珠穆朗瑪峰的高度，明春依然會笑意盎然傲視群雄。

🍎 7・理性的妥協是走出逆境的捷徑

> 妥協並不是件容易的事情。它不僅不是怯懦、無能、麻木或是世俗，相反地，倒需要你擁有過人的膽識與堅強的毅力。它是度量和氣魄的展現，更是智慧和力量的反應。

古語說得好：小不忍則亂大謀。

在現實生活中摸爬滾打的人們，都會有這樣一種體會，那就是這個世界上的事情總是存在著太多說不清道不明的地方，拋開那種在是非甚至是生死之間的殘酷考驗不說，就是在普普通通的人生境遇裡，也永遠充斥著一些不盡如人意的地方。

面對著這些不公、不順、不明又或是不利的種種窘地和逆境，為了不至於產生過多的不良情緒並最終損害了自己的身心健康，也為了有利於保持生命中更美好更可貴的快樂和幸福，我們就應該懂得妥協的重要性，和它能夠帶給我們的積極的意義。要知道，在適當的環境和條件下做出適當的妥協，只有利而沒有弊。

然而，對於絕大多數的人來說，妥協並不是件容易的事情。它不僅不是怯懦、無能、麻木或是世俗，相反地，倒需要你擁有過人的膽

識與堅強的毅力。它是度量和氣魄的展現，更是智慧和力量的反應。

在春秋戰國時期，曾經做過同門師兄弟的孫臏和龐涓，是當時最為著名的兩位謀士。但因為孫臏強於龐涓的智謀和能力，引來了龐涓的妒忌。終於遭到了龐涓的陷害，孫臏失去雙腿成了一個殘疾人，這時孫臏明白龐涓不會善罷甘休，還會找理由處死自己，孫臏採取了巧妙的妥協，裝瘋來騙過龐涓，以此保全了自己的性命。

後來，當兩人各為其主帶兵作戰之時，孫臏就用了示弱於人的妙計，故意將自己的實際兵力隱藏起來，用逐漸減少兵灶數目的辦法，使得龐涓認為孫臏的力量不堪一擊，於是就貿然追擊，並終於落進了孫臏設計的圈套裡，不僅兵敗如山倒，而且還落得個自刎而死的可悲結局。正因為開始的妥協才有了後來的勝利，孫臏的智謀成了千百年來為人們所津津樂道的範例。

那種以理性作為基礎和核心的妥協，是幫助我們適應社會並逐漸融入社會的一種健康的心態，也是促使我們戰勝自我並最終實現自我的一種向上的做法。只有那些懂得妥協也能夠妥協的人，才具備了成功者所必須具備的一種素質，才知道究竟如何去權衡利弊統觀全局，才清楚到底怎樣來順應時勢變通自己。而他們這樣做的目的只有一個，那就是透過必要的妥協以擺脫種種不利因素的困擾，直至走出窘地和逆境，走向個人的最終勝利。

妥協不是一世的，它帶給你安身立命的機會，是暫時的一種求全之策，也是人生的另一種堅持。對於這個道理，已經不需要再多的證明瞭。

8．不妨用恩惠代替仇恨，用愛代替抱怨

包容是做人的美德，當你用恩惠代替仇恨，用愛代替抱怨時，就能減少人與人之間的隔閡，可以讓大家更好地溝通，彼此多一些體貼和關懷。

在面對羞辱、誤解、背叛的時候，人們總是很憤怒，想要報復，給對方更沉重的打擊，但是這樣一來，怨恨越積越多，對雙方都沒有好處。所以，我們不妨反其道而行之，以友好的方式對待對方，用自己的包容讓對方產生悔過之心，這樣可能會比直接地表示反對或給對方打擊效果要好得多。

對於一個世俗人來說，包容別人可能會讓自己很不好受，是一種疼痛的過程。但又是一種快樂，因為它能夠感化犯錯的人，讓他們從內心裡反省自己的錯誤，是一種無聲之教。

一位禪師在旅途中，碰到一個不喜歡他的人。連續好幾天，那人用盡各種言語污蔑他。最後，禪師轉身問那人：「若有人送你一份禮物，但你拒絕接受，那麼這份禮物屬於誰呢？」那人回答：「屬於原本送禮的那個人。」禪師笑著說：「沒錯。若我不接受你的謾罵，那你就是在罵自己。」

世間如這個禪師一般置個人利害得失於不顧者又有幾人？在蒙受不白之冤時，人究竟能夠沉默多久？這就看他的心胸有多寬大了。

一天晚上，一位老禪師在禪院裡散步，忽然發現牆角邊有一張椅子，他一看就知道有位出家人違反寺規翻牆出去蹓躂了。這位老禪師也不聲張，他走到牆邊，移開椅子，就地蹲著。一會兒，果然有一位小和尚翻牆，黑暗中踩著老禪師的背脊跳進了院子。

當他雙腳落地的時候，才發覺自己剛才踏的不是椅子，而是自己的師父。小和尚頓時驚惶失措，呆若木雞般地僵立在那裡，不知道說什麼才好。出乎小和尚意料的是，老師並沒有厲聲責備他，只是以平靜的語調說：「夜深天涼，快去多穿一件衣服。」

老禪師寬恕了他的弟子。他知道，小和尚一定會知錯明過，沒有必要再饒舌訓斥了。以後，老禪師也沒有再提起這件事情，可是禪院裡所有的弟子都知道了這件事，從此以後，再也沒有夜裡翻牆出去閒逛的了。

這就是老禪師的肚量，它給犯過錯的弟子提供了反省的空間，從而使其幡然醒悟、自戒自律。從這個意義來說，包容也是一種無聲的

教育。

　　包容是做人的美德，當你用恩惠代替仇恨，用愛代替抱怨時，就能減少人與人之間的隔閡，可以讓大家更好地溝通，彼此多一些體貼和關懷。

❤ 9 · 適時的放棄是智慧的選擇

> 　　適時放棄是對生活的從容大度，是智慧的選擇。放棄後可能會一身輕鬆，有時間去從事自己更願意做的事，放棄後也許會有另一番更新的天地。

　　「放棄」是包容的一種方式，是處事手段，是成大事者常用的一種有效「武器」，更是創造快樂人生必不可少的一種妥協變通。有的時候，我們不得不對一件事情做一個了斷，過多的爭執只是一種損害，所以，不如選擇放棄。適時放棄是對生活的從容大度，是智慧的選擇。放棄後可能會一身輕鬆，有時間去從事自己更願意做的事，放棄後也許會有另一番更新的天地。有些事情仔細一想或許就會明白，生活並不都是需要那些無謂的執著。學會了放棄，生活有時會變得容易。

　　正如有句話說得好：「收拾好你的心情，繼續走吧，錯過了太陽，你將獲得星星；錯過了她，我才遇見了妳。繼續走吧，你終將收穫自己的美麗。」

　　要靈活地看待放棄和選擇，什麼時候應該放棄，要根據自己的情況而定。也許你當時只要再堅持一下就能成功，但你要看到成功後面將是什麼，如果有什麼風險，那我們還是要放棄這一步棋子。

　　當你喜歡一樣東西時，你要想好，得到它是不是你最明智的選擇？

　　在你知道了什麼是放棄和怎樣放棄後，你是不是應該有所領悟

呢，是不是能夠在你的生活中做到適時放棄呢。也許這樣很難，尤其是那些自己喜歡的東西。對於一個想成大事的人來說，正確的放棄並不是什麼苦惱的事情。因為一個意志堅定，有遠大抱負的人，絕不會為一點點小利而捨不得放棄。

由此可見，有時適時放棄是成功的另一種選擇，現實生活中的選擇與放棄太多了，不妨向那些成功而又快樂的人學一學，學會選擇，學會放棄，必然會有一番收穫。

🍎 10．放棄無謂的固執，輕鬆地走向成功

> 我們應該堅持我們的目標，不要猶豫不前，但也不能太生硬，不知變通，否則結局只能讓我們痛苦。如果我們確實感到行不通的話，就該放棄原來的選擇，承受住失敗的痛苦，然後，嘗試另一種方式。

在人生旅途中，有許多人滿懷雄心壯志，朝著自己的目標不斷努力，這是一件非常好的事情，但也有許多人因為執著於自己設定的目標，卻又無法實現，而頻遭失敗的折磨。我們應該堅持我們的目標，不要猶豫不前，但也不能太生硬，不知變通，否則結局只能讓我們痛苦。如果我們確實感到行不通的話，就該放棄原來的選擇，承受住失敗的痛苦，然後，嘗試另一種方式。

諾貝爾獎得主萊納斯‧波林說：「一個好的研究者知道應該發揮哪些構想，而哪些構想應該丟棄，否則，會浪費很多時間在不良的構想上。」有些事情，我們雖然盡了很大的努力，但我們遲早會發現自己處於進退兩難的地步，你所走的研究路線也許只是一條死胡同。這時候，最明智的辦法就是抽身退出，去研究別的項目，尋找成功的機會。

一個非常幹練的推銷員，他的年薪有七位數字。很少有人知道他

原來是歷史系畢業的，在做推銷員之前還教過書。

　　這位成功的推銷員這樣回憶他前半生的工作，說道「事實上我是個很沒趣味的老師。由於我的課很沉悶，學生個個都坐不住，所以，我講什麼他們都聽不進去。我之所以是沒趣的老師，是因為我已厭煩了教書生涯，對此毫無興趣可言，但這種厭煩感卻在不知不覺中也影響到學生的情緒。最後，校方終於解聘了我，理由是我與學生無法溝通，其實，我是被校方免職的。當時，我非常氣憤，所以痛下決心，走出校園去闖一番事業。就這樣，我才找到推銷員這份自己能勝任並且感覺愉快的工作。」

　　「真是『塞翁失馬，焉知非福』。如果我不被解聘，也就不會振作起來！基本上，我是很懶散的人，整天都病懨懨的。校方的解聘正好驚醒我的懶散之夢，因此，到現在為止，我還是很慶幸自己當時被人家解雇了。要是沒有這番挫折，我也不可能奮發圖強起來，而闖出今天這個局面。」

　　人生難免會遇到挫折，遇到挫折時不沉淪，這是最正確的選擇。包容痛苦，把痛苦化為一種力量，轉變你的路程，前方可能又是一片新的光明。

　　其實，人生就是一個承受痛苦的過程，重要的是要在每一次痛苦後都能悟出如何找尋快樂，這就需要我們在人生的每一個關鍵時刻，都審慎地運用智慧，做最正確的判斷，選擇正確方向，同時別忘了及時檢視選擇的角度，適時調整。放掉無謂的固執，冷靜地用開放的心胸做正確抉擇，每次正確無誤的抉擇將指引你走在通往成功的坦途上。

　　當你確定了目標以後，下一步便是鑑定自己的目標，或者說鑑定自己所希望達到的領域。如果你決心做一下改變，就必須考慮到改變後是什麼樣子；如果你決定解決某一問題，就必須考慮到解決中可能遇到的困難是什麼。

　　當描述了理想的目標以後，你必須研究一下達到該目標所需的時間、財力、人力的花費是多少，你的選擇、途徑和方法只有經過檢

驗，方能估量出目標的現實性。你或許會發現自己的目標是可行的。否則，你就要量力而行，修改自己的目標。

那些百折不撓、牢牢掌握住目標的人，都已經具備了成功的要素。有一些建議一旦和人們的毅力相結合，我們期望的結果便更易於獲得。告訴自己「總會有別的辦法可以辦到」。

每年有幾千家新公司獲准成立，可是5年以後，只有一小部分仍然繼續營運。那些半路退出的人會這麼說：「競爭實在是太激烈了，只好退出為妙。」

其實，問題的關鍵在於他們遭遇障礙時，只想到失敗，因此才會失敗。

我們如果認為困難無法解決，就會真的找不到出路，因此一定要拒絕無能為力的想法。先停下，然後再重新開始。

我們時常鑽牛角尖而不知自拔，因而看不出新的解決方法。成功者的秘訣是隨時檢視自己的選擇是否有偏差，合理地調整目標，放棄無謂的固執，輕鬆地走向成功。

有的人失敗，不是因為沒有本事，而是定錯了目標。成功者為避免失敗，時刻檢查目標是否合乎實際。

堅持是一種良好的品行，但在有些事上，過度的堅持，會導致更大的浪費。

🍎 11．包容是一種以柔克剛的智慧

> 包容就是如水般的「柔」，以「柔」克剛無往不勝，只要擁有一顆包容萬物的心，那麼，任何困難也不會害怕了。

包容如水，水能夠給人以清涼、溫柔，也能夠匯聚涓涓細流，海納百川，而包容就是如水般的「柔」，以「柔」克剛無往不勝，只要擁有一顆包容萬物的心，那麼，在任何困難面前也不會害怕了。

有個俗語叫「四兩撥千斤」，講的正是以柔克剛的道理。俗話說：「百人百心，百人百性。」有的人性格內向，有的人性格外向，有的人性格柔和，有的人則性格剛烈，各有特點，又各有利弊。然而縱觀歷史，我們不難發現，往往剛烈之人容易被柔和之人征服利用。為人處世更需善於以柔克剛。

一塊巨石如果落在一堆棉花上，則會被棉花輕鬆地包在裡面。以剛克剛，兩敗俱傷，以柔克剛，則馬到成功。

大凡剛烈之人，其情緒頗好激動，情緒激動則很容易使人缺乏理智，僅憑一股衝動去做或不做某些事情，這便是剛烈人的優點，恰恰也是其致命的弱點。

俗語說：「牽牛要牽牛鼻子，打蛇要打七寸處。」應以己之長，克其之短，對待剛烈之人如果以硬碰硬，勢必會使雙方共同失去理智，頭腦發熱，做事不計後果，最終，各有損傷，事情也必然鬧砸。反倒是過猶不及，悔之晚矣。

倘若以包容的心去面對剛烈火爆之人，則會是另一番局面，恰似細雨之於烈火，烈火熊熊，細雨濛濛，雖說不能當即將火撲滅，卻有效地控制住了火勢，並一點點地將火滅去。但若暴雨一陣，火滅去，又添洪水氾濫之災，一浪剛平又起一浪，得不償失。

商朝末年的紂王，昏庸無道，專寵奸佞小人，整日和美人妲己廝混，不理朝政。後來他聽信奸臣之言，說西伯侯周文王姬昌有謀反之意，便差人把姬昌抓來送進牢房。其實周文王本來並無反心，讓他這麼一逼，反倒生了取而代之的意思了。後來，周文王的臣下不斷送珍寶和美女給紂王，並派人遊說文王毫無謀反之意。紂王愛財，更喜漁獵女色，眼見這麼多美女自上家門，早就喜昏了頭，一高興，嘴一鬆，文王便從牢房回到了家裡。自此文王便勵精圖治，積養實力。後來起兵反紂，終於把商紂殺了並建立周朝。

以柔克剛能夠平息怒火，化解衝突。善於運用這一智慧的人都是聰明大度，懂得容忍的智者。他們知道解釋、爭吵只會激化矛盾，不是最佳選擇，而只有用真誠的態度致歉認錯，採取彌補措施，才能發

揮以柔克剛無往不勝的效果。

🍎 12．與其幸災樂禍，不如為人製造台階

> 小處馬虎一點，樂意給人台階，讓對方能下得了台，不單單是個技術問題，更重要的是個人的修養與容人的器度。凡事總愛耍心機，見別人陷入困境便幸災樂禍，就不可能在社會上立足。

在中國的處世哲學中，最講究方圓之術。其中的「圓」是指做人要圓融、圓通一些，要想在複雜的人情關係中，取得順暢生活的通行證，打圓場、下台階是方圓之術的常用手法，也是一種心胸寬，心地善的表現。

如果不幸落入社交僵局之中，就要通權達變，打破冷場堅冰。

要是別人出醜了，就主動打打圓場；有人陷入窘境，主動解圍，給他找個台階讓他下得了台。與人產生不快時，更少不了和和「稀泥」，讓對方少丟些面子，保持體面，從而把事情擺平，甚至變壞事為好事。只有懂得「打圓場，下台階，留面子」，你才能成為受歡迎的人。

誰都不願把自己的錯處或隱私在公眾面前曝光，一旦被人曝光，就會感到難堪或惱怒，這是人之常情。在社交場合，每個人都格外注意自己社交形象的塑造，都會比平時表現出更為強烈的自尊心和虛榮心。在這種心態的支配下，常常會因一個人使他下不了台而產生比平時更為強烈的反感，甚至結下終生的怨恨。同樣，也會因你為他提供了台階，使他保住了面子、維護了自尊心，而對你更為感激，產生更強烈的好感。這些對於今後的交往，會產生深遠的影響。

「打圓場，下台階，留面子」的作用往往有兩種。一是要盡量保守祕密，掩蓋其醜處；二是要在醜事曝光後，使其產生的不良後果變得小一些。因此，在交際中，如果不是為了某種特殊需要，一般應盡

量避免觸及對方所避諱的敏感處，避免使對方當眾出醜下不了台。俗話說家醜不可外揚，自己的難言之隱誰也不想示人，以免落下笑柄。所以「打圓場，下台階，留面子」就成了為人處世的必修課。

在社交中，有人或出於習慣愛撒些小謊，或不想丟面子沒說真話，甚至出於難言之隱不能講真話。一般說來，我們都應該睜一隻眼閉一隻眼，不能當面拆穿。還有就是在社會交往過程中，誰都可能不小心弄出點小失誤，比如念了錯別字，講了外行話，記錯了對方的姓名職務，禮節有些失當，等等。出現這類情況時，只要是無關大局，就不必對此大肆張揚，故意做得人人皆知，使本來已被忽視了的小過失，一下變得顯眼起來。更不應抱著譏諷的態度，以為「這回可抓住笑柄啦」，來個小題大做，拿人家的失誤在眾人面前取樂，這樣做不利於你自己的社交形象，容易使別人覺得你為人刻薄，在今後的交往中對你敬而遠之，產生戒心。

小處馬虎一點，樂意給人台階，讓對方能下得了台，不單單是個技術問題，更重要的是個人的修養與容人的器度。凡事總愛耍心機，見別人陷入困境便幸災樂禍，就不可能在社會上立足。

莫因醜小而不遮，貼金撲粉人人樂為；但令人不恥之事，相信沒有人願意讓人傳揚。別人出醜時，更不可幸災樂禍之心溢於言表，否則會結下仇家，並為眾人所不齒。如能主動為別人打圓場、下台階、留面子，就能順水推舟地做好人情。有必要的時候，也可以委婉地暗示對方已知道他的錯處或隱私，以造成一種對他的壓力。但這只是視情況而定，不可過分，點到而已，否則會弄巧成拙。

俗話說：「打人不打臉，揭人不揭短。」日常生活中，一定要注意維護同事和朋友的面子。尤其在公共場合，即使你非常討厭他，也不要當眾表現出來。做事不要太過分，太過分了就是品德有問題，要知道，在維護別人面子的同時，也維護了自己的面子。

🍎 13．吃虧就是佔便宜

> 我們的人生也是一種投資，今天你投入的多，運作得當，將來你就收穫的多。如果你不肯投入，不願付出努力，你將註定一無所獲。

　　心胸寬廣的人在自己吃虧時總會想到這樣一句話——「吃虧就是佔便宜。」也許你會譏笑說，這是阿Q式的自我安慰，真是如此嗎？世上沒有白流的汗。你每一次努力邁出一小步，日日累積，就會在以後漫長的日子裡讓你實現大距離的跨越。不要覺得多做一點就是吃了一點虧，吃虧也是需要舞台的，沒有了舞台，你到哪裡去發揮？

　　成功是最公平的，它不管你吃虧沒吃虧，它只知道你付出，它不以金錢作為計量，你心智的成熟、人生閱歷的成長，在它那裡有完善科學的指數，它給你最公正的打分。但機會卻是調皮的，它願意光顧那些吃虧的人，他們的每一次努力都是在接近機會。

　　吃虧就是佔便宜，讓我們記住這句話，它將對我們以後的人生，有莫大的貢獻。

　　既然禍福相依，我們就應該懂得容忍。遇到好事的時候不要張狂，張狂過了頭，後邊就是禍事；遇到禍事的時候也不慌亂，忍著受著，哪怕咬著牙也得忍著受著，忍過了，受過了，好事跟著就來了。對於暫時的張狂、蠻橫的人，不要去和他過於斤斤計較，就讓他一步，自己吃點虧，有這種度量的人肯定會快樂，人際交往也會很順利。

　　清朝乾隆年間，鄭板橋正在外地做官。忽然有一天，收到在老家務農的弟弟鄭墨的一封來信。老弟兄倆經常通信，然而這一次卻非同尋常。原來弟弟想讓哥哥出面，到當地縣令那裡說說情。這一下子弄得鄭板橋很不自在。鄭墨粗識文墨，原本不是個好惹是生非之徒，只

是這次明顯受人欺侮，心裡的怨恨實在嚥不下去。原來，鄭家與鄰居的房屋共用一牆。鄭家想翻修老屋，鄰居出來干預，說那堵牆是他們祖上傳下來的，不是鄭家的，鄭家無權拆掉。其實，這契約上寫得明明白白，那堵牆是鄭家的，鄰居借光蓋了房子，這官司打到縣裡，尚無結果，雙方都難免求人說情。鄭墨自然想到了做官的哥哥。想來有契約在，再加上哥哥出面說情，官官相護嘛，這官司就必贏無疑了。鄭板橋考慮再三，給弟弟寫了一封勸他息事寧人的信，同時寄去了一個條幅，上寫「吃虧是福」四個大字。

鄭墨接到信，羞愧難當，當即撤了上訴，向鄰居表示不再相爭，那鄰居也被鄭氏兄弟一片至誠所感動，表示也不願繼續鬧下去。於是兩家重歸於好，仍然共用一牆。這在當地一直傳為佳話。

大凡平民百姓，最難得吃虧的是財，最難得忍受的是氣，往往被氣所激，被財所迷，做出不可收拾的局面來。一打官司，難免為了爭個輸贏而打點官府衙門，大多是丟了西瓜，撿個芝麻，自己傾家蕩產，為人恥笑。這樣的事情，兩相爭必相傷，兩相和必各保，實在不值得爭贏鬥狠，惹下深仇大恨。反而不如包容一點，以和為貴，這才是雙贏的處世之道。

🍎 14・在人屋簷下，就得要低頭

> 只要是在別人的屋簷下，就「一定」要低頭，不用別人來提醒，也不用撞到屋簷了才低頭！這是一種對客觀環境的理性認知，沒有絲毫的勉強。

老子說：「能承受國家的恥辱，才配做國家的主宰；能承受國家的災禍，這才夠資格做天下的君王。」

可見堪當大任者，都必須是經過艱難困苦磨練的人，因為他們已在逆境中學會了忍耐，鑄就了「金剛不壞之身」；否則「細皮嫩肉」

的人爬到高層的要位上，只有速亡的結局。

　　自古以來做得最到家的，要屬戰國時期的越王勾踐了。春秋後期，諸侯爭霸的重點轉移到了長江流域下游和浙江流域。吳王闔閭打敗楚國，成了南方霸主。吳國跟附近的越國素來不和。西元前496年，越國國王勾踐即位。吳王趁越國剛剛遭到喪事，就發兵打越國。吳越兩國在檇李地方，發生一場大戰。

　　吳王闔閭滿心以為可以打贏，沒想到打了個敗仗，自己又中箭受了重傷，再加上上了年紀，回到吳國，就一病不起。

　　吳王闔閭死後，兒子夫差即位。闔閭臨死時對夫差說：「不要忘記報越國的仇。」

　　夫差記住這個囑咐，叫人經常提醒他。他經過宮門，手下的人就扯開了嗓子喊：「夫差！你忘了越王殺你父親的仇嗎？」

　　夫差流著眼淚說：「不，不敢忘。」

　　他叫伍子胥和另一個大臣伯嚭操練兵馬，準備攻打越國。

　　過了兩年，吳王夫差親自率領大軍去打越國。越國有兩個很能幹的大夫，一個叫文種，一個叫范蠡。范蠡對勾踐說：「吳國練兵快三年了。這回決心報仇，來勢凶猛。我們們不如守住城，不要跟他們作戰。」

　　勾踐不同意，也發大軍去跟吳國人拚個死活。兩國的軍隊在大湖一帶打上了。越軍果然大敗。

　　越國主力損失殆盡，最後收拾殘兵退保會稽，也被吳軍團團圍住。

　　勾踐喟然長歎：「吾將終於此乎？」大夫文種馬上加以勸解：「過去，商湯囚於夏台，文王繫於里，晉公子重耳奔狄，齊公子小白奔莒，最終都成就了霸業，由這些事情看來，現在的困境又何嘗不是福呢？」於是勾踐採納了文種的建議，挑選美女八名，並攜帶金銀珠寶，透過吳國太宰伯嚭，達成和議。

　　當時吳國有主戰和主和兩派，相國伍子胥力倡乘勝追擊，一舉殲滅越國。大宰伯嚭則認為與其玉石俱焚，不如以條約來取得越國的利

益。爭論的結果，終於採取了伯嚭的建議，簽訂了條件苛刻的條約，從而也使得越國獲得了一線生機。

按照和約的規定，勾踐在處理完一切善後事宜後，便得入臣吳國。日期一天天迫近，勾踐憂形於色，大夫范蠡勸道：「臣聞沒有經過孤獨生活的人，志向不遠大，沒有經過大悲大痛的人，考慮問題總不周全。古代聖賢，都曾遇困厄之境，怎麼會獨獨只有您呢？」勾踐歎道：「主要是為了去越入吳的人事安排，一下子還難作妥當的決定！」這時大夫文種上前說道：「四境之內，百姓之事，范蠡不如我；與君周旋，臨機應變，我不如范蠡。」范蠡立即附和：「文種自處已審，主公以國事委託給他，可使耕戰足備；至於輔危主，忍垢辱，臣不敢辭。」

一切準備妥當，勾踐便與夫人及范蠡啟程入吳，群臣在固陵江畔擺酒餞別，君臣相對淒然淚下，黯然揮手而別，很有些「風蕭蕭兮易水寒，壯士一去兮不復還」的氣氛。

既入吳國，勾踐等人行大禮謁見夫差，夫差盛氣凌人地說：「寡人假如念先王的仇，你今天斷無生理！」勾踐趕緊叩首回答：「惟大王憐之！」

勾踐夫婦穿著僕人的衣服，守過闔閭的墓，還當過馬夫與門衛，夫差每次乘車外出，勾踐總是牽著馬步行在車前，范蠡也始終朝夕相隨，寸步不離。

一天，夫差召勾踐入見，勾踐跪伏在前，范蠡肅立在後。夫差對范蠡說：「今勾踐無道，你能棄越歸吳。必當重用。」范蠡答道：「臣聞亡國之臣，不敢語政。臣在越不能輔佐越王為善，致得罪大王，幸不加誅，已經感到很滿足了，怎麼還敢奢望富貴呢？」第二天，吳王夫差在高台上眺望，看到勾踐和夫人端坐在馬廄旁，范蠡垂手立在身後，雖然蓬首垢面操持賤役，而不失君臣夫婦之禮，心中十分感動，也大起憐惜之念。

雖然夫差大起憐惜之念，然而仍不曾有恢復勾踐自由的跡象。機會是人找的，識時務者為俊傑。夫差病倒了，而且病得很重，感染

寒疾三個月未癒。這時勾踐前來求見，毛遂自薦道：「臣在東海，曾習醫理，觀人糞便，可知病情。」說完取過夫差的糞便就嚐。喜道：「大王的病已大為減輕，七天後就會好轉！」到期果然痊癒。吳王夫差大為不忍，於是擺下酒宴招待勾踐，不斷稱讚勾踐是仁者。伍子胥在旁看了大不以為然，警告夫差：「勾踐下嚐大王之糞，他日一定上食大王之心，大王如果不覺察警惕。一定會被他打敗的。」夫差哪裡聽得進去，認為勾踐已經沒有敵意，不久就將勾踐親自送出城，赦他回國。

　　勾踐回國以後，以文種治理國政，以范蠡整頓軍旅，為了牢記戰敗的恥辱，將國都遷到會稽，築城立廓，作為復興堡壘。一面獎勵農桑，厚植經濟基礎；一面整軍經武，加強雪恥復仇力量。

　　沒有一時一刻忘卻在吳國所受的恥辱，為了報仇雪恨，勾踐苦身勞役，夜以繼日，如果想睡了就用一種小草縈自己的眼睛，如果覺得腳冷就把水潑在上面。冬常抱冰，夏還握火，平日食不加肉，衣不重彩。除了自己親自耕作外，夫人也自織。勾踐常常在半夜偷偷哭泣，哭完後就仰天長嘯，著名的「臥薪嚐膽」的故事就出在他的身上。此外，勾踐還禮遇賢人，獎勵生育。吸取教訓，如火如荼的復國行動在全國各地蓬蓬勃勃地進行。

　　越國的雪恥計畫在七年後已經卓有成效，但是表面上仍然低聲下氣地討好吳國，除了春秋兩季照例進貢以外，大批的建材源源不斷地從越地運往姑蘇，協助吳國建造華麗的宮殿，並呈獻美女珠寶，俾使吳王夫差在聲色犬馬中自溺其志。

　　當吳王夫差在黃池與晉定公爭做盟主時，越王勾踐分兵兩路攻吳。三年中幾經惡戰，吳國被擊敗，夫差自殺，吳國滅亡了。勾踐率軍「北渡江淮，與齊、晉諸侯會於徐州」。周元王封勾踐為伯。「越兵橫行於江淮東，諸侯畢賀，號稱霸王」，越王勾踐終於成為春秋時期的最後一任霸主。

　　越王勾踐低身侍吳，忍辱負重，報仇復國的故事可謂盡人皆知。勾踐之所以能夠取得成功，事實上也是得益於一種生存哲學——「人

在屋簷下，不得不低頭。」

其實，這句話我們不妨改為「在人屋簷下，就得要低頭」，只要是在別人的屋簷下，就「一定」要低頭，不用別人來提醒，也不用撞到屋簷了才低頭！這是一種對客觀環境的理性認知，沒有絲毫的勉強。

這樣子做有幾個好處：

「一定要低頭」的目的是為了讓自己與現實環境有和諧的關係，把二者的摩擦降至最低，從而保存自己的能量，好走更長遠的路，更為了把不利環境轉化成對你有利的力量！

這裡的「低」只是暫時的「低」，是一種生存策略，今日的「低頭」是為了他日能夠將頭高高地抬起。

這是處世的一種柔軟，一種權變，更是人性叢林中的生存智慧。

第八章

包容是一門管理的學問

　　領導者若想培養下屬的忠誠之心，讓下屬努力為組織效力，光用嚴格的管理是遠遠不夠的，很多時候用嚴格的管理倒不如用包容之心對待下屬。一個領導者如果能用一顆寬大之心去包容他人，量才重用，給他人以平等的待遇，不但能夠感化他，為己所用，更能夠樹立自己的威望，得到更多人的尊敬和擁戴，從而有利於鞏固和擴大自己的朋友圈。

🍎 1・不要輕易敲碎別人的飯碗

> 既然他是個人才，自己又能容留他，又何必一定要拆穿他，只讓他感恩就行了。

萬事和為先，當你的員工發生了違紀的問題時，嚴厲的懲處不見得能讓其真心改過，有時寬容為懷，網開一面，往往能收到讓其感化的奇效。「紅頂商人」胡雪巖便善用這種方式，他總是秉持給人一條生路的原則，不輕易敲碎別人的飯碗，以情感人，使下屬忠心耿耿地為自己做事。

比如在對待「吃裡扒外」的手下朱福年的問題上，胡雪巖仍然牢記「維人一條路，傷人一堵牆」的道理，使這件事處理得極為漂亮。

朱福年為人做事十分不道地，不僅在洋莊的事情上暗中作梗，而且還拿了東家龐二的銀子「做小貨」，龐二自然不能容忍。依龐二的想法一定要徹底查清朱福年的問題，並狠狠地整他，然後將他掃地出門。但胡雪巖卻覺得這樣做事太絕，不妥當，他說：「一發現這個人不對，就徹查，請他走路，這是一般人的做法。最好是不下手則已，一下手就叫他曉得厲害，心生佩服。要像諸葛亮『七擒孟獲』那樣使人心服口服。『火燒藤甲兵』不足為奇，要燒得讓他服服貼貼，死心塌地替你出力，才算本事。」

胡雪巖先透過關係，把朱福年在同興錢莊所開「福記」帳戶歷年進出的數目，將絲行的資金劃撥「做小貨」的底細摸得一清二楚，然後再到絲行看朱福年做的帳，並在帳目上點出朱福年的漏洞，「有沒有錯，要看怎麼個看法，什麼人來看。我看是不錯，因為以前的帳目，跟我到底沒有什麼關係，叫你們二少爺來看，就是錯了。你說是不是呢？」胡雪巖僅僅是點到為止，並不點破朱福年「做小貨」的真相，也不再加以深究，讓朱福年感到自己「做小貨」似乎已經被抓到

192

了「把柄」，但又摸不著頭腦，覺得自己成了「孫悟空」，無論怎麼跳也跳不出胡雪巖這尊「如來佛」的手掌心。只有主動認錯，表示服氣，才是上上大吉。

「胡先生，我在裕記年數久了，做事記帳手續上難免有疏忽的地方，一切要請胡先生包涵指教。將來怎麼個做法，請胡先生吩咐明白，我無不遵辦。」

朱福年的話裡帶有歉意。很明顯，這是遞了「降表」。到此地步，胡雪巖便開門見山地直接說了自己的看法和打算，「福年兄，受人之托，忠人之事。二少爺既然請我來看帳，自然對他要有個交代。你是總管，我只要跟你談就是了。下面各人的帳目，你自己去查，用不著我插手。」

「是。」朱福年見有補救的機會，連忙說：「我從明天就清查各處的帳目，日夜趕辦，有半個月的工夫，一定可以盤清楚。」

「好的。你經手的總帳，我暫時也不看，等半個月以後再說。這半個月之中，你也不妨自己先查點一下，如果還有疏忽的地方，想法子彌補，我以後僅僅是看幾筆帳。」接著，胡雪巖清清楚楚地說了幾個日子，都是從同興錢莊那份「福記」收支清單中挑出來的，都是一些有疑問的日子。

朱福年暗暗心驚，自己做的事情自己知道，卻不明白胡雪巖何以瞭若指掌，莫非裕記中有他的眼線？照此看來，此人高深莫測，以後萬萬不可大意。到了這一地步，朱福年算是徹底服了胡雪巖。不過，這時的「服」，還是被胡雪巖的氣勢所威服，以害怕的成分為多。

朱福年心中的所有疑懼都流露在臉上。胡雪巖便索性開誠佈公地說，「福年兄，你我初次共事，恐怕你還不大曉得我的為人。我一向的宗旨是『有飯大家吃，不但吃得飽，還要吃得好。』所以，我絕不肯輕易地敲碎人家的飯碗。不過做生意跟打仗一樣，總要同心協力，人人肯拚命，才會成功。過去的都不用說了，以後看你自己。你只要肯盡心盡力，不管心血花在明處還是暗處，說句自負的話，我都一定能夠看得到，也一定不會抹了你的功勞。二少爺面前我一定會幫你說

話。也許,你倒看得起我,將來願意跟我一道來打天下。只要你們二少爺肯放你,我歡迎之至。」

於是,胡雪巖特意留出一些時間,讓朱福年暗中檢點帳目,自己慢慢彌補過失,等於有意放他一條生路。最後,態度十分明確地告訴朱福年,只要盡力盡心地努力做事,他仍然會得到重用。這一下朱福年對胡雪巖的寬宏大度真是感激不盡,徹底服氣了。

胡雪巖的做法,實際上是從嵇鶴齡講的一個故事中獲得的啟發:蘇州有一家南北貨行,招牌叫「方裕和」。「方裕和」從兩年以前就不斷地開始發生貨色失竊走漏的事情,而且丟失的都是魚翅、燕窩、干貝之類的極其貴重的海貨。方老闆不動聲色,明察暗訪,很長時間才弄清,原來是自家夥計將貴重海貨捆綁在店裡出售的火把中偷出去,再運到外埠脫手。難怪他在本城同行、飯店中竟然沒有查到吃黑貨的任何線索。在方老闆的逼問之下,夥計承認了偷竊行為。按規矩,自然要請他走路。但方老闆卻以為能夠「走私」兩年之久而不被發覺,此人一定是有相當的本事。再說是店內同夥勾結,宣揚開來要開除一大批熟手,還有損自己店的信譽。最後不僅不要這個夥計「走路」,還加他的薪水,重用了他。這樣一來,那夥計發自內心地對寬恕自己的老闆感恩圖報,盡心做事,自然不會再做偷貨走私的事情。

那老闆的做法,胡雪巖也認為相當漂亮,但他認為火候還差那麼一點兒。他對嵇鶴齡說:「照我的做法,只要暗中查明白了,根本無須說破,就升他的職,加他薪水,叫他專管查察偷漏。」胡雪巖的理由是,做賊是不能讓人拆穿的,你一拆穿就落下痕跡,無論如何他和別人都相處不長。既然他是個人才,自己又能容留他,又何必一定要拆穿他,只讓他感恩就行了。胡雪巖對朱福年,就是這種做法。

胡雪巖的做法,確實更加高明也更加有效。人怕破臉,樹怕剝皮。大凡人做了壞事,並且被老闆揭穿,縱使不給他處罰,他心存感激,但終究會落下痕跡而無法相處。在他本人是怕失去老闆對自己的信任,滿心愧意侍奉老闆,做事必不能放開手腳。而在老闆則總要想著顧及對方的痛處,心裡不免留有疙瘩。如此一來,雙方就無法繼續

合作下去。從這個角度看，既然還當他是個人才，又不想讓他走路，那還不如為他留個面子，讓他心存感激，這樣既達到堵漏補缺的目的，又等於救下了一個人，於己於人，都是樁極好的事。

當然，這種手段，只能針對那些有本事尚且心存廉恥的人。假如對方並非人才，或者雖是人才但已心肝全壞無可救藥，那最好還是請他走路的好。否則，對於不明白事理的人來說，它實際上變成獎勵做壞事了。如不慎重，最終吃虧的還是自己。

🐝 2・大度包容・收穫良才與忠心

> 一個優秀的領導者都擁有寬廣的胸懷和大度的器量，能夠主動接近、團結並啟用有才華的反對者，用愛才之心和容才之量來包容他們，從而使他們改變對你的態度，並願意為你所用。

大度包容是一種美德，是一種良好的個人魅力。而對於領導者來說，不計前嫌是心胸博大的表現，是目光遠大的表現，既是給別人機會，同時也是給自己機會。

唐高祖武德九年六月四日，秦王李世民與臣屬房玄齡、杜如晦、長孫無忌等經過密謀後，發動玄武門之變，殺死太子建成和齊王元吉。當天，高祖下詔書大赦天下，並下令「國家軍國庶事，皆由秦王處分」。

三天後，高祖又下詔立秦王為太子，詔書稱：「自今軍國庶事，事無大小，悉委皇太子斷決，然後聞奏。」八月，高祖又下詔，正式傳位給太子世民，自己退居太上皇。從此李世民當上了大唐帝國的第二位皇帝，是為唐太宗，次年正月改元「貞觀」，開始迎來「貞觀之治」的新時期。

李世民執政之初，局勢並不容樂觀。建成、元吉在玄武門之變中一朝被殺，但是他們以太子、齊王身分為自己經營籌畫多年，在朝廷

內外和地方都有相當強大的勢力。因此他們死後，原東宮、齊王的勢力仍然存在，他們處於與新皇帝敵對的位置。如何採取措施來應付這些不安定因素，成為玄武門之變後擺在李世民面前的首要問題。

對於東宮和齊王府的敵對勢力，李世民的態度有一個前後變化的過程。起初，李世民對這兩大敵對勢力實行高壓政策，在玄武門之變的當天，就令部將把建成的四個兒子、元吉的五個兒子全部殺死，斬草除根，消除後患；又下令絕其屬籍，家產全部抄沒。為了迎合李世民仇恨建成、元吉的心理，一些部將甚至打算將建成、元吉左右百餘人全部斬殺，李世民沒有反對，而是以默許來表示贊同。

對李世民這種株連政策，大將尉遲敬德堅決反對，他力排眾議，大聲對李世民說：「罪在二凶（即建成、元吉二人），他們既伏其誅，如果再連及支黨，不是求得安定的良策！大王如果想得到人心，千萬不可株連過多過廣！」

尉遲敬德主張不擴大打擊面，這對當時安定局面來說，確實是一條良策，因此李世民很快就醒悟過來，立即制止了部將濫殺無辜的建議，同時向高祖請求下詔天下，稱「凶逆之罪，只止於建成、元吉二人，其餘黨徒，一概不問其罪」。

可見李世民很快就改變了策略，對原東宮、齊王府的勢力轉而採取寬大政策。

這一政策的改變果然立即收到成效。就在六月五日，也就是玄武門之變的第二天，曾率領東宮、府衛兵進攻玄武門秦王勢力的建成心腹將領馮立和謝叔方就來向李世民自首請罪。

在招降東宮、齊王府餘黨的同時，李世民對其中的一些才幹出眾者更是另眼相看，將他們和秦王府臣僚同樣重用，有的甚至引以為心腹。如被流放到崔州的原東宮屬官韋挺，在召回之後，李世民授以諫議大夫之職，留在身邊當自己的顧問，而對原太子洗馬魏徵，李世民更是傾心相交，在對待原東宮屬官中尤為突出。

在對原東宮、齊王府黨徒實行寬容政策的策略上，李世民終於化解了敵對勢力，還為自己網羅了一批文臣武將，為「貞觀之治」的繁

榮強盛奠定了人才基礎。

　　李世民禮葬太子建成，又從另一個方面展現了他的「寬心」謀略。李世民殺建成，畢竟有違封建倫理道德。為了消除這方面的不良影響，李世民於武德九年冬十月剛即位不久，就下旨追封建成為息王，諡曰「隱」；元吉為海陵王，諡曰「剌」，藉此表明玄武門之變的正義性和李世民的仁愛之心。然後，李世民又下令以禮安葬隱太子建成，以皇子、趙王李福為建成的後嗣，親自送建成棺柩到千秋殿西門，痛哭志哀。

　　與此同時，李世民又接受魏徵等東宮舊屬的上表，允許原東宮和齊王府的屬官前往送葬。李世民這一招運用得非常巧妙，因為魏徵等人的上表一方面肯定了建成的被殺是罪有應得，玄武門之變是正義之舉；另一方面又從封建禮儀上論述了送葬的道理，認為這樣做既不背人臣之禮，又有利於消除原東宮、齊王府臣屬的仇恨情緒。

　　對此李世民當然樂意接受，於是原來十分激烈的秦王府與原東宮、齊王府之間的矛盾也藉此機會得以消除，李世民也進一步取得了各臣僚的忠心支持和擁護。

　　正是依靠這種寬心策略，李世民在玄武門之變後不到一年的短短時間之內，就迅速緩解了原東宮、齊王府臣屬對自己的仇視情緒，並對他們委以重任，使他們成為自己的得力助手，和原秦王府臣屬共同輔佐自己，為「貞觀之治」的形成做出了應有的貢獻。

　　由史觀今，一個領導者是否具有不計前嫌的胸襟，直接關係到他能否納才、聚才和用才，而且也關係著企業的發展前途。因此，一個優秀的領導者對於有才華的反對者就應以寬廣的胸懷和大度的器量主動去接近、團結並啟用他們，讓他們感受到你的愛才之心和容才之量，從而使他們改變對你的態度，並願意為你所用；同時，也讓你更富有吸引別的優秀人才加盟的個人魅力。

🍎 3 · 學會包容，顧全大局

> 領導者要有寬闊的胸懷，要有容才之量，善於容忍他人的特點和弱點。在關鍵時刻能夠顧全大局，做到「容其所短」而「收其所長」。

要成就一番事業，首先要網羅一批人才。而才幹和忠誠自然就成了這些人才的主要標準。但事實上，「金無足赤，人無完人」，有的人雖有才幹，但「細行有虧」；有的人忠心是有條件的，一旦滿足不了他的欲望或羽翼豐滿，就另謀高就去了。

包容，需要的是襟懷、器度，從一定的意義上說，也是一種智慧，是一種用人之術。

「金無足赤，人無完人」，世界上沒有完美無瑕的人。人才雖有所長，也必有其短。而且常常是優點越突出，其缺點也越明顯。大才者常不拘小節，異才者常有怪癖陋習，人才與人才之間常有各種矛盾。但更多表現的是人才的特點。既是人才，必有自己的真知灼見，必然對自己的見解充滿自信心，因此絕不肯對領導者的每個意見隨意附和，而往往堅持己見。既是人才，忙於求知做事必無時間和精力做人際關係，也往往天真不懂人情世故，因此可能不顧領導者的情面，不分場合秉公直言……所以，領導者要有寬闊的胸懷，要有容才之量，善於容忍他的特點和弱點。「宰相肚裡能撐船」，「小不忍則亂大謀」，都是現代領導者應該經常想到的格言。

如果一件事情已經決定馬上要進行了，而且已經眾所周知，尤其是處於領導者地位的人，可以說是騎虎難下。但是一旦發覺這件事根本沒有什麼利益，甚至會遭受損失時，很多領導者因為愛面子會一意孤行，最終造成無法彌補的損失。這只能說是愚蠢的行為。只有顧全大局，不要計較個人得失，及時停下來，才是明智之舉。

　　秦國準備攻打魏國，在國內調兵遣將，準備糧草，忙得不亦樂乎。但人們對這次戰爭能否勝利，把握不大。只是秦王一意孤行，決定要打魏國，其他人也勸阻不了，只好隨他去打好了。

　　一切準備就緒，只等誓師出發了。這一天，秦王收到一封信，也不知是誰托人送上來的。拆開一看，信上寫著：「我聽說大王要出兵攻打魏國，我認為這個計畫是錯誤的。望大王深思熟慮以後再行動。不知大王您想過沒有，魏國是山東的咽喉要地，居諸侯的中心，北接燕趙，南連荊楚，東有強齊，西有韓國，是最不好下手的地方。大王您見過打蛇嗎？長長的一條蛇，打牠的尾，牠的頭就回轉來救；打牠的頭，牠的尾就捲起來救；如果打牠的腰，則頭、尾都來相救。現在的魏國，就是居於天下腰身的部位，您去打它，就是在告訴各諸侯國，秦國要截斷他們的脊背，這使東邊各諸侯國首尾不能相顧。而魏國明知打不過您，一定會向各國求援，那時，對付您的就不只是一個弱小的魏國了，您將會由此而引來大的憂患。您為何要這樣做呢？」

　　秦王看到這裡，不禁汗顏，「我怎麼就沒想到這一層呢？如此說來，那我兼併諸侯從何處下手呢？」當秦王繼續往下看信時，不禁轉憂為喜了，寫信人早就為他謀劃好了。

　　信中說：「我替大王考慮，您不如先拿楚國作為突破口。楚國地處偏遠的南方，您在揚言進攻魏國之時，突然迅速轉而攻楚，攻其不備，兵法上稱讚這種做法。加之楚國離東方各國較遠，諸侯要救也來不及。況且楚國兵力較弱，容易對付，把握較大，秦國亦可因此放大土地，增強兵力。大王您沒聽說過商湯討伐夏桀的事嗎？商湯在討伐桀以前，先對弱小的密須國用兵，以此來訓練自己的兵力。滅了密須國以後，湯就征服了桀。大王您為什麼不學學商湯，先吃軟的，再吃硬的，打有把握的仗呢？」秦王越看越興奮，喜不自禁。

　　看完信，他連聲說：「多謝先生教我，多謝先生教我！」然而，四下一看，眼前並無「先生」，不禁啞然失笑，忙問侍臣：「此信從何而來？」侍臣們無可奉告，只說是從宮門外遞進來的。只可惜這位「先生」不在，不然的話，定會得到重賞，或許還將封給他官位呢！

199

就在秦軍上下整裝待發，準備出師魏國時，突然接到命令，揮戈南下，南擊藍田，直逼楚國。這一封無名信，之所以能調動強秦百萬大軍，就在於它言明得失利害關係。而秦王也知不忍得失的後果，更能放下帝王的架子，從大局出發，從而統一天下。

不做沒有頭腦的「勇夫」，不僅憑衝動辦事。學會忍耐，就多一分理智，也就多一分成功的機會，學會包容，放下自身的面子和利益，以大局的得失為重，就能做出正確的選擇。

🍎 4．有了包容，就可以實現雙贏

> 人生在世，如果想有所成就，有時單槍匹馬是不太可能的，必須要有他人相助才能成功，而只有懂得「寬可容人，厚可載物」的道理的人，才能獲得人們的忠心和幫助。包容不僅是待人處世的良方，也是立業之道。

一個人一生的成敗由許多因素決定，但重中之重是看這個人是否具有包容的胸懷。因為一個具有寬廣胸懷的人總是能夠比別人看得高，看得遠。

孟嘗君是戰國時期四大公子之一，門下有食客三千。孟嘗君深知人才的重要性，因此對這些食客十分禮遇，絲毫不敢怠慢。

一次，孟嘗君遭人陷害被收回了職位和封地。他門下的三千食客聞此事紛紛離他而去。後來，全憑他的幾個朋友出謀劃策，孟嘗君才洗刷了冤屈，重新獲得了職位和封地。

孟嘗君的朋友對他感歎道：「孟嘗兄，你一向禮賢下士，門下有食客三千。但是當你在困境之中時，這些食客卻紛紛離你而去，真可謂是不仁不義。等這些食客再來投靠你時，你一定要一口痰吐在他們臉上！」

孟嘗君笑著說：「仁兄此言差矣。所謂良禽擇木而棲，當我身

居高位時，食客自然來投靠我；當我淪為平民之時，食客自然離我而去。這是常理，我若是他們，也會這樣做。他們要是再來投靠我，我還是會像以前一樣好好地款待他們。」

孟嘗君官復原職之後，原先的那些食客果然又來投靠他。孟嘗君對這些食客在患難之中離他而去的事絕口不提，仍像原來一樣對待他們。

孟嘗君的寬宏大量讓食客們深受感動，他們也因此對孟嘗君更加忠心。

孟嘗君胸襟廣闊，虛懷若谷，不愧為戰國四公子之一。他對食客包容，食客心存感激，必定願為他效犬馬之勞。如此一來，他自然也從中得到了好處。所以說，選擇包容，其實就可以做到雙贏。

人生在世，如果想有所成就，有時單槍匹馬是不太可能的，必須要有他人相助才能成功，而只有懂得「寬可容人，厚可載物」的道理的人，才能獲得人們的忠心和幫助。包容不僅是待人處世的良方，也是立業之道。

擁有一顆包容的心，忍受一時的痛苦，定能有一個圓滿的收穫。用暫時的妥協，可獲得光明的前景，取得雙贏的利益。如果睚眥必報，心胸狹隘，無法包容，那最終雙方都會損失慘重。只要能夠包容，就能得到雙贏的結果，何樂而不為呢？

🍎 5．心中容得下別人，別人的心中才能裝得下你

> 心胸豁達，才能不為瑣碎之事所羈絆，才能放眼望去，擁有更為寬廣的世界。

有些人總是斤斤計較，別人有一點對不起他的地方，他就懷恨在心。殊不知，這樣既害人又害己。這樣的人，一般都器量狹小，沒有什麼大的作為。

縱看歷史上那些叱吒風雲、一呼百應的人物，無不擁有豁達寬廣的胸懷，容人大度的器量，容納山河的胸襟。

劉邦消滅了西楚霸王項羽，平定了天下，登基做了皇帝。登基之後的大事之一就是論功行賞、大封群臣。劉邦首先加封了20多名大功臣，公佈了他們的名字。這之後，諸將都渴望能列土封疆、加官晉爵，相互之間評比爭功，鬧得不可開交。這使得劉邦左右為難，封這個吧，另一個功勞也不小；封另一個吧，這一個也不能不封。拖延了很久，第二批名單仍然沒有公佈。

很久不見動靜，將領們心下不安起來，各存了心思，有的埋怨劉邦忘了交情；有的人則想到自己從前做過對不起劉邦的事，擔心劉邦會秋後算帳；有的人害怕了，就勾結起來圖謀叛變。

一天，劉邦站在洛陽南宮的天橋上賞風景，看見底下有許多將領三三兩兩地坐著，祕密地討論什麼事情，感到奇怪，就派人叫來張良。張良說：「陛下不知道出了什麼事情嗎？他們是在謀反呀！」

劉邦大吃一驚，他覺得很奇怪：「天下已經平定，我正要論功行賞，他們為什麼要造反呢？」張良回答說：「陛下您有所不知。您出身平民，如今取得了天下，應該想方設法安定人心才是，而您分封的功臣，都是您的親信、同鄉，大家為陛下征戰多年，只盼著能立功受賞，封妻蔭子。如今遲遲不見動靜，他們擔心您還記著他們的過失，只好商量謀反。」

劉邦出了一身冷汗，問張良：「那我怎麼辦呢？」張良問：「在這些功臣中，您最恨誰呢？」劉邦說：「大家都知道，雍齒在我危難時落井下石，幾乎要了我的命。要不是他為我立了大功，我早就把他殺了。」張良說：「那好，我請您馬上封雍齒為侯，別人一看您最恨的人都得到封賞，自然就會放下心來。」劉邦大為讚賞。

不久，劉邦大宴群臣，親自給雍齒祝酒，趁著大家都高興的時候，又當眾封他為侯，並宣佈，接著將給所有的功臣封賞。酒宴之後，將領們都放了心。他們說：「連雍齒這樣的人都受封為侯，我們還擔心什麼？」一場謀反煙消雲散了。

正是因為劉邦心胸豁達，包容大度，可以原諒別人的過錯，才贏得了更多的人才。這樣，就為他後來的霸業奠定了基礎。所以說，成大事者要能觀大局，不拘小節。

心中容得下別人，別人的心中才能裝得下你。領導者必須懂得心胸寬廣的重要意義，如此才能在通往成功的路上獲得更多人的幫助。

6 · 將軍額上能跑馬，宰相肚裡可撐船

> 每個人都有著自己的個性、愛好和生活方式，生長環境不同，受的教育程度不同，生活習慣也不相同，不可能所有人都是同一個節奏，也不可能都隨順我們的心意。如果因為看不慣哪個人，就與他斷絕一切往來，那用不了多久就會成了孤家寡人了。

做人要做一個寬宏大量之人，而一個優秀的領導者更應該擁有博大的胸襟和容人的器度。人們常說：「將軍額上能跑馬，宰相肚裡可撐船。」一個人的器度可以決定他做事的風格，領導者的器度決定他用人的風格。我們在工作和生活中，要不斷地和人打交道，不論是朋友還是同事，或者是客戶和競爭對手，每個人都有著自己的個性、愛好和生活方式，生長環境不同，受的教育程度不同，生活習慣也不相同，不可能所有人都是同一個節奏，也不可能都隨順我們的心意。如果因為看不慣哪個人，就與他斷絕一切往來，那用不了多久就會成了孤家寡人了。

領導者用人更是如此，你有容人之量，別人才會與你共同進退。

官渡之戰前，陳琳為袁紹寫討伐曹操的檄文。陳琳才思敏捷，出手成章，文章從曹操的祖父罵起，一直罵到曹操本人，貶斥他是古今第一「貪殘虐烈無道之臣」。據說曹操讓手下唸這篇檄文時正犯偏頭痛，聽到要緊處不禁大叫，氣出一身冷汗，頭竟然不疼了。可見此文的確戳到了曹操的要害。

袁紹戰敗後，陳琳轉投曹操。曹操對這篇火力兇猛的檄文耿耿於懷，便問陳琳：「你罵我就罵我吧，為何要牽累我的祖宗三代呢？」陳琳的回答言簡意賅：「箭在弦上，不得不發！」曹操聽了呵呵一笑，不再計較。

　　曹操知道，陳琳這樣的文人並非存心和他過不去，當年寫檄文罵他，是形勢所逼，迫不得已。所謂各為其主，既然陳琳謀食於袁紹，那主公要他工作，理當盡心竭力。檄文就是這種情形下的產物。殺掉陳琳，雖沒有什麼明顯的負面效應，卻也無利可圖，倒不如放他一馬，為我所用。於是他不僅沒有殺陳琳，反而還委以重任。

　　這讓陳琳很感動，後來為曹操出了不少好主意。直到建安二十二年，中原大疫，陳琳病死。雖稱不上善終，但比起禰衡的被借刀殺掉、孔融的傾巢之覆，以及楊修的死於非命，到底幸運多了。

　　明智的領導者都懂得人們遇到賢明大度的領導者才會積極負責、認真忠誠，而好的領導者要擁有容人之量，能夠集思廣益，懂得個人的認識是有限的，再高明的人，也會有疏漏。「三個臭皮匠勝過一個諸葛亮」，就是說要集中群眾的智慧，博採眾長，為我所用，才能使事業成功。

　　擁有容人雅量的領導者不會因下屬才能比自己高而心懷嫉妒，處處提防，而會愛惜賢才，給予信任，能讓其充分發揮才能。即使此人曾經做過不利於自己的事情，有容人之心的領導者也會給予原諒，不計前嫌，委以重任。最終獲益的定是懂得以包容之道用人的領導者。

7·再給別人一次機會

　　由於種種原因，人不可能不犯過失，但只有包容寬恕才能給人第二次機會，只有給人第二次機會，他才有可能彌補先前犯下的過失。

　　人生路上，很少有人能夠一舉成功，也很少有人從來不犯錯誤，但失敗之後，有些人得到別人的包容、鼓勵和安慰，又拾回了再奮鬥的勇氣，最終走向成功。而另外一些人在失敗的打擊下，又受到別人的嘲笑、侮蔑和拋棄，完全陷入了失望的黑暗中無法自拔，在痛苦中度過一生。

　　當一個小孩學習走路的時候，他總會不斷地摔跤，而做父母的總是會鼓勵他再來一次。事實上，他自己也會很勇敢地爬起來繼續學走路，哪怕緊接著又是一次摔跤。可是當孩子成長為大人，開始步入社會之後，身邊的人就會變得嚴苛起來，往往不會給他再來一次的機會，他自己也會失去重新再來的勇氣，結果是錯過一次就無法翻身。

　　因此，很多時候人們會因為別人的某一次過錯，而斷送其一生。

　　如果我們能包容一點，給他再來一次的機會，鼓勵他，而不是打擊他，那麼也許你真的可以看到奇蹟。

　　在美國南北戰爭期間，有一個名叫羅茲韋爾‧麥金塔爾的年輕人被徵入騎兵營。由於戰爭進展不順，兵源奇缺，在幾乎沒有接受任何訓練的情況下，他就被匆忙地派往戰場。在戰鬥中，年輕的麥金塔爾被殘酷的戰爭場面嚇壞了，那些血肉橫飛的場景使他整天都擔驚受怕，終於趁機逃跑了。但很快他就被抓了回來，軍事法庭以臨陣脫逃的罪名判他死刑。

　　當麥金塔爾的母親得知這個消息後，她向當時的總統林肯發出請求。她認為，自己的兒子年紀輕輕，少不更事，他需要第二次機會來證明自己。然而部隊的將軍們力勸林肯嚴肅軍紀，聲稱如果開了這個先例，必將削弱整個部隊的戰鬥力。

　　在此情況下，林肯陷入兩難境地。經過一番深思熟慮後，他最終決定寬恕這名年輕人，並說了一句著名的話：「我認為，把一個年輕人槍斃對他本人絕對沒有好處。」為此他親自寫了一封信，要求將軍們放麥金塔爾一馬：「本信將確保羅茲韋爾‧麥金塔爾重返兵營，在服完規定年限後，他將不受臨陣脫逃的指控。」

　　如今，這封褪了色的林肯親筆簽名信，被一家著名的圖書館收

藏展覽。這封信的旁邊還附帶了一份說明，上面寫著：「羅茲韋爾‧麥金塔爾犧牲於維吉尼亞的一次激戰中，此信是在他貼身口袋裡發現的。」

一旦被給予第二次機會，麥金太爾就由怯懦的逃兵變成了無畏的勇士，並且戰鬥到自己生命的最後一刻。

由此可見，包容的力量是何等巨大。由於種種原因，人不可能不犯過失，但只有包容寬恕才能給人第二次機會，只有給人第二次機會，他才有可能彌補先前犯下的過失。

包容是人類性情的空間，在生活中我們需要包容，在工作上我們更需要包容。上司若能包容下屬，便會激發其積極性與創造力；同事之間若能互相寬容，就會更有利於培養團隊合作精神。如此一來，工作效率必定會大幅度提高，公司也就會迅速發展。

8‧不要追究下屬以前的過錯

> 俗話說：「大度集親朋。」自己是人，別人也是人，人都有自己的特點，優點和不足都是難免的、正常的，人只要能夠接受和容忍自己，就應該能夠接受和容忍別人。

「人非聖賢，孰能無過？」每個人都有犯錯誤的時候，員工當然也不例外。領導者應該大度一些，不要在員工錯誤上做文章，以免造成雙方的不愉快。縱觀古今，漢光武帝劉秀在這方面做得相當好。

東漢王朝的建立者，漢光武帝劉秀，從小為人謹慎寬厚，勤於稼穡，似乎沒有多大抱負，而其兄則性格剛毅，好行俠養士，素有大志。

王莽末年，各地連鬧蝗災，盜賊群起，天下大亂。當時社會上流行「圖讖」的宗教迷信，宛城一個叫李守的人對其兒子李通說：「劉氏即將再次興盛起來，李氏必將為其輔佐。」他們認為這「劉氏將

興」的預言將應驗在劉秀兄弟身上，於是極力鼓動兩人起兵反莽。

劉秀起初不敢答應，但想到哥哥一向結交無業遊民，必將發動起義，況且王莽政權敗亡徵兆已十分明顯，於是與李通等人定下大計，暗中購置兵刃弩箭，準備起兵。是年十月，劉秀與李通等人正式起兵，提出「復高祖之業」的口號。這時，劉秀僅二十八歲。

劉秀在稱帝的道路上並不是一帆風順的。地皇四年，起義軍各路將領為了擴大隊伍，增加號召力，認為應立一劉氏宗室作皇帝，他們看中了生性懦弱、又無兵權、便於控制的劉玄，讓他即皇帝位，建立「更始」政權。在攻克宛城和昆陽之戰中，劉秀兄弟產生了決定性的作用，在起義軍中聲威大震。劉玄因此懷恨在心，藉機殺害了劉秀的兄長。

當時消息傳到劉秀的耳中時，儘管他內心悲憤異常，但表面上卻顯得異常鎮定。他清楚地知道，此時自己只要稍有閃失，就會招致殺身之禍。於是，他立即前去朝見更始帝，向他連連謝罪。而對於自己在昆陽所立的戰功，卻從來不向別人提起。他也不為兄長服喪，吃喝談笑一如往常，好像壓根兒就沒有發生殺兄之事一樣。

劉秀的泰然神情，終於使更始帝等人解除了猜忌，還使得更始帝也覺得對不起劉秀兄弟，便拜劉秀為破虜大將軍、武信侯，劉秀終於避免了殺身之禍。三個月後，劉秀以破虜大將軍的身分到了河北，鎮撫州郡，羅致人才，招兵買馬，開始了統一中國的大業。

劉秀曾說：「我治理天下，也想行以柔術。」他對臣屬很少以刑殺立威。劉秀領兵攻下邯鄲，殺死守將王郎以後，繳獲了不少文件，其中有幾千封劉秀部下寫給王郎的書信。這些人怕劉秀為此懲罰他們，因此惶惶不可終日。

但出乎意料的是，劉秀沒有那樣做。他把所有的軍官集合在一起，命令把這些書信統統當眾燒毀。他說：「過去敵人強大，你們當中有人辦了糊塗事，我不怪你們。現在你們都可以放心了吧！」劉秀的做法確實器度不凡，讓那些曾有二心的人打消了顧慮，對他感激不盡。

至於部屬的一些小過失，劉秀就更能持寬容態度，不予計較。即使對有深仇大恨的人，仇家一旦幡然悔悟，將功折罪，劉秀也能既往不咎。

　　更始帝大司馬朱鮪堅守洛陽時，劉秀曾派人勸降。朱鮪說：「大司徒被害時，我參與了害他的計謀，又勸說更始帝不要派蕭王（劉秀）北伐，我確實知道自己有很大的罪過。」劉秀派人對他說：「建大事者，不忌小怨，你今若投降，官爵可保，過去諸事，既往不究，我面對黃河起誓，絕不食言。」朱鮪投降後，官拜平狄大將軍，封扶溝侯，「後為少府，傳封累代」，劉秀始終沒有對他進行報復。

　　如此寬廣的胸襟，在古代帝王中極少見，這使劉秀得以從其他營壘中接納了一大批有經世之才和辦事能力的文職官員，還有馬援、馮異、寇恂、吳漢等名將，大大壯大了自己的實力。天下平定以後，劉秀不僅沒有像漢高祖劉邦那樣殺戮功臣，還非常注意教育群臣遵守法令，有意識地保護功臣。

　　在現實生活中，許多領導者卻沒有劉秀那樣的器量。他們常把下屬過去的例子作為可以追究事理方面原因的資料。領導者這樣做，除了會引起下屬不愉快的回憶外，於事無補。這不僅會令下屬寒心，旁人一定也不舒服。

　　俗話說：「大度集親朋。」自己是人，別人也是人，人都有自己的特點，優點和不足都是難免的、正常的，人只要能夠接受和容忍自己，就應該能夠接受和容忍別人。吹毛求疵，責備求全，怕是連自己一家人都沒辦法相處，更何況掌權！這是一切成大事者必須身體力行的，然而也有領導者似乎認為他是聖人完人，非常善於挑剔責備下屬，他們是自己把自己及其事業送上絕路。

　　寬諒人才，是用才者有事業心的表現，也是用才者有力量的表現。對那些曾經反對過自己的人，只要他有才幹，也應該不記私仇，不念舊惡。這樣做不僅能表現出用人者以德報怨的大度胸襟，而且常常能化敵為友，壯大自己的人才行列。

🐛 9・用威不如用恩

> 　　領導者若想培養下屬的忠誠之心，讓下屬努力為組織效力，光用嚴格的管理是遠遠不夠的，很多時候用嚴格的管理倒不如對下屬施以恩情。

　　領導者若想培養下屬的忠誠之心，讓下屬努力為組織效力，光用嚴格的管理是遠遠不夠的，很多時候用嚴格的管理倒不如對下屬施以恩情。

　　王輔臣，山西大同人，早年參加明末農民起義，是一員出色的猛將。後來，他投降了明朝大同總兵姜瓖，升為副將。順治六年，王輔臣降於清兵，隸屬於漢軍正白旗。後來他被調入京師，順治非常賞識他的才幹，授予他御前一等侍衛之職。

　　雲南平定後，王輔臣留鎮雲南，隸屬於吳三桂。吳三桂很賞識他，將他調任援剿右鎮總兵，待他如同子侄，有美食美衣，他人不得，也要賜給王輔臣。

　　康熙九年，王輔臣升為陝西提督，出鎮平涼。臨行前，吳三桂拉著他的手，涕泣說：「你到了平涼，不要忘了老夫。你家裡窮，人口多，萬里迢迢，怎麼受得了。」當即贈給他二萬兩白銀作為路費。

　　吳三桂以為憑往日對王輔臣的特殊禮遇，他一定會聽命於自己，只需一紙號令，王輔臣就會積極響應。但吳三桂萬萬沒想到，王輔臣不但沒有從叛，而且堅決拒絕了他。

　　關鍵在於，儘管吳三桂待王輔臣不薄，但康熙對他更是恩重如山。

　　康熙愛才如子，他知道王輔臣智勇雙全，是個難得的人才，於是將他從吳三桂那裡調出，一方面削弱吳三桂的實力，同時也以此表示對他的信任。陝西是戰略要地，關係到首都的安全，戰略位置極為重

要。王輔臣去平涼上任前，進謁康熙，康熙語重心長地對他說：「朕真想把卿留於朝中，朝夕得見。但平涼邊境重地，又非卿去不可。」又特地讓他過完元宵節，親自與他一道看燈。

臨行前，康熙再次接見他，賜給他一對蟠龍豹尾槍，說道：「此槍乃先帝留給朕的。朕每次外出，都把此槍列於馬前，為的是不忘先帝。卿乃先帝之臣，朕為先帝之子。別的東西不足珍貴，只有把此槍賜給卿，卿持此槍往鎮平涼，見此槍就如見到朕，朕想到此槍就如同想到了卿。」王輔臣感動得說不出話來，拜伏於地，痛哭流涕，發誓說：「聖恩深重，臣就是肝腦塗地，也不能報答，怎麼敢不竭盡全力，報效皇上呢？」

後來，吳三桂特派汪士榮帶信給王輔臣，約他起兵。王輔臣絲毫沒有猶豫，當即命令拿下汪士榮，連同吳三桂給他的信，派他兒子王繼貞一同解往北京。

為了加強對西北地方的控制，康熙派刑部尚書莫洛率兵前往陝西，讓王輔臣堅守平涼，與莫洛同攻四川。王輔臣對莫洛經略陝西，凌駕於其上，有些不滿。他從平涼前往西安，向莫洛陳述征戰方略，但莫洛不以為意，還顯示出輕蔑之意，王輔臣懷恨在心。康熙十三年八月，王輔臣一再要求莫洛給他添兵馬，但莫洛先將王輔臣所屬之原官兵的好馬盡行調走，大大影響了王輔臣所屬將士的心情。莫洛的歧視和壓制，終於引發內訌。在莫洛進軍不利、屯兵修整時，王輔臣殺死了莫洛，舉起叛旗，響應吳三桂。

得知王輔臣叛亂，康熙頗為震驚，當即召見王繼貞。王繼貞一進殿，康熙就說：「你父親反了！」王繼貞嚇得魂飛天外，哆哆嗦嗦地說：「我不知道，一點兒也不知道。」康熙知道王輔臣叛變，京師隨時都有危險，此時再追究莫洛之死，已毫無意義了，只期望王輔臣能回心轉意，這樣就必須採取施恩收服的策略。於是，康熙對王繼貞說：「你不要害怕，朕知你父忠貞，絕不至於謀反，一定是莫洛不善於調解，才有平涼士卒譁變，你父不得不從叛。你速回去，宣佈朕的命令，赦你父無罪。莫洛之死，罪在士卒。」同時又派蘇拜攜招撫諭

旨前往陝西，會同總督哈占商酌，招撫王輔臣。

康熙深知攻敵必先攻心的道理。不久，他又給王輔臣發去一封親筆信，深情地陳述了他與王輔臣交往的一樁樁往事，絲毫沒有責備他忘恩負義，反而處處顯示著體諒與寬容。

王輔臣接到康熙的詔書後，內心頗不平靜，想到康熙對自己恩重如山，不能自已，於是率領人馬向北跪下，痛哭流涕。後來王輔臣擔心自己殺死了莫洛，康熙遲早要和自己算帳，再次反叛。但是他記著康熙的恩情，一直駐於平涼，既不南下湖南與吳三桂部會合，也不與四川王屏藩聯手。

後來清軍節節勝利，康熙仍然想招降王輔臣。康熙十四年七月，他又給王輔臣發去一道招降敕令說：「平逆將軍又取延安，蘭州、鞏昌依次底定。大兵雲集，平涼滅在旦夕。大兵交戰之時，百姓多遭殺戮，以爾之故，而驅百姓於鋒鏑，朕甚不忍。今複敕爾自新。若果輸誠而來，豈唯洗滌前非，兼可勉圖後效。」將其罪行概加赦免。

王輔臣回奏康熙說：「皇上念及兵民，概從赦宥，但如何安撫，天語未及。在事兵將，未免瞻顧。」表明很想回心轉意，但又擔心朝廷將來變卦，心存疑懼，不敢貿然歸降。

康熙十五年二月，康熙派圖海負責西北戰局，他堅持執行康熙施恩招撫的策略，圍而不攻，圍而不戰，攻心為上，勸誘其降。

六月六日，圖海命周培公攜帶康熙的敕詔，再進城撫慰。在康熙真心的感召下，次日，王輔臣終於宣佈投降。

康熙用恩收服王輔臣，不僅解除了對京師的巨大威脅，而且翦除了吳三桂在西北的羽翼，使吳三桂失去了一個有力的臂膀，頓時扭轉了整個西北戰局。

🍎 10．不因人過而廢其才

> 　　聰明人決策一千次，也免不了要有一次失誤；愚笨的人決策一千次，也會有一次是正確的，關鍵在於用人者是否有識人之才、容人之量。

　　無論是在反秦起義中作為一軍統帥，還是在楚漢爭霸中作為一方政權的政治和軍事領袖，劉邦都有著寬廣的胸襟和容人之量，更重要的是能夠以寬容和愛護的態度對待人才，注重人的正面效應，不拘其過，使各種人才在漢營中能最大限度地發揮出其聰明才智。

　　西元前204年，項羽指揮楚軍主力猛烈圍攻滎陽，劉邦處境極其艱難，急於想方設法削弱項羽的力量，擺脫險境。儒生大謀士酈食其建議他立舊六國之後裔為王，當這一主張的弊端被張良點破之後，劉邦對儒生的偏見又多了一層。可貴的是，劉邦並不因酈食其一次獻策出現重大失誤而棄之不用，他懂得寬大容人，甚至連當面的一聲責備也沒有，讓酈食其繼續在幕僚中擔當重任。

　　酈食其為劉邦的戰略謀劃雖出現了一次失誤，但接下來他看出了總體軍事形勢正朝著有利於漢軍的方向發展之後，又精闢地分析了當時的戰爭形勢，給劉邦贏得楚漢戰爭指出了一條通往勝利的坦途。

　　當楚軍攻破滎陽，漢軍退保鞏、洛一線時，面對楚軍咄咄逼人的攻勢，劉邦打算放棄成皋、滎陽等戰略要地的爭奪與固守，而將主力收縮在鞏、洛一帶與楚軍對峙，以阻止楚軍的繼續西進。

　　此時，酈食其從戰略高度看出了兩軍相爭的發展形勢已逐漸發生非常有利於漢軍的變化，指出退縮是錯誤的，正確的策略是頂住壓力，積極進攻，當務之急是奪取儲糧豐富的敖倉。

　　他說：「臣聽說知天者，王事可成，王者以民為天，民以食為天。敖倉是秦王朝長期經營、積聚的大糧倉，儲存有大量糧秣。項羽

雖然攻克了滎陽，卻認為他們的糧食供給路線在東方，所以並沒有派軍隊堅守糧倉，而是率主力回到東方的梁國戰場上去，只留下少數軍隊固守成皋，這無疑是留給大王的一個天賜之機。」

酈食其指出：「如今的形勢是楚表面強大，但不久我們就可將它打敗。在這種形勢下，大王打算率軍西撤，放棄天賜良機，臣以為這是非常錯誤的決定。再者，楚漢相爭，雙雄不能並存，因而導致百姓騷動不寧，海內搖盪不安，農民耕種誤時，婦女不事紡織，天下人心浮動，不能確定政治傾向。如此非常時期，保存糧秣是重要的事情。此時大王仍應盡心整頓兵力，儘快出兵，收復滎陽，佔據敖倉，據守成皋之險，切斷太行之道，守住飛狐山口和黃河上的白馬津，將楚軍限制於梁楚之地，便可向其他諸侯顯示我軍已佔有絕對優勢，這樣天下人便知道應向哪方靠近比較有利。」

酈食其的策略在於顯示漢軍戰略上的優勢，以彌補正面戰場上的一再失利，這是一個頗具遠見的軍政良策。

正是由於認清了這一局勢，掌握住楚漢戰爭發展的脈絡，酈食其斷定楚軍的氣勢洶洶與漢軍的極度困難都是暫時的，楚漢相爭正在走向歷史性的轉折。在這種情況下，只要漢軍充分利用楚軍的弱點，採取積極進攻的策略，奪取並鞏固幾個戰略要地，同時爭取齊國的歸服，戰勝楚軍則是完全可能的。因此，他要求劉邦趁項羽返回東部戰場之機，放棄被動防守戰略，轉而採取戰略進攻的積極態勢，奪回成皋、滎陽、敖倉，佔據各險要地形，並主動請求去說服齊國。

酈食其說：「如今燕、趙已定，剩下東方齊國還沒有歸附。齊王田廣佔有幅員千里的齊國，田向率領著二十萬大軍，駐紮在歷下。齊國東臨大海，西有黃河、濟水為屏障，南與楚相鄰。田氏宗族勢力如此之大，加上傳統上齊人狡詐多變，擅智略，大王即使派遣數萬雄師，也難以在短期內征服。因此，與其力征，不如智取，老臣願奉詔前往遊說齊王，讓他歸順你，成為大王東部的藩臣。」

這個因給劉邦出了個封六國後裔為諸侯王的餿主意，而被劉邦私下罵為「豎儒」的酈食其，此時提出的積極進攻和聯齊抗楚兩點建

議，卻是極有價值、極有作用的。他的分析給劉邦指出了一條正確道路。

劉邦立即採納酈食其提出來的戰略構想，一面集中兵力加緊對滎陽和敖倉的爭奪；一面派他東去遊說齊國歸漢，同時從幾條戰線加強對楚軍的攻勢。一年之後，不僅天下政治形勢，而且整個軍事形勢也變得明顯對漢軍有利了。

事實證明，劉邦接受酈食其的兩點建議，是非常及時而正確的。

自古以來，人們對於人才的形容有各種讚譽之詞，但即使人才有千百種長處，他也同樣有短處存在。聰明人決策一千次，也免不了要有一次失誤；愚笨的人決策一千次，也會有一次是正確的，關鍵在於用人者是否有識人之才、容人之量。

古語說，即使是瘋子說的話，聖人也會從中選擇他認為有價值的部分，更何況是那些有著高瞻遠矚能力的政治家，有著波譎雲詭、天縱之才的縱橫家和見解獨到的絕學名士。

如果劉邦當時只看到酈食其常常講些儒家信條的迂腐的一面，念念不忘曾給他出過一個「幾敗我大事」的餿主意，那麼他就會將酈食其輕而易舉地「逐客」。如此，劉邦很可能有如項羽之逐范增一樣落下千秋之憾。

所以說，「無因才朽而棄連抱（之術），無施數尾（小魚）以失巨麟」。意即不可因噎廢食，因小失大。用人以專，待人以寬，正是劉邦所主張的。

🍎 11・學會容短護短

愛才護才有時要面臨一個矛盾的選擇：那些人犯了錯誤，是嚴格按照法制加以懲處，還是曲意回護？這是個複雜的問題，難以一概而論，需視性質、情節、環境而定。但有一點，統治術不是墨守成規，有時為了長遠利益，可以對一些原則進行妥協。

人無完人，用人者如果求全責備，那麼沒有一個是入眼的人才。趙匡胤愛才、護才，他的理念是：「用其所長，避其所短」，最大限度地發揮一個人的才能，再用法制、君威等約束限制他們。如果發現了他們的錯誤，他也會視性質、情節加以回護。畢竟因為一些小事而失去辛苦培養起來的人才，對統治者來說是不合算的。

趙匡胤起於草莽，興於行伍，周圍武人居多，身邊缺少能規劃天下、崇文興禮的人才。加之五代時期，世風墮落，很少出現有品德、有才能、有學識的治世之才，所以趙匡胤初得天下後十分愛才護才，對臣下優厚，絕少濫殺。

愛才護才有時要面臨一個矛盾的選擇：那些人犯了錯誤，是嚴格按照法制加以懲處，還是曲意回護？這是個複雜的問題，難以一概而論，需視性質、情節、環境而定。但有一點，統治術不是墨守成規，有時為了長遠利益，可以對一些原則進行妥協。

趙普是宋初第一文臣，在草創國家方面是趙匡胤的臂膀。但他在金錢方面不夠嚴謹，常有貪小財的行為。為了留下這個難得的人才，趙匡胤對他睜一隻眼閉一隻眼，認為他貪小財不礙大德。

開寶六年，一天，宋太祖到趙普家中慰問。當時，吳越國王錢淑派遣使者送書信給趙普，還送了一些海產。那些海產全都放在走廊裡，正好宋太祖來探望，趙普倉促之間來不及掩飾。宋太祖看見後問趙普那是什麼東西，趙普如實把事情講了。宋太祖說：「這些海產一定很好」，就讓人立即把箱子打開，結果箱中裝的全部是金子。趙普很害怕，連忙跪下來叩頭說：「我還沒有打開書信來讀，實在不知箱中裝的是什麼。」宋太祖說：「你接受這些金子沒有什麼不可，這說明送禮的人認為國家大事都是由你來謀劃的！」

對於有才能的武將，趙匡胤也是著意維護。

李漢超任關南巡檢使時，平時多有犯法犯禁之事。有一回，一位百姓到京師控告李漢超借貸錢財不還，還搶掠他的女兒做妾。趙匡胤深知「千軍易得，一將難求」的道理，但對李漢超的不法行為，也不能不聞不問。

於是，趙匡胤將這個百姓召入偏殿，問道：「自從李漢超到關南後，遼軍入寇一共有幾次？」百姓據實以報：「一次也沒有。」

　　趙匡胤又說：「過去遼軍入寇，邊將不能率軍抵禦，河北地區的民眾，每年都遭到搶劫，家破人亡的數不勝數。如果是在那時候，你能保住你的家財子女嗎？如今李漢超借貸你們的錢財，和遼軍搶劫的比起來誰多些呢？」趙匡胤接著再問道：「你一共有幾個女兒，嫁的又都是些什麼人？」百姓又一五一十地回答了。趙匡胤說：「她們所嫁的都是些村野莽夫，而李漢超則是我的貴臣，哪樣更加富貴呢？」百姓無話可說。

　　事後，對於李漢超，趙匡胤也沒有放任自流，他派人前去警告：「你需要錢，為什麼不告訴我而向平民百姓借呢？把錢如數歸還給百姓。」他另賜給李漢超幾百兩銀子。李漢超對此感恩戴德，發誓以死相報。

　　然而，對於許多脾氣暴躁、性格古板的領導者來說，讓他容忍員工的短處，已經夠寬宏大量的，如果還要進一步祖護員工的短處，這不是有點「過分」了嗎？

　　當然我們主張的容短護短不是無原則的，而是受一定條件的制約。領導者對員工的短處，應該熱情幫助、耐心教育，甚至輔以必要的批評。這無疑都是對的，但每個人的短處，都是能改正和克服的。要求領導者容短護短的目的在於：

　　其一，為了更好地發揮和利用員工的長處；

　　其二，贏得人心，進一步密切上下級關係；

　　其三，極大地提高自己在群眾中的聲譽，有意將自己塑造成寬厚、豁達的領導者的形象；

　　其四，為了實現某個既定的管理目標。

　　領導者並不能一味地容短護短，而是在一定的條件下放手大膽地「祖護」自己的員工：

　　在可寬可嚴的情況下，只要員工心態端正，能反省自己的錯誤，群眾又能諒解，就應從寬處置；

在可早可晚的情況下，對於員工的過失，不妨拖一拖，擱一擱，待事後再做處理，或者給員工一個將功補過的機會，看其表現如何，再作處理；

在可高可低的情況下，不妨將員工的缺點評估得低一些，將員工的過失性質評估得輕一些，充分利用用人行為的彈性空間向人提供的選擇自由，做出「偏袒」員工的用人抉擇；

在可大可小的情況下，對於員工的短處或過失，不妨大事化小、小事化了，盡量縮小處理的規模以及處理後產生的負面影響。

🐝 12・給下屬留面子，莫傷其自尊心

> 身為領導者必須時刻注意，不能用言行來打擊部下，尤其是在公共場合。要懂得給別人留面子，這也是領導者包容心的一種展現。

每個人，無論是誰，無論官職大小都是有自尊的。人若沒了自尊，那便無藥可救了。沒有自尊的人有兩種情況：一是自己不珍惜而失去的；二是讓別人給毀傷的。所以，身為領導者必須時刻注意，不能用言行來打擊部下，尤其是在公共場合。要懂得給別人留面子，這也是領導者包容心的一種展現。

多年以前，美國通用電氣公司面臨一項需要慎重處理的工作：免除查理斯・史坦恩梅茲擔任的某一部門的主管職務。

史坦恩梅茲在電器方面有著異乎尋常的才能。在他擔任通用公司電器部門的主管時，將企業治理得井井有條，公司的銷售額連年上升。不久，他被升任為通用公司電腦部門的主管。然而，這一次他卻遭到徹底的失敗。人並非是萬能的，天才畢竟是少數。看著電腦部門糟糕的業績，通用高層主管心急如焚，但他們不敢冒犯史坦恩梅茲，畢竟，他為公司做出了貢獻，而且，公司也絕對少不了這樣一個人

才。

　　最後，透過協商他們想到了一個絕妙的辦法。既讓敏感而又極其自信的史坦恩梅茲愉快地接受工作調動，又不打擊他的自尊心。通用公司下了一紙命令，決定成立一個新的部門——通用電器公司顧問部。史坦恩梅茲擔任「顧問總工程師」，並且兼任部門主管，對於這一調動史坦恩梅茲十分高興，愉快地接受了調動，並沒有認為這有損自己的面子。

　　美國石油大王洛克斐勒曾經有一位同事名叫貝特福特，他既是洛克斐勒的合作者，也是他的下屬。一次，貝特福特獨自負責一樁南美的生意。不幸的是，這次他失敗了，而且輸的特別慘，所以，貝特福特自認為實在是沒臉再見洛克斐勒。他一直擔心，下次的董事會洛克斐勒一定會毫不客氣地批評他，他的心裡非常緊張。

　　這天，公司召開董事會。貝特福特硬著頭皮來到會議室，他等著洛克斐勒的批評，做好了充分的思想準備。

　　「貝特福特先生，」洛克斐勒開始講話了。貝特福特心裡一陣緊張，他最擔心的事還是不可避免地要發生了。「首先，我可以肯定你在南美確實做了一件很不成功的事情。」

　　「但是，大家都明白你確實盡力了。雖然這次失敗了，但是我相信在這件事情上沒有人會比你做得更好，而且，現在我們正在計畫讓你重整旗鼓……」

　　一席話，讓貝特福特備感溫暖，先前的憂鬱一掃而光。他又重新找到了自信，這讓他對洛克斐勒感激備至。

　　事實上，即使是被大多數人認為「無用」的人，也有他自己的長處。他或許比別人差一點，卻在某一方面潛藏著特長；也許他比別人笨拙，卻也因此比別人更勤奮賣力，所以，總會有適合他的一項工作。身為領導者，切不可對他抱有嫌棄的態度。

　　有一項研究調查證明：凡是自尊心強的人，不論在什麼職位上，都會盡自己的最大努力而不願落於人後。所以，作為一名明智的領導者一定要保護下屬的自尊心。高明的領導者都懂得這樣的道理：給別

人面子就是給自己面子。

🍎 13 · 大度容人，舉薦人才

> 人生處世不可不忍讓，讓是一種美德。能否讓賢是關係到國家治亂的大事，為國讓賢其本身也是一種大賢。

歷史上真正賢能的人都有著博大的胸襟、包容的器度，為了國家的發展，都能從大局出發，放棄個人利益，舉薦賢能，他們因此獲得人們的尊敬，令後人敬佩。

平原君趙勝，是趙武靈王之子、惠文王之弟。司馬遷稱之為「翩翩濁世之佳公子」。他禮賢下士，門下賓客至數千人。其中，他不記趙奢之過，將趙奢舉薦給趙惠文王的故事，充分地展現了他寬容公正的高大形象。

趙奢，戰國後期趙國名將。趙惠文王時，趙奢初做趙國的田部吏，專門負責徵收田賦。可是在當時，徵收田賦特別困難，尤其是徵收官家的更加困難。可是趙奢卻執法無私，從不懼怕當時的權貴，也不怕得罪他們。

有一天，趙奢帶著人來到了平原君的家裡徵收田賦。當趙奢對平原君的一位家臣說明來意之後，沒想到這位家臣傲慢地看了一眼趙奢，說：「你知道你是站在誰家的府門外嗎？」趙奢耐著性子點了點頭說：「這我當然知道，這是大名鼎鼎的平原君的府邸。」這位家臣更傲慢了：「既然你知道，那為何還來這裡徵收田賦？你的膽子可真不小啊！」這可有點惹惱了趙奢，他沉著臉說：「難道平原君就不該上交田賦？」

這位家臣大聲嚷起來：「平原君與惠文王是兄弟。還交什麼田賦？還不快快給我滾開！」趙奢大怒了，大聲喝道：「豈有此理！大王有令，違抗君命不交賦者，斬！來人，將他綁了，就地斬首！」就

這樣，他一連斬了好幾個違法的平原君的家臣。

趙奢依法處置此事，當然得到了人們的拍手稱讚。但是這也無疑是在虎口裡拔牙，必定會得罪平原君。因此有很多人都勸趙奢趕快逃到別國去躲一躲，免遭殺身之禍。但是趙奢卻毫不畏懼。果然，平原君得知此事後，怒不可遏，立即命令武士把趙奢擒進府內，二話不說就要問斬。

趙奢毫無懼色，挺著胸膛質問平原君道：「你為什麼要斬我？」平原君說：「你先回答我，為什麼斬我家臣。」趙奢說：「他們拒交田賦，王法不容。」平原君又問：「我是什麼人你難道不知道嗎？」趙奢說：「我當然知道，您是趙國的相國，名揚天下的賢公子。可是不管您是誰，都不應該縱容您的家臣不奉行公事，拒交田賦。如果貴族都不守法的話，國法就會削弱；國法削弱了，國家就會衰弱；國家衰弱，各國就會進兵侵犯趙國；各國進兵侵犯，趙國就不能存在，那您的地位，您的財富，您的名譽，又怎能保得住呢？您還怎麼保持現在這樣的富貴呢？反之，像您這樣有著高貴地位的人，如果能夠奉公守法的話，那麼全國上下就會公平合理；全國上下公平合理，國家就會強盛；國家強盛，趙國的統治就會更加的鞏固，您作為國君的親族，也必定會更有地位、財富與名譽，天下人也必定會更加尊敬您。」

趙勝聽了趙奢的這番話感到很有道理，頓時慚愧萬分，然後就轉怒為喜了。當他發現趙奢是一個難得的人才時，毫不猶豫地將趙奢保舉給了趙惠文王。趙王也很賞識他，封他做一個掌管整個趙國稅收的官。趙奢走馬上任後，沒有仗著權勢欺壓百姓，仍然公正、無私地處理一切事務。後來，趙奢又被趙王任命為大將，為趙國建立了很多戰功。

趙奢的成功不能不說是他自身的努力，但如若沒有平原君的寬大有容，恐怕早就命歸黃泉了。

俗話說：「宰相肚裡可撐船」，作為一個身處要位的人，博大的胸懷，不僅能成就別人的功績，也能成就自己的美名。若常懷「非我

族類，其心必異」之想，一味黨同伐異，就不可能成為令人敬重的賢者。

博大的胸襟、恢弘的意識、從容的器度正是世間的成功者所必備的。佛教有這樣一則人性化的人生座右銘，那是貼在彌勒佛像旁的：「大肚能容，容天下難容之事；張口便笑，笑世間可笑之人。」這當然不易做到。因此，建樹人生大胸襟的訣竅，即：意似行雲流水，不執著！

整體與局部是相互聯繫的。局部構成整體，整體功能大於局部功能之和，局部利益要服從整體利益。在事物的發展過程中有諸多矛盾，要學會掌握主要矛盾，從大局出發，為整體利益著想，局部服從整體，以更好地促進事物發展。

人生處世不可不忍讓，讓是一種美德。能否讓賢是關係到國家治亂的大事，為國讓賢其本身也是一種大賢。其非大賢豈能讓賢？由於不爭，彼此謙讓，內部和睦，國家則治。社會發展到今天，大到民族問題，小到公司的團隊建設、家庭生活的和諧，無不從大局安定和睦考慮。唯有彼此謙讓合作，團結才能迸發出力量，才能創造出更大的輝煌。

🍎 14・放寬心量，是人才就要重用

> 不管是什麼樣的人，不能因為一個人有些許微小的缺點就將其忽略，打入冷宮或束之高閣，應懷有一顆包容之心，努力發現別人的閃光點，讓其發揮自己的價值。

一個曾受到眾人誹謗，大家公認不可救藥的人，經過你的仔細考察，發現事實並非如此，這人很有才華。因而，你大膽決定將這位下屬提拔上來。

一個曾經當眾辱罵過你的下屬，仍然因為他專業能力強，而被你

不計前嫌地提拔到你的身邊。

　　一個相貌醜陋、身材矮小的下屬，你並不是以貌取之，而是考慮到他的真才實學，把他從眾人之中選拔上來。

　　一個過去是你的同事，現在是你的下屬的老朋友在你選拔、擢升下屬時，他與別人條件相同，但是，你並不因為與他是老朋友，而失去公平，優先提拔他。

　　對一個曾經犯過錯誤的下屬，你能辨證地看待問題，發現這位下屬的可貴之處和優點，經過一段對他的培養、考察，把他提升到一個新職位上。

　　一個知識、能力都比你強的下屬，你不會因為嫉妒而不提拔他，而是敢於把他提拔到重要的位置上來。

　　做到這點，才能使你的領導工作順利開展，你的領導威信才能逐步建立。雖然你提拔的人才一時還不能做得令大家滿意，但你不必過於著急，是金子，終歸有一天會發光的，這只是遲早的事情。關鍵是你提拔的下屬是不是真正的金子，正確有效地提拔下屬，能很好地證明這位作為選拔者的領導所具有的用人素質。

　　如果下屬能從你的用人態度上感到你辦事的公平合理和嚴格，那麼，你就會受到下屬的信任，你的領導地位才能更穩固。

　　漢武帝是一位極其重才的國君。所以，在他還沒有親自掌握權力的時候，就開始召募人才，逐漸培養自己的實力，開創了一種別具一格的用權方式。

　　漢武帝年輕時，實權控制在竇太后手中，但他仍想辦法任用人才。他頒發命令，讓各地推薦人才。於是，公孫弘、莊助等許多有名的儒生，都被推薦上來，同時進入京城，總數有100多人。

　　漢武帝逐篇細讀他們的文章，看到董仲舒一卷，是詳論天人感應道理的，說得頭頭是道，計有數千言。武帝擊節稱賞，歎為奇文。

　　董仲舒在漢景帝時已列名為博士，為學子們講書，滔滔不絕，出口成章，遠近學子都奉他為老師。

　　漢武帝詢問治國良策，董仲舒把平生的學識盡皆施展出來，果然

壓倒群儒，獨得漢武帝寵幸。

漢武帝又再三詢問，董仲舒又細加解釋，並將所學歸為天人三策。所謂天人三策，就是「大一統」、「罷黜百家，獨尊儒術」的主張。

漢武帝不斷發現人才，破格使用人才。司馬相如是著名的文學家，漢武帝用其所長，在建元年間從四川把他請到京城做郎官，從事審核和政府重要文告的工作。唐蒙、莊助有外交才能，謀略過人，漢武帝就讓他們出使夜郎和東甌。他們兩人不負王命，終於在建元時期降服了夜郎和東甌。竇太后病死後，漢武帝完全擺脫了束縛。他罷免了竇太后安插在朝廷裡的所有黨羽親信，重新任命曾經協助他革新的舅父田蚡為丞相，把韓安國提拔為御史大夫。

漢武帝繼建元元年那次全國大推舉之後，又於元興一年、元封五年等，幾次要求各地推舉孝廉、賢良、方正、茂才。他下詔書表示要將這些有「非常之功」的「非常之人」破格任為「將相」或「使絕國者」（出使遠方國家）。

吳人朱買臣，表字翁子，性好讀書，不治產業。他40多歲時還是一個落魄儒生，家庭貧窮，連妻子也不能贍養，只得和他人進山砍柴，挑到市上去賣。朱買臣挑柴去市途中，口中尚背誦古書。妻子不讓他念，他反而大聲念，引得行人觀看。最後，妻子不堪忍受貧窮，棄他而去。

朱買臣仍操舊業，邊讀書，邊賣柴。轉眼又過了幾年，朱買臣已有50來歲。恰好有會稽吏入京，他隨帶物品多，朱買臣便自願為其搬運。

一行人到了京城長安，朱買臣就上書自薦，又經同鄉莊助引見，武帝予以召見，面詢學術。

朱買臣言《春秋》，說《楚辭》，正合武帝意旨。武帝遂拜朱買臣為中大夫，與莊助同侍禁中，這樣朱買臣就由一介平民一躍而成為官員。

後來，朱買臣又獻策平越地，他說：「東越王余善，向居泉山，

負隅自固，一夫守險，千人俱不能上。今聞他南遷大澤，去泉山約
500里，無險可恃。若發兵浮海，直指泉山，陳舟列兵，席捲南趨，
破東越不難。」

武帝很高興，便令他為會稽太守，還對他說：「富貴不歸故鄉，
如衣錦夜行，今你可衣錦榮歸了。」

朱買臣果然擊破東越，武帝就升他為主爵都尉，列為九卿之首。

主父偃出身貧寒，長期懷才不遇，遊歷齊、燕、趙、中山諸地，
但不為各諸侯所用。元朔元年他來到長安，直接向漢武帝上書九條，
有八條談及律令，一條談及討伐匈奴之事。

主父偃所談之事，正是漢武帝關心的事。漢武帝看了上書，立即
召見。二人相談十分投機，遂拜為郎中。

主父偃的同鄉嚴安也上書言政，武帝也親自召見，並誇獎說：
「相見恨晚了。」也授予郎中官職。

主父偃連續為漢武帝獻策，都得到漢武帝的讚賞，他的官職也一
升再升，由郎中而中大夫，一年內連升四級。

主父偃成為漢武帝的重要謀臣，他獻的削弱諸侯權力的「推恩
令」，對鞏固皇權具有重要意義。

漢武帝用人不論出身，唯才是用。他從牧羊人中提拔了僕式，從
商賈中擢升了桑弘羊，在奴隸中發現了衛青，在降虜中任用了金日。

漢武帝還在長安設立太學，選拔郡國的優秀青年來長安受業，透
過考試，從中發現治國人才。

漢武帝不拘一格，任用憑真本事的人為官，特別是起用有開拓性
的人才，不但鞏固了自己的權力，而且使他統治的時期，成為我國歷
史上一個輝煌時代。

漢武帝不拘一格使用人才的事例，給我們現今的領導者也帶來一
定的啟示：在用人時切勿拘泥於條框，眼界要寬，心胸要寬，要根據
才能給予人才相應的職位，同時也要積極地培育和選拔人才，這樣才
能給組織帶來更大的活力。

領導者在用人上一定要有這樣的觀念：不管是什麼樣的人，不能

因為一個人有這樣或那樣的缺點就將其忽略，打入冷宮或束之高閣，應懷有一顆包容之心，努力發現別人的優點，讓其發揮自己的價值。這是一條最起碼的用人原則。

第九章

包容是有原則的承受和忍耐

包容是一種美德，但是，必須把握住一定的限度，在無關緊要的小事上不必斤斤計較，但在原則問題上絕不能退讓。一個人如果不敢堅持原則，以犧牲根本的東西來換取一時的苟安，他也就失去了做人的尊嚴和價值。在人們的眼中，這樣的人只能是窩囊無能、懦夫的形象，只能是個「受氣桶」的形象。

🍎 1・包容自己不等於放縱自己

> 任何事情都要講求適可而止，要學會自制，千萬別放縱自己。而年輕時更是不能貪圖享樂，虛度時光，為了使自己年老時不後悔就要學會自制，無論何時都不要放縱自己。

人生在世，苛求自己，往往活得太累，要懂得包容自己，包容自己的缺陷不足，包容自己已犯下的錯誤，包容自己經歷過的苦難。但一定要清楚地知道，包容自己不是放縱自己，放縱只能讓自己誤入歧途。為逞一時之快而以事後的痛苦為代價，實在是划不來。任何事情都要講求適可而止，要學會自制，千萬別放縱自己。而年輕時更是不能貪圖享樂，虛度時光，為了使自己年老時不後悔就要學會自制，無論何時都不要放縱自己。

生活中小事無度，則會傷身。比如適量飲酒，活血化瘀，失度則傷肝；適時睡眠，除困解乏，過度則精神倦怠；言多必失，食多必胖。

民間有這樣一個傳說：

在泰山腳下有一塊「三笑石」。傳說從前有三位百歲老翁經常在這塊石頭前鍛鍊身體，他們個個神采奕奕，精神矍鑠。有人問他們長壽的秘訣。甲說：「飯前一盅酒。」乙說：「飯後百步走。」丙說：「老婆長得醜。」三人說完哈哈大笑，「三笑石」因此得名。

三位壽星的養生秘訣十分簡單，卻耐人尋味。飯前適量的酒可以開胃，飯後適當運動有助消化，而老婆醜則可能會像蘇格拉底所說：「老婆醜，可能會成為一個哲學家。」

養生之道就是要學會自我控制，不能放縱自己。而要想成就一番大事，怕吃苦，圖安逸，又如何能成？只有學會自我控制，不貪圖享樂，努力奮鬥才能獲取成功。自制不僅是身心健康的前提，也是一種

美德，更是一種獲取成功的策略。

北宋史學家司馬光每天都早起，怕睡過頭，他給自己做了一個圓木的枕頭，枕在這種枕頭睡覺，只要稍微動一下，枕頭就滾開，頭就落在木床上，人就驚醒。司馬光把這個枕頭叫做「警枕」，意在警策自己，不可鬆懈懶惰。

以偉大的空想社會主義理論聞名於世的聖西門，年輕時愛睡懶覺。為了克服這個壞習慣，他讓僕人每天早上向他喊道：「起來吧，偉大的事業在等待你！」聽見這莊嚴的喊聲，再想賴床也只好起來了。

18世紀法國哲學家布豐，25歲時定居巴黎。他也有晚起的惰性，想克服，終未見效。後來他請了一個強悍的僕人來監督自己。他和僕人講明：不管他晚上多晚才睡下，每天早上5點必定把他叫醒，叫不醒可以拖他起床；他要是發脾氣，僕人可以動武，如果僕人沒有做到要受罰。這位僕人忠於職守，終於使布豐每日清晨即起，看書運動。

要做出成就，必然要付出比別人多幾倍的努力。許多優秀的人才既不缺乏情商又不缺乏智商，然而他們缺少的是吃苦的精神。這不是社會的責任，也不是環境的錯，而是他們自己的責任。只要及時醒悟，學會控制，不再放縱自己，也定能成大器。

人如果放縱自己，沒有自制力，隨心所欲，就會沉湎於遊樂中，玩物喪志，白白浪費了大好時光。

🍎 2．包容不是一味的縱容

包容是講原則的，絕不是無原則的寬大無邊，絕不是不分青紅皂白地容納其存在，它是建立在自信、助人和有益於社會基礎上的適度寬大，必須遵循法制和道德規範。

生活中，總有那麼一些人，他們不是三番五次地被人利用和欺

負，就是被人佔了便宜或忍受人格的污辱。人們在表決時從不徵求他們的意見。不知什麼緣故，他們始終扮演著弱者的角色而不會抗爭。無論是在工作場所還是在家庭環境中，他們從來都不指望勝利，即使在與商店的店員打交道時，他們也會敗下陣來。因為害怕店員的眼珠子或是對方說出什麼刺耳之言，他們常常買回自己都不滿意甚至不想要的東西。

這就是軟弱可欺。並不是什麼好脾氣，更不是包容大度。包容是講原則的，絕不是無原則的寬大無邊，絕不是不分青紅皂白地容納其存在，它是建立在自信、助人和有益於社會基礎上的適度寬大，必須遵循法制和道德規範。對於絕大多數可以教育好的人，宜採取寬恕和約束相結合的方法；而對那些蠻橫無理和屢教不改的人，則不應手軟。從這一意義上說，對於大是大非的問題，不該包容的就不能包容，「大事講原則，小事講風格」，乃是應取的態度。

包容別人的過錯，是為了讓別人更好地改過，而不是對他的放縱。包容他人不等於放任其自流，那是不負責任的。一味地遷就，是溺愛，是害人之舉，若有人稱此為「包容」，簡直是對「包容」的玷污和歪曲！

包容不是一味地縱容。不要縱容別人對你的不客氣。包容不是當自己受到人身攻擊和精神侵害時百般壓抑自己，容忍一切，不做任何形式的反抗；它不是當你看到你身邊的朋友為了名利走向深淵而袖手旁觀，隨波逐流，一邊倒，「一窩蜂」；它不是當你發現你的朋友心裡有些病態或是有點不正常了，你卻怕引火焚身，顧全自保，視若無睹，這也是軟弱。

「弱肉強食」往往並非強人先來食，而大多是「弱肉」們教給別人來這樣對待他們的。許多「妻管嚴」的丈夫抱怨妻子對他們的限制過多；另一方面，又有不少妻子忍氣吞聲地對丈夫的辱罵和操縱逆來順受。試問一下，他們在戀愛之初是這樣的嗎？為什麼今天會變成了這樣呢？

毫無疑問，「適者生存，弱者消亡」這一生物間的自然規律是不

會變的。生活中的弱者，在事業上也往往難以強起來——既然連自己的意願都不能表達，又怎能指望他們標新立異地進行創新和有所創見呢？

但是，生活可以將我們改造成為一個「軟弱可欺」的弱者，那麼經過努力，就一定能夠再度被塑造成一個生活中的強者。關鍵是要懂得如何包容，而不是一味的縱容他人，尊敬他人，更要尊重自己。

盡可能地使用行動而不是用言辭抗爭。如果在家裡有什麼人逃避自己的責任，而你通常的反應就是抱怨幾句，然後自己去做，那麼下一次你就一定要用行動來表示反抗。如果應當是你的兒子去倒垃圾而他經常「忘記」，那你就提醒他一次；如果他置之不理，就給他一個期限；如果他仍然藐視這一期限，那你就不動聲色地把垃圾倒在他的床下。一次這樣的教訓，要比千言萬語更能讓他明白你所說的「職責」是什麼意思。重要的是，當你試圖這樣做時，不必過多地考慮其後果如何。

拒絕你最厭惡的、也未必是你職責的事。一兩個星期延遲上班，不打開水龍頭和打掃辦公室，看看會發生什麼情況。當然，家外的問題處理起來要慎重些，而如果是家裡的事，則可以乾脆一些，「矯枉過正」。例如，你可以任每餐的飯碗在水池裡堆積，無碗可用時，就去買新的。除非你的家人能夠容忍這一切，否則他們就得動手來照料自己。

斬釘截鐵地表示你的態度。即使在可能會有些唐突的場所，也必須毫無顧忌地對服務員、售貨員、陌生人說話，對蠻橫無理的人要以牙還牙，必須在一段時間內克服自己的膽怯和習慣心理，堅持一下，你就會發現事情本該如此！你只要從此中獲得十次成功，就一定會鼓起你的勇氣。

不再說那些引誘別人來欺負你的話。「我是無所謂的」、「你們決定好了，我沒有這個本事」等，這類「謙恭」的推託之辭就像為其他人利用你的弱點開了許可證。當賣菜人讓你看秤時，如果你告訴他你對這事一竅不通，那你就等於告訴他「多扣點秤」，這種事情隨時

231

隨地都可以發生，如果你不介意的話！

　　對盛氣凌人者毫不退讓。當你碰到好隨意插嘴的、強詞奪理的、愛吹毛求疵的、令人厭煩的、多管閒事的，以及其他類似讓你難堪的欺人者時，要勇敢地指明他們的行為之不合理處，並要板起面孔對他們說「你剛剛打斷了我的話」、「你的歪理是根本行不通的」、「以你的邏輯推斷球就不是圓的了」，等等。這種策略是非常有效的教育方式，它告訴別人，你對他們不合情理的行為感到厭惡。你表現得越平靜，對那些試探你的人越是直言不諱，你處於軟弱可欺地位上的時間就越少。

　　告訴人們，你有權支配自己的時間和行為。不要去聽從那些並非命令的命令，公休期間你自己想做什麼就做什麼，出差辦事也大可不必抱住別人的大件行李，而讓他悠然自得地在前頭漫步。違背自己意願的出遊、給婚禮湊人數、幫助買東西，等等，都不要去做。你自己想做的事儘管去做，不要怕別人冷嘲熱諷，實在忍無可忍時，你盡可平靜地對他說，「這關你什麼事？」

　　敢於說「不」。乾脆地表明自己的否定態度，會使人立刻對你刮目相看。事實上，與那種遮遮掩掩、隱瞞自己真實感受和想法的態度相比，人們更尊重那種毫不含糊的回絕。同時，你也會從這種爽直的回答中，感到自信又回到自己的心中。欲言又止、支支吾吾的態度，只會給別人造成「誤解」你的意思的機會。

　　不要為人所動，不要經常懷疑自己或感到內疚。如果別人對你的抗爭行為表示出不滿或因而生氣時，你不要為之所動、立即後悔。此時，他的情緒你還未必適應，你最需要的是站穩腳跟，靜觀後效。

　　記住，人們怎樣對待你，都最終取決於你自己。軟弱者突然出現的抗爭行為，往往會使人們不知所措，此時如果你不能堅持，那麼這就成了一場鬧劇，這對你的爭取「正常」的行為，無疑是一次巨大的打擊，並且今後會更難成功。

　　包容要堅持原則，講分寸，要維護自己的人格尊嚴。無原則的包容是軟弱卑下的，一個正直獨立的人要有自己做人的堅定立場。

🍎 3・寬容是建立在原則上的適度寬大

> 堅持原則的人不會讓人覺得是不近人情，因為其所堅持的是應該遵循的原則，而不是縱容或軟弱。堅持原則的寬容才是真正應該擁有的寬容。

一個人即使為良好的人際關係做出了很多的努力，事實上也不可能完全避免與別人的衝突。因為人與人交往就會有摩擦，就會產生或大或小或多或少的矛盾。寬容是一份禮物，而且是互惠的，它可以讓付出的人感到痛苦的緩解，可以讓得到的人感到被接納的喜悅。如果說寬容是一種美德，那麼不少人都不具備這樣的美德。

寬恕那些曾經得罪你的人，會讓你的心境平和，不容易憤怒。但是如果你拒絕忘記憤怒，就無法體會到這樣的心境，一個容易憤怒的人也是最容易衰老的。寬容對方，接納對方，就是把自己解脫出來。

在不少人眼裡，寬容犯錯的人就是怯懦的表現，就是向別人認輸。抱著這樣的想法，很多人寧願任憑矛盾繼續存在，讓自己活在對過去事情的陰影中，如果對方不退一步，自己寧願繼續維持痛苦的現狀也不肯改變。寬容是需要技巧的。給犯錯的人一次機會是寬容，不是縱容。

但也要記住，每個人都需要為自己的行為負責，每個人都要承擔自己所造成的後果。如果面對對方一而再、再而三地犯錯，甚至還是同樣的錯誤，或者這個錯誤觸及的是道德的底線和法律的原則，那麼寬容就意味著縱容，是軟弱，是妥協，甚至是幫兇。這時候就需要堅持原則，這不是不通人情的表現，而是要有一個原則。寬容不應該是縱容，不是無原則的寬大，而是建立在原則上的適度寬大，必須遵循法制和道德規範以及做人的基本原則。對於絕大多數可以知錯就改的人，寬容是應該的；而對那些屢教不改的人，則絕對不能心軟，造成

縱容的後果。

正確的寬容要有一個堅持的道德底線，一個正確的原則標準。當然這個標準不是自己定的，但也不能為了依附他人而去寬容，更不能失去原則而去原諒。堅持原則的人不會讓人覺得是不近人情，因為其所堅持的是應該遵循的原則，而不是縱容或軟弱。堅持原則的寬容才是真正應該擁有的寬容。

容器通常都有一個尺度，超過這個尺度，就是滿了，就會對這個容器造成負擔和傷害。人也如此，做什麼都要有個尺度，有個底線，過度的寬容就是縱容，你就有可能成為「幫兇」，而不是「幫手」。

🍎 4．要包容，但不要軟弱可欺、逆來順受

> 包容並不是懦弱，而是有禮有節；包容並不是沒有主見，而是對人最大限度的尊重；包容不是軟弱無奈，而是一種有力量的度化。

包容是有底線有原則的，是應該拿捏分寸的。包容是無邊的大愛，不是一味的容忍，包容是在堅持自己獨立人格的基礎上，是在獲得充分尊重的基礎上的理解和寬恕，絕不是軟弱可欺，逆來順受。所以，正確地理解包容，正確地運用包容，莫把包容變成軟弱可欺的藉口。

但生活中卻有許多人並不知道到底怎樣做是正確的包容，他們毫無判斷力，認為一味的忍讓就應該是包容，其實並非如此。回答下面的問題，如果你的答案是肯定的，那只能說明，你完全不懂得包容的意義，而是走向了懦弱可欺的人群裡。

你感到經常受到壓制，被人欺負嗎？人們是怎樣對待你的？你是不是三番二次地被人利用和欺負？你是否覺得別人總佔你的便宜或者不尊重你的人格？人們在訂計畫的時候是否不徵求你的意見，而覺得

你會百依百順？你是否發現自己常常在扮演違心的角色，而僅僅因為在你的生活中人人都希望你如此？

看到這些問題了嗎？生活中真的會有很多這樣的人，他們很苦惱，覺得自己確實在受人欺負，卻又不知道到底錯在哪裡？

心理學家韋恩‧戴爾指出：「我從訴訟別人和朋友們那兒最常聽到的悲歡所反映的就是這些問題。他們從各種各樣的角度感到自己是受害者，我的反應總是同樣的。『是你自己教會別人這樣對待你的。』」

蓋伊爾來找韋恩，因為她感到自己受到專橫的丈夫冷酷無情的控制。她抱怨自己對丈夫的辱罵和操縱逆來順受。她的三個孩子也沒有一個對她表示尊重。她已經是走投無路了。

她對韋恩講述了她的身世。韋恩聽到的是一個從小就容忍別人欺負的人的典型例子。從她性格形成的時期開始，直到結婚為止，她的行動一直受到她的極端霸道的父親的監視。沒想到她的丈夫「碰巧」也和她的父親非常相像，因此婚姻又一次把她推入陷阱。

韋恩對蓋伊爾指出，是她自己無意之中教會人們這樣對待她的。這根本不是「他們的」過錯。她不久就理解了，那麼多年她一直是忍氣吞聲，實際上是自己害了自己，她的任務應當是從自己身上而不是從周圍環境來尋找解決問題的方法。蓋伊爾的新態度就是設法向她的丈夫及孩子們表明：她不再是任人擺布的了。她丈夫最拿手的一個伎倆就是向她發脾氣，對她表示嫌棄，特別是當孩子們或者其他的成年人在場的時候。過去她不願意當眾大吵一場，因此對丈夫的挑釁總是毫無辦法。現在，她要完成的第一個任務，就是理直氣壯地和她丈夫抗爭，然後拂袖而去，當孩子們對她表現出不尊重的時候，她堅決地要求他們有禮貌。

在採取這種更有效的態度幾個月之後，蓋伊爾高興地向韋恩彙報說：她的家庭對她的態度發生了很大的變化。蓋伊爾透過切身經歷瞭解到，的的確確是自己教會別人怎樣對待自己的，三年之後的今天，她已經很少再被別人欺負、被人不尊重了。

蓋伊爾還懂得了，自己解救自己的關鍵是：用行動而不是用語言去教育人。如果你打算透過一次冗長的討論來讓人理解你不願再受侵犯的重要資訊，那麼你得到的好處將僅僅局限在你和欺負你的人之間的談話過程中，也許你還會和欺負你的每一個人進行多次「交流」，但是必須等到你學會了有效的行動方式，否則你仍然會受到煩擾。這就證明，你的表明決心的行動勝過千百萬句深思熟慮的言辭。

　　以上面例子都是軟弱可欺的典型，但他們都能夠透過自己的努力找到了自信。記住：包容並不是懦弱，而是有禮有節；包容並不是沒有主見，而是對人最大限度的尊重；包容不是軟弱無奈，而是一種有力量的度化。所以，要正確地去包容，不要做那個軟弱可欺的人。

🍎 5・不要一味地討好別人，要學會為自己活著

> 　　與其把精力花在一味地去獻媚別人，無時無刻地去順從別人，還不如把主要精力放在踏踏實實做人上，兢兢業業做事上，刻苦學習上。改變別人的看法總是艱難的，改變自己總是容易的。

　　活著應該是為充實自己，而不是為了迎合別人的意旨。每個人都應該堅持走為自己開闢的道路，不受他人的觀點所牽制。我們無法改變別人的看法，能改變的僅是我們自己。

　　有個人一心一意想升官發財，可是從年輕熬到斑斑白髮，卻還只是個小公務員。這個人為此極不快樂，每次想起來就掉淚，有一天竟然號啕大哭起來。

　　一位新同事剛來辦公室工作，覺得很奇怪，便問他到底因為什麼難過。他說：「我怎麼不難過？年輕的時候，我的上司愛好文學，我便學著做詩、學寫文章，想不到剛覺得有點小成績了，卻又換了一位愛好科學的上司。我趕緊又改學數學、研究物理，不料上司嫌我學歷

太淺，不夠老成，還是不重用我。後來換了現在這位上司，我自認文武兼備，人也老成了，誰知上司喜歡青年才俊，我……我眼看年齡漸高，就要被迫退休了，一事無成，怎麼不難過？」

可見，沒有自我的生活是苦不堪言的，沒有自我的人生是索然無味的，喪失自我是悲哀的。要想擁有美好的生活，自己必須自強自立，擁有良好的生存能力。沒有生存能力又缺乏自信的人，肯定沒有自我。一個人若失去自我，就沒有做人的尊嚴，就不能獲得別人的尊重。

活著應該是為充實自己，而不是為了迎合別人的意旨。沒有自我的人，總是考慮別人的看法，這是在為別人而活著，所以活得很累。家庭之間、同事之間、上下級之間、新老之間、男女之間……總是有那麼多是是非非。你和新來的女同事有所接近，有人就會懷疑你居心不良；你到某主管辦公室去了一趟，就會引起走後門的流言；你說話直言不諱，人家必然感覺你驕傲自滿，目中無人；如果你工作第一，不管其他，人家就會說你不是死心眼太傻，就是有權欲野心……凡此種種蜚短流長的議論和竊竊私語，可以說是無處不生，無孔不入。如果你的聽覺視覺尚未失靈，再有意無意地捲入某種漩渦，那你的大腦很快就會塞滿亂七八糟的東西，弄得你頭昏眼花，心亂如麻，豈能不累呢？

從前，有一個士兵當上了軍官，心裡甚是歡喜。每當行軍時，他總是喜歡走在隊伍的後面。

一次在行軍過程中，他的敵人取笑他說：「你們看，他哪兒像一個軍官，倒像一個放牧的。」

軍官聽後，便走在了隊伍的中間，他的敵人又譏諷他說：「你們看，他哪兒像個軍官，簡直是一個十足的膽小鬼，躲到隊伍中間去了。」

軍官聽後，又走到了隊伍的最前面，他的敵人又挖苦說：「你們瞧，他帶兵打仗還沒打過一個勝仗，就高傲地走在隊伍的最前邊，真不害臊！」軍官聽後，心想：如果什麼事都得聽別人的話，自己連走

路都不會了。從那以後，他想怎麼走就怎麼走了。

　　人要是沒了自己的主見，經不起別人的議論，那麼就會一事無成，最後都不知該怎麼辦。我們若想活得不累，活得痛快、瀟灑，只有一個切實可行的辦法，就是改變自己，主宰自己，不再相信「人言可畏」。

　　我們每個人絕無可能孤立地生活在這個世界上，幾乎所有的知識和資訊都要來自別人的教育和環境的影響，但你怎樣接受、理解和加工、組合，是屬於你個人的事情，這一切都要獨立自主地去看待，去選擇。誰是最高仲裁者？不是別人，而是你自己！歌德說：「每個人都應該堅持走為自己開闢的道路，不被流言所嚇倒，不受他人的觀點所牽制。」讓人人都對自己滿意，這是不切實際、應當放棄的期望。

　　我們周圍的世界是錯綜複雜的，我們所面對的人和事總是多方面、多角度、多層次的。我們每個人都生活在自己所感知的經驗現實中，別人對你的反應大多有其一定的原因和道理，但不可能完全反映你的本來面目和完整形象。別人對你的反應或許是多稜鏡，甚至有可能是讓你扭曲變形的哈哈鏡，你怎麼能期望讓人人都滿意呢？

　　如果你期望人人都對你看著順眼，感到滿意，你必然會要求自己面面俱到。不論你怎麼認真努力，去盡量適應他人，能做得完美無缺，讓人人都滿意嗎？顯然不可能！這種不切合實際的期望，只會讓你背上一個沉重的包袱，顧慮重重，活得太累。

　　一位畫家想畫出一幅人人見了都喜歡的畫。畫畢，他拿到市場去展出。畫旁放一枝筆，並附上說明：每一位觀賞者，如果認為此畫有欠佳之筆，均可在畫中著上記號。晚上，畫家取回畫，發現整個畫面都塗滿了記號——沒有一筆一畫不被指責。畫家十分不快，對這次嘗試深感失望，他決定換一種方法去試試。畫家又摹了一張同樣的畫拿到市場上展出。但這次，他要求觀賞者將其最為欣賞的妙筆標上記號。當畫家再取回畫時，畫面又被塗遍了記號，一切曾被指責的筆劃，如今卻都換上了讚美的標記。

　　我們無法改變別人的看法，能改變的僅是我們自己。每個人都

有每個人的想法，每個人都有每個人的看法，不可能強求統一。討好每個人是愚蠢的，也是沒有必要的。與其把精力花在一味地去獻媚別人，無時無刻地去順從別人，還不如把主要精力放在踏踏實實做人上，兢兢業業做事上，刻苦學習上。改變別人的看法總是艱難的，改變自己總是容易的。

有時自己改變了，也能恰當地改變別人的看法。若在乎別人隨意的評價，自己不努力自強，人生會苦海無邊。別人公正的看法，應當作為我們的參考，以利修身養性；別人不公正的看法，不要把它放在心上，以免影響今天的好心情。

6．忍讓和寬恕必須把握住一定的限度

> 一個人如果不敢堅持原則，以犧牲根本的東西來換取一時的苟安，他也就失去了做人的尊嚴和價值。在人們的眼中，這樣的人只能是窩囊無能、懦夫的形象，只能是個「受氣桶」的形象。

與人相處的時候，忍讓和寬恕是一種美德，但是，必須把握住一定的限度，在無關緊要的小事上不必斤斤計較，但在原則問題上絕不能退讓。一個人如果不敢堅持原則，以犧牲根本的東西來換取一時的苟安，他也就失去了做人的尊嚴和價值。在人們的眼中，這樣的人只能是窩囊無能、懦夫的形象，只能是個「受氣桶」的形象。

對於惡棍來講，忍讓寬容的言行是噪音，這是因為他們聽不進良好教養的語言。得寸進尺，打你三下還不收手，那就是惡棍。你應該咬他一口了。

哲學上常常把度作為質和量的統一。也就是說，在度的中間，包含了具有一定量和質的結合；在度的中間，事物的性質變化於一定的範圍之內，不會出現根本性的變化。而一旦超出了這個度，事物的性質便會出現新的特點，正如水在100攝氏度之內仍然是水，可一旦燒

開便變成了氣體一樣。在採取忍耐的策略的時候，也有一個尺度，比如在下列情況下，就不能一味採取忍讓的策略。

1. 下不為例，事不過三

所謂「事不過三」，說的是人們對同一對象的寬容和忍讓，可以一次、兩次，但絕不可一退再讓。忍讓到一定程度時，必須有所表示，使對方真正認識到自己的退讓不是一種害怕和無能，而只是出於一種大度，從而不再繼續下去。

在日常生活中，經常有一些這樣不識好歹的人，他們為所欲為，得寸進尺，把同事及其他人的忍讓當成是好欺負，可以佔便宜，因此一而再，再而三地步步緊逼。對待這種人，在經過幾次忍讓之後，看清了其真面目，則不應再忍讓下去，可以適當地給對方一點顏色看看，並透過正當的方式勇敢地捍衛自己的權利，這樣，使對方認識到自己的不是。當然，這種曉之以利害的方式和途徑可以是多種多樣的，但目的都是一個，就是讓對方瞭解自己真正的態度，這便是可以參照的一條原則。

2. 對方得寸進尺時，不可再忍

有些人在侵犯別人的某種利益和許可權之後，由於對方採取了忍的態度，使之得逞。可是，這種人在得逞之後，發現了新的目標、新的利益，從而刺激了其利欲，以至於使原來的行為轉化為另一種難以接受的事情。這時，作為當事人，便不能依然保持一種忍的態度，而必須隨著事物性質的變化而考慮予以反擊和抵抗。

在日常生活中，這種情況是經常發生的。之所以會這樣，就在於那些不識好歹的人常常會由於得到某些不公正的利益之後，使自己的行為在一種惡性膨脹的邪念的驅動下，由一般的越軌而發展為犯罪。如果是這樣，我們便不可再一味地忍讓下去了。

3. 自己瀕臨「絕境」時，不能再忍

忍無可忍的情況通常出現在一些公共場合之中。有些人以為別人也不認識自己，而且以後彼此很難還會有相遇的時候，因而處於一種匿名者的狀態中。這樣一種狀態往往使人在一定程度上擺脫過去所承擔的某些義務和責任，也會不同程度地放鬆良心對自己的約束，因而發生和做出一些不道德的、過分的行為舉止。例如，在火車上、在公園裡、在公共汽車裡等等。非常有意思的是，在這種公共場合中，有些人也常常抱著一種大事化小，小事化了，盡量少惹麻煩的心理，對於一些過分的、帶有攻擊性的行為持忍的態度。這樣一方是咄咄逼人，另一方卻又是息事寧人，很容易造成一種有利於某些人不斷膨脹其侵犯心理的環境和條件。但是，也恰恰是在這種情況下，由於有些人肆無忌憚地一意孤行，也很容易地把人逼到一種「絕境」，以至於產生忍無可忍的心理。

成熟的人懂得：要保持自己的骨氣，把自己的刀劍插入刀鞘，但需要自衛時要毫不猶豫地拔出來。既然你已經躲不過去了，還不如趁早解決的好。

4. 人應該適當地有一點鋒芒

人的行為很容易受習慣的支配，只要屈服過一次，就會一而再、再而三地屈服下去，不失時機地在人前稍顯勇氣，是不可忽略的處世之智。不要成為受氣包，一旦生氣就應果斷地行動。

俗話說：「吃柿子揀軟的捏。」人們發火生氣時往往會找那些軟弱善良者。因為大家都清楚，這樣做並不會招致什麼值得憂慮的後果。在我們身邊的環境裡，到處都有這樣的受氣者，他們看起來軟弱可欺，最終也必然為人所欺。一個人表面上的軟弱，事實上助長和縱容了別人侵犯你的欲望。

我們要知道保持勇氣的重要，不要過分抬高他人，以致對之心懷敬畏。沒有誰能超越人性的侷限。領導只是職位比別人高些，權威只

是一種地位帶來的表面力量而已。

　　其實，為了保障自己必要的權利，人是應該有一點鋒芒的，雖然不必像刺蝟那樣全副武裝，渾身帶刺，至少也要讓那些兇猛的動物們感到無從下口，得不償失。

國家圖書館出版品預行編目資料

學會包容 / 李峰作. -- 初
版. -- 新北市：華志文化，2012.02
面；　公分. --（心理勵志小百科；4）

ISBN 978-986-87431-8-2（平裝）

1. 修身　2. 寬容

192.1　　　　　　　　　　　　100027646

日 華志文化事業有限公司

系列／心理勵志小百科０／０／４

書名／學會包容

作　　　者　李峰

執行編輯　林雅婷

美術編輯　黃美惠

文字校對　陳麗鳳

企劃執行　康敏才

總　編　輯　黃志中

社　　　長　楊凱翔

出　版　者　華志文化事業有限公司

電子信箱　huachihbook@yahoo.com.tw

地　　　址　116台北市興隆路四段九十六巷三弄六號四樓

電　　　話　02-29105554

總經銷商　旭昇圖書有限公司

地　　　址　235新北市中和區中山路二段三五二號二樓

電　　　話　02-22451480

傳　　　真　02-22451479

郵政劃撥　戶名：旭昇圖書有限公司（帳號：12935041）

電子信箱　s1686688@ms31.hinet.net

售　　　價　二八０元

出版日期　西元二０一二年二月出版第一刷

版權所有　禁止翻印

Printed in Taiwan

華志文化